甘肃省一流学科建设项目资助成果

教育部人文社会科学重点研究基地西北师范大学西北少数民族教育发展研究中心资助成果

甘肃省社科规划项目"核心素养视域下甘肃高师院校理科教师教育实践课程实施研究"（YB035）的阶段性成果

西师教育论丛
主编 万明钢

普通高中物理实验课程变革研究
—— 实践能力视角

王太军 著

Putong Gaozhong Wuli Shiyan
Kecheng Biange Yanjiu

中国社会科学出版社

图书在版编目（CIP）数据

普通高中物理实验课程变革研究：实践能力视角 / 王太军著 . —北京：中国社会科学出版社，2021.7

（西师教育论丛）

ISBN 978-7-5203-8590-9

Ⅰ.①普… Ⅱ.①王… Ⅲ.①中学物理课—实验—教学研究—高中 Ⅳ.①G633.72

中国版本图书馆 CIP 数据核字（2021）第 106919 号

出 版 人	赵剑英
责任编辑	周晓慧
责任校对	刘 念
责任印制	戴 宽

出　　版	中国社会科学出版社
社　　址	北京鼓楼西大街甲 158 号
邮　　编	100720
网　　址	http://www.csspw.cn
发 行 部	010-84083685
门 市 部	010-84029450
经　　销	新华书店及其他书店

印刷装订	三河弘翰印务有限公司
版　　次	2021 年 7 月第 1 版
印　　次	2021 年 7 月第 1 次印刷
开　　本	710×1000　1/16
印　　张	14.5
插　　页	2
字　　数	238 千字
定　　价	78.00 元

凡购买中国社会科学出版社图书，如有质量问题请与本社营销中心联系调换
电话：010-84083683
版权所有　侵权必究

总　序

　　正如学校的发展一样，办学历史越久，文化底蕴越厚重。同样，一门学科的发展水平，离不开对优良学术传统的坚守、继承与发展。西北师范大学教育学的发展，也正经历着这样的一条发展之路。回溯历史，西北师范大学前身为国立北平师范大学，发端于1902年建立的京师大学堂师范馆，1912年改为"国立北京高等师范学校"，1923年改为"国立北平师范大学"。1937年"七七"事变后，国立北平师范大学与同时西迁的国立北平大学、北洋工学院共同组成西北联合大学，国立北平师范大学整体改组为西北联合大学下设的教育学院，后改为师范学院。1939年西北联合大学师范学院独立设置，改称国立西北师范学院，1941年迁往兰州。从此，西北师范大学的教育学人扎根于陇原大地，躬耕默拓，薪火相传，为国家培育英才。

　　教育学科是西北师范大学教育学院的传统优势学科，具有悠久的历史和较强的实力。1960年就开始招收研究生，这为20年后的1981年获批国家第一批博士点打下了坚实的基础。当时，西北师范学院教育系的师资来自五湖四海，综合实力很强，有在全国师范教育界影响很大的著名八大教授：胡国钰、刘问岫、李秉德、南国农、萧树滋、王文新、王明昭、杨少松，他们中很多人曾留学海外，很多人迁居兰州，宁把他乡做故乡，扎根于西北这片贫瘠的黄土高原，甘于清贫、淡泊名利、默默奉献，把事业至上、自强不息、爱岗敬业的精神，熔铸在西北师范大学教育学科发展的文化传统之中，对西部教育事业的发展作出了重要贡献。"随风潜入夜，润物细无声。"先生之风，山高水长。为西北师范大学早期教育学科的卓越发展作出重大贡献的先生们，他们身体力行、典型示范，对后辈学者们潜心学术，继承学问产生了重要的、潜移默化的影响，体现了西北师范大学的教育学人扎根本土、潜心学术、面向全国、放眼世界，站在学科发展前沿，培养培训优秀师资，服务地方经济社会发展的教育胸怀与本色。

西北师范大学教育学科历经历史沧桑的洗礼发展走到今天，已形成了相对稳定而有特色的研究领域。尤其是在国家统筹推进世界一流大学和一流学科建设的大背景下，西北师范大学的教育学作为甘肃省《统筹推进高水平大学和一流学科建设实施方案》规划的一流学科建设项目，迎来了学科再繁荣与大发展的历史良机。为此，作为甘肃省一流学科建设项目成果、西北师范大学课程与教学论国家重点（培育）学科建设成果、教育部人文社会科学重点研究基地西北师范大学西北少数民族教育发展研究中心科研成果，我们编撰了"西师教育论丛"，汇聚近年来教育学院教师在课程与教学论、民族教育、农村教育、高等教育以及学前教育等方面的学术成果。这些成果大多数是在中青年学者的博士学位论文，科研项目以及扎根教学实践的基础上进一步凝练的结晶。他们深入民族地区和农村地区的村落、学校，深入大学与中小学的课堂实践，通过详查细看，对语文、数学、英语、物理、化学、研究性学习等学科课程教育教学的问题研究，对教育基本理论问题的思考，对教育发展前沿问题的探索……这些成果是不断构建和完善高水平的现代教育科学理论体系，大力提高教育科学理论研究水平和教育科学实践创新能力，进一步发挥教育理论研究高地、教育人才培养重镇、教育政策咨询智库作用的一定体现，更是教育学学科继承与发展的重要过程。

筚路蓝缕，以启山林。目前付梓出版的这些著作不仅是教师自我专业成长的一个集中体现，也是西北师范大学教育学院教育学科发展与建设的新起点。当然，需要澄明的是，"西师教育论丛"仅仅是西北师范大学教育学研究者们在某一领域的阶段性成果，是研究者个人对教育问题的见解与思考，其必然存在一定的不足，还期待同行多提宝贵意见，以促进我们的学科建设和发展。

万明钢

2017 年 9 月

序 一

当今世界正经历着百年未有之大变局,国际形势风云变幻,处处充满着挑战和竞争。以经济和科技实力为基础的国际竞争,归根结底是人才实力的竞争。因此,关于实践能力和创新精神的培养是人才培养的关键。

"实践能力"一词,频见于近年来我国各类教育政策与制度的文件中。实践能力之于个人,体现为实践情境下问题解决的综合能力;实践能力之于国家,则体现为国家的综合实力。

王太军博士的专著《普通高中物理实验课程变革研究——实践能力视角》从实践能力培养的视角审视课程变革,与历史脉搏一致,具有一定的现实意义。该书即将付梓出版,是一件值得庆贺之事。太军十多年前在西南大学物理学院攻读硕士学位,我是其指导老师。令我印象深刻的是,太军好学善思,动手能力极强,有执着的追求。毕业后考入西北师范大学,跟从傅敏教授读博并留校工作。在导师的指导下,他潜心研读教育学、心理学等多学科著作,从擅长动手实践升华至有一定的理论基础,视野更开阔、定位更高远。看着他的成长,我甚感欣慰!

这部专著《普通高中物理实验课程变革研究——实践能力视角》,是他十年来的所思所获。在这本书中太军做了大胆和有益的探讨,提出了一些具有一定价值的思想和观点。本书深入探讨普通高中学生实践能力的内涵、结构特征及其发展的条件因素,梳理并建构了普通高中学生实践能力的要素结构及其发展条件机制,为后续研究提供了基础性的理论框架;阐释了物理实验课程的育人价值及其与实践能力培养的关联性,通过实地考察、观摩与调研,搜集促进高中学生实践能力培养的物理实验活动案例,证实了通过物理实验提高学生实践能力的可能性与可行性;基于学生实践能力提升的高中物理实验课程变革探析,提出"真物理·悟真理·践行动"的实践路径，以及开展物理实验"学分银行"制度等观点。

  一本好书不仅在于观点与内容正确，而且在于能够引起人们的思考。太军博士的这本书为我们提供了一个思考的视角。这是太军作为博士的第一本专著，期待他后续有更多具有独到见解的作品问世！

廖伯琴[*]

2021 年 4 月

---

[*] 廖伯琴，博士，西南大学教授、博士生导师，国家中学物理课程标准研制组和修订组负责人，全国高等物理教育学会副理事长，基础教育重要刊物《物理教学探讨》主编，主要从事物理课程与教学论、科学教育研究。

序 二

学生创新精神和实践能力培养是中国当代教育中的热点话题，是新时代学校工作的重要内容，也是国家从科技大国迈向科技强国事业发展进步的重要基础。物理学作为自然科学中的基础学科之一，旨在探究物质世界最基本的结构、最一般的运动规律、最普遍的相互作用，以及所使用的实验手段和思维方法。人们所发现的物理学规律的正确性通常依赖反复的实验与观察来检验。对中学生而言，在学习物理的过程中不仅需要借助实验加深对物理世界的认知与理解，同时，在物理实验活动中其自信心、探究意识、实践能力、创新精神都能够获得前所未有的转变和提升。因此，对中学物理实验内容及课程设置的研究必须超越传统的知识学习理解层面的认识，需要将其上升到支持创新型人才的关键能力和重要品格的养成来看待。

王太军博士的著作《普通高中物理实验课程变革研究——实践能力视角》即将出版发行，作者邀我作序，我欣然应允。因为王太军是我的博士研究生，他不但完成了一项对基础教育很有意义的研究工作，而且将成果予以提炼、丰富之后付诸出版，显示出少有的思维睿智和科研功力，是一件值得庆贺的事情。该书是在王太军博士学位论文《基于学生实践能力培养的普通高中物理实验课程建构研究》的基础上形成的，他选择该题目作为博士阶段研究方向除了专业原因之外，还有他对物理实验长期的研究兴趣。

《普通高中物理实验课程变革研究——实践能力视角》一书，先从理论上讨论了实践能力的内涵、特征及其发展机制，基于高中物理实验开展过程中学生实践能力培养的现实困境，尝试开展提升实践能力的高中物理实验课程变革研究。在写作过程中，作者一方面利用文献资料展开研究，另一方面到十几所省级示范性高中、市级示范性高中和普通高中进行实地调查和课堂观察，收集实证数据。在后续的研究过程中，作者从新的视角对实践能力的形成与发展机制进行探讨，结合当前基础教育领域学科核心素养的培育实践，进行了较大幅度的调整与修订，增强了高中物理实验变革创新的理论提升，可以说是对前期研究的一种丰富和拓展。该书的出版，对教育研究工作者会有一定的启迪作用，也期待作者再接再厉、砥砺前行！

傅 敏[*]

2021 年 4 月

---

[*] 傅敏，博士，西北师范大学教授、博士生导师，教育部西北师范大学基础教育课程研究中心主任，中国教育学会基础教育评价专业委员会常务理事，主要从事课程与教学论、课程理论与实践研究。

目　　录

引　论 …………………………………………………………… （1）

第一章　高中学生实践能力的结构、特征与发展机制 ……………… （48）
　　第一节　普通高中学生实践能力的结构模型建构 ……………… （49）
　　第二节　实践能力与学科核心素养的关系 ……………………… （65）
　　第三节　普通高中学生实践能力的特征 ………………………… （71）
　　第四节　普通高中学生实践能力的发展机制 …………………… （74）

第二章　物理实验课程对高中学生实践能力的促进作用 …………… （81）
　　第一节　物理实验及其育人价值 ………………………………… （81）
　　第二节　物理实验课程与学生实践能力发展的内在联系 ……… （92）

第三章　高中物理实验课程实施中学生实践能力培养现状 ………… （98）
　　第一节　调研工具的设计制作 …………………………………… （98）
　　第二节　信度与效度的检验 ……………………………………… （100）
　　第三节　问卷调查的实施 ………………………………………… （113）
　　第四节　调查结果分析与讨论 …………………………………… （117）
　　第五节　普通高中物理实验课程实施存在的问题及成因 ……… （133）

第四章　促进实践能力提升的物理实验课程案例分析 ……………… （139）
　　第一节　眼见为"实"：实验的桥梁作用
　　　　　　——例析"机械能守恒定律"习题教学 ………………… （140）

第二节 "混乱"的背后：兴趣助力实践能力发展
　　——例析"用打点计时器测速度"实验教学过程……(146)
第三节 "步步为营"：实践能力的进阶发展
　　——例析制作"微动力发电机"的科技创新之旅……(153)
第四节 案例小结："真物理·悟真理·践行动"
　　——促进学生实践能力发展的有机循环路径…………(171)

第五章 基于学生实践能力培养的高中物理实验课程变革……(176)
第一节 物理实验课程变革的依据……………………………(176)
第二节 普通高中物理实验的课程目标转向…………………(181)
第三节 物理实验课程内容的变革……………………………(185)
第四节 物理实验课程变革的实施策略………………………(196)
第五节 物理实验课程评价的建议……………………………(202)

第六章 结论与展望……………………………………………(205)

参考文献……………………………………………………………(209)

后　记……………………………………………………………(223)

引　　论

当今世界以追求和平发展为主旋律，但也正经历着百年未有之大变局，国际形势风云变幻，处处充满着角逐竞争。国际竞争的实质是以经济和科技为实力基础的综合国力较量。综合国力的竞争，归根结底是人才的竞争，人才培养又是教育的复杂系统工程。在这个复杂的系统工程中，实践能力培养一直是我国教育领域颇受关注的话题。

一　研究缘起

（一）立德树人根本任务的需要

实践能力之所以如此重要，是因为实践能力之于个人，表现为个人在实践情境下问题解决的综合能力；实践能力之于国家，则表现为国家的综合实力。实践能力的培养，关乎学生德、智、体、美、劳全面发展，关乎立德树人的根本任务目标的实现。实践能力培养的重要性不言而喻，它频频出现在国家教育政策文件和各类人才培养的文件中。《国家中长期教育改革和发展规划纲要（2010—2020年）》提出"坚持能力为重。优化知识结构，丰富社会实践，强化能力培养。着力提高学生的学习能力、实践能力、创新能力"[1]。《普通高中课程方案（2017年版）》指出要"培养普通高中学生敢于批判质疑，探索解决问题，勤于动手，善于反思，具有一定的创新精神和实践能力"[2]。《中国教育现代化2035》提出要发展中国特色

---

[1] 国家中长期教育改革和发展规划纲要工作小组办公室：《国家中长期教育改革和发展规划纲要（2010—2020年）》，http://www.moe.edu.cn/srcsite/A01/s7048/201007/t20100729_171904.html，2018-1-16。

[2] 中华人民共和国教育部：《普通高中课程方案（2017年版）》，人民教育出版社2018年版，第3页。

世界先进水平的优质教育,明确学生发展核心素养要求,培养学生创新精神与实践能力。2019年6月国务院办公厅颁发《国务院办公厅关于新时代推进普通高中育人方式改革的指导意见》,明确指出要"改进科学文化教育,统筹课堂学习和课外实践,强化实验操作,建设书香校园,培养学生创新思维和实践能力,提升人文素养和科学素养"①。如果将核心素养理解为学生应具备的能够适应终身发展和社会发展需要的必备品格和关键能力,② 那么实践能力就是这样的关键能力素养之一。可见,国家对具有实践能力和创新精神的人才培养的重视已经提升到一个新的高度。

就学生实践能力培育的时机而言,普通高中教育上接义务教育,下承高等教育(或职业教育),是学生实践能力培育和提升的关键时期。我国学校教育中学生实践能力培养质量不佳的现象,日益受到人们的关注。"中国学生对书本知识的掌握很好,但他们的实践能力和创新意识还比较欠缺",这种情况应该引起我们深入的思考。在过去相当长的时期内,我们在应试教育中付出了很多努力,但是对独立思考和创新能力的培养仍重视不够。现今对学生实践能力和创新精神培养的相关研究逐渐增多,但多见于高等教育、职业教育领域,对基础教育普通高中阶段培养学生实践能力的关注与研究相对较少。在中小学中如何培养"实践能力"?如何实现政策文本中的"实践能力"培养要求?这是本书研究的直接源泉。

(二)指向深度实践能力培养的国际教育趋势

实践能力无论对于个人还是对于国家,都具有非常重要的意义。从国际教育发展的热潮来看,注重实践能力培养的STEM教育热潮曾一度席卷全球,先不谈STEM教育在中国开设情况如何,就STEM教育本身来看,它指向融合教育,指向创新意识和实践能力培养。众所周知,STEM教育发源于美国,是科学(Science)、技术(Technology)、工程(Engineering)和数学(Mathematics)学科英文名称的简称,它源于20世纪80年代美国对科技人才缺失的反思。美国探索通过STEM教育使中小学生具有STEM素养,为吸引更多青少年从事科技创新奠定基础。同时设置了"STEM高中",从初中学生中专门选拔具有优秀科技理工素养的学生就读,之后将

---

① 国务院办公厅:《国务院办公厅关于新时代推进普通高中育人方式改革的指导意见》,http://www.gov.cn/zhengce/content/2019-06/19/content_5401568.htm,2019-06-19。

② 核心素养研究课题组:《中国学生发展核心素养》,《中国教育学刊》2016年第10期。

其输送至 STEM 类大学，接受 STEM 高等教育，培养未来具有实践能力和创造能力的高素质公民。

STEM 教育中最重要的理念是整合，它是基于项目并整合技术的教育，其目的是帮助学生掌握如何运用科学和数学知识来解决与技术和工程相关的现实问题。STEM 教育不仅推动学生投身科学、技术、工程和数学领域，而且培养学生"21 世纪技能"以及对个人健康、环境质量、能源耗费和国家安全进行理智决策的能力。有研究表明，自实施 STEM 教育以来，美国在国民素质、就业、国家经济实力、创新等方面的提升是显著的。

美国在基础教育课程改革中，重视 STEM 教育，甚至将其视作一种国家战略。美国的联邦和州政府层面已越来越强调 STEM 学科间的紧密联系。在联邦政府层面，《下一代科学标准》（*Next Generation Science Standards*）探索了工程在科学教育中的角色，且各州政府已经将工程引入本州的科学教育标准中。在国家层面，美国专门设立 STEM 高中，加大专项资金支持力度。2012 年，奥巴马政府通过《总统 2012 年预算要求和中小学教育改革蓝图法案》，斥资约 2 亿美元推进中小学 STEM 课程实施，同时设立"白宫青少年科学展览会"等国家活动平台，近年来更加关注女生和少数族裔学生参与到 STEM 科学教育实践活动中，以及通过完善奖学金制度促进少数族裔学生在科学教育实践中获得科学创新实践技能。[①] 美国作为 STEM 教育的发起国，其所实施的 STEM 教育成为多国借鉴的模板。目前包括美国、日本、德国、芬兰、以色列等在内的发达国家先后出台了国家层面的政策文件，强化基础教育阶段的 STEM 教育。各国亦有所侧重，在德国，STEM 教育被缩写为 MINT（Mathematik, Informatik, Naturwissenschaft und Technik）教育，其所实施的 STEM 教育以完善的职业教育体系而著称，主要考虑劳动力市场的需求（Schlemmer，2012；Sarantidou，2015）。日本开展的 STEM 教育则更多地受到学生评价项目 PISA、TIMSS 等国际中小学测评结果的影响（Medicine，2011）。各国实践表明，STEM 教育有助于培养学生的科学探究能力、创新意识、批判性思维、实践能力，并有可能在学习者的未来生活和工作中持续发挥作用。

---

① K. Stolle-Mcallister, M. R. S. Domingo, A. Carrillo, "The Meyerhoff Way: How the Meyerhoff Scholarship Program Helps Black Students Succeed in the Sciences," *Journal of Science Education & Technology*, 2011, 20 (1), p. 5.

近年来，受 STEM 教育全球化浪潮的影响，我国中小学开展的 STEM 教育也受到持续关注。2017 年 7 月，国务院下发的《新一代人工智能发展规划》明确要求开展跨学科探索性研究。2017 年 9 月，教育部下发《中小学综合实践活动课程指导纲要（试行）》，其中 STEM 教育所涉及的多个模块被纳入综合实践活动课程内容推荐主题中。2017 年教育部印发《义务教育小学科学课程标准》，倡导跨学科学习方式，建议教师可以在教学实践中尝试 STEM 教育。2017 年 6 月 20 日，中国教育科学研究院发布《中国 STEM 教育白皮书》，提出要不断探索 STEM 教育的实践路径，旨在培养学生的创新精神和实践能力。

基础教育的普通高中学习阶段，是学生实践能力形成的黄金时期。普通高中学生的年龄一般介于 15—18 周岁，处于认知发展阶段的"形式运算阶段"之后，与小学生、初中生相对照而言，高中生的身心发展进入了一个新的时期。他们正处于少年期向青年初期过渡阶段，身心逐步趋于成熟。高中生的独立性、自主意识进一步增强；观察力、注意力进一步发展，特别是思维水平有了进一步提高，具有更高的抽象性，已能逐步摆脱具体经验的限制，进行合乎逻辑的推理判断，独立思考和鉴别能力进一步增强，感情世界日趋丰富和复杂；对自然界和社会有一定的了解，具备形成世界观的思想基础。同时，普通高中学生所在的学龄阶段，处于一个"承上启下"的特殊时期，上承义务教育阶段中的初中教育，下接高等教育。在普通高中阶段奠定扎实的综合素质基础对高等教育创新人才的培养具有至关重要的作用。因此，高中学生实践能力培养作为基础教育中素质教育的重要组成部分，是培养创新复合型人才的基础，是培养高素质人才的必要条件，是提升综合国力的人才保障。

普通高中学校教育如何切实培养学生的实践能力，需要理论与研究的指导，其理论研究应该从三个层面进行：个人实践能力层面、教育教学层面和国家政策层面，个人实践能力层面的研究核心是解决高中学生的实践能力构成要素及其特征，即解决"是什么"的问题；教育教学层面的研究核心是解决如何通过学校教育发展和提升普通高中学生的实践能力，即解决学生实践能力培养"如何做"的问题，具体涉及教育内容选择、组织、实施与评价等诸多环节；国家政策层面的研究核心是从政策制度上如何有效保障学生实践能力和创新精神的培养，即解决制度层面"怎么办"的问题。

(三) 普通高中物理课程深化改革的实践需要

2004年9月，我国普通高中课程改革首先在山东省、广东省、海南省、宁夏回族自治区开始实施，至2014年9月，除香港、澳门、台湾以外，所有省份、自治区都已实施普通高中新课程。2018年1月，教育部颁布以培养学科核心素养为主旨的普通高中各学科课程标准，如《普通高中物理课程标准（2017年版）》。基础教育课程改革成为一种"新常态"，步入基础教育课程改革的"深水区"。基础教育课程改革在过去一二十年的时间里取得了巨大成就，但在中学生的实践能力与创新精神培养方面，我们还有很长的路要走。普通高中学生实践能力的培养，需要各学科教育的合力之功，我们在致力于打破学科壁垒和多元化育人方面还有较大的空间。

在普通高中物理课程实施过程中，考试评价制度曾一度将物理实验推向"边缘化地带"。以下是笔者与一位物理教师的访谈片段：

> 我们（学校）物理实验器材配备齐全，但是很少做实验，有时候根本不做实验，这是常有的现象。不仅仅是我们学校，我所了解的大多数普通高中也都像我们一样。现在实行的高中物理课程是对模块内容进行选择，高考不考的内容，我们是不开设的；高考不考的实验我们根本不用给学生做，即使是在高考考试范围内的实验，让学生做（实验）的效果还没有让他们背诵（实验）的效果好。所以经常会在黑板上给学生"讲"实验，而不是让学生做实验。

无论从学生能力培养的角度，还是从物理课程实施的角度，实验课程的开设理应不以人的主观意志为转移。但在现实中，这样的现象时有发生。考试评价制度与人才培养在一定程度上存在偏离，由此滋生出教育功利化追求，与基础教育人才培养目标渐行渐远。课程实施需要有制度的保障，普通高中物理实验课程的实施因缺乏制度层面的限制与保障，出现了物理实验"可有可无"的现象。

物理实验的价值未得到充分的认识和肯定，相当一部分教师的物理实验教学观念淡薄，未赋予物理实验应有的重视。其表现为：一方面迫于升学压力，普通高中物理实验课常被其他考试课程所占据；另一方面由于部分教师应试观念仍然根深蒂固，不愿意让学生去实验、去探究，因此"黑板实验""唇边实验""舌尖上的实验"成为常态，尽管这样可以使得学生在考试中获得高分数，但是对学生实践能力的培养极度缺乏。此外，物理实验课程资源的需求与实验教学设备器材的短缺、时间紧张等的矛盾也表现突出，普通高中物理实验课程实施的条件性资源长期得不到满足，学生实践能力也得不到有效提升。

二 研究问题与研究思路

现阶段，基础教育课程改革正步入"深水区"，课程变革已成为"新常态"。普通高中物理实验课程如何深入推进，如何打破时间和空间的束缚和限制，如何真正落实物理学科核心素养的培养要求，提升学生实践能力，是一个系统而复杂的问题，亟待深入研究。

（一）研究问题

基于以上背景以及研究的关注焦点，本书试图从培养学生实践能力视角，考察普通高中物理实验课程的变革与重构，主要的研究问题如下：

第一，普通高中学生实践能力的要素结构与特征如何？实践能力形成与发展的支持条件有哪些？

第二，普通高中物理实验课程与学生实践能力形成发展的内在联系是什么？普通高中物理实验课程对培养学生实践能力的价值何在？

第三，普通高中物理实验课程实施现状如何？其实施过程中学生实践能力培养现状如何？存在哪些问题？

第四，不同的物理实验能促进高中学生实践能力哪些方面的提高？会产生什么样的效果？其应用条件如何？

第五，如何变革或建构有利于学生实践能力培养的高中物理实验课程？对课程目标、内容、实施、评价该如何掌握？

（二）研究目的与意义

1. 研究目的

根据研究的主题，本书拟达到以下研究目的：

第一，通过对高中学生实践能力结构模型的研究，阐明构成高中学生实践能力的主要结构及其构成要素，为高中学生实践能力的培养提供理论依据。

第二，通过对物理实验课程与普通高中学生实践能力发展的内在联系的分析，说明物理实验课程促进普通高中学生实践能力培养的可能性。

第三，通过对普通高中物理实验课程实施现状的考察，了解普通高中物理实验课程实施过程中学生实践能力培养的现状、经验与问题。

第四，通过对普通高中物理实验课程开发、实施案例的研究，寻找物理实验课程促进普通高中学生实践能力提升的可行性与可操作性，为变革培养学生实践能力的普通高中物理实验课程提供现实依据。

第五，在案例研究的基础上，结合物理实验及学生实践能力的构成要素特点，尝试构建真正有利于学生实践能力和创新精神培养的普通高中物理实验课程。

2. 研究意义

（1）理论意义

本书旨在以学生实践能力培养的普通高中物理实验课程研究为主题，响应国家对高素质人才培养的有关政策，顺应时代的需求。通过对已有研究成果的梳理，结合高中学生的生理与心理特点，从多视角、多维度研究高中学生实践能力的内涵、要素、结构及其形成机制，为基础教育阶段培养学生实践能力提供理论依据，丰富实践能力培养的相关理论研究。

本书所建构的学生实践能力理论结构模型及其支持系统，在结构方程模型的实证检验中得到了验证，为考察普通高中物理实验课程实施过程中学生实践能力的培养现状、问题提供了理论支持。在此基础上设计制作合理的研究工具，丰富对学生实践能力研究的方法与手段。

本书试图变革或建构基于学生实践能力培养的普通高中物理实验课程，是对现有普通高中物理实验教学内容进行整合的尝试与探索，有利于实践能力培养的课程体系与制度的建立。为培养具有实践能力和创新精神的高素质人才，制定普通高中相关教育政策、课程内容、评价制度等改革提供理论参考。

（2）实践意义

本书立足于基础教育课程改革实践之需，聚焦于普通高中物理实验课程实施中人才培养的具体问题，来源于教育实践，服务于教育实践，对深入推进基础教育阶段普通高中物理课程改革具有现实意义和应用价值。

本书对普通高中学生实践能力的形成与发展的影响因素及其支持条件的探索，有利于教师在课程实践中展开理性反思，提高学生实践能力培养的实践效果。通过对普通高中物理实验课程实施过程中学生实践能力培养的现状进行考察，分析其存在的问题，寻找问题的根源，改变当前部分普通高中物理实验"形同虚设"的现状，使物理实验的价值再度回归与体现出来。

通过案例的实证研究，对普通高中物理实验课程实施中培养学生实践能力的可行性进行了验证。构建了有利于学生实践能力培养的普通高中物理实验课程，丰富了现有高中物理实验课程体系。本书充分发掘学生生活世界的物理课程资源，有利于促进学生的全面发展，提升学生的核心素养，落实素质教育的人才培养目标。

（三）研究思路与方法

1. 研究思路

根据所要研究的问题和研究目的，本书的研究思路见图1所示。

2. 研究方法

在研究过程中，根据研究问题和研究内容的需要，主要采用文献分析、调查访谈、课堂观察等质性研究的方法。同时将根据具体研究的需要，将质性研究和量化研究的方法结合起来，以多视角更深入地澄清研究问题和研究内容，实现研究目的。

（1）文献法

文献法是指收集、鉴别、梳理文献，并通过对文献的研究，形成对研究对象的科学认识的方法。对教育现状的研究，并不是都能通过观察和调查进行的，它需要对所有相关的文献进行分析。本书将通过文献分析的方法对实践哲学、中学物理实验课程的相关研究成果以及国内外关于学生实践能力要素结构的研究成果进行梳理，为本书关于普通高中学生实践能力构成要素与特点的研究提供必需的文献基础。

（2）调查法

调查研究方法是通过对原始材料的观察与分析，对有目的、有计划搜集到的研究对象的材料形成科学认识的一种研究方法。[1] 本书将运用问卷

---

[1] 裴娣娜：《教育研究方法导论》，安徽教育出版社2000年版，第158页。

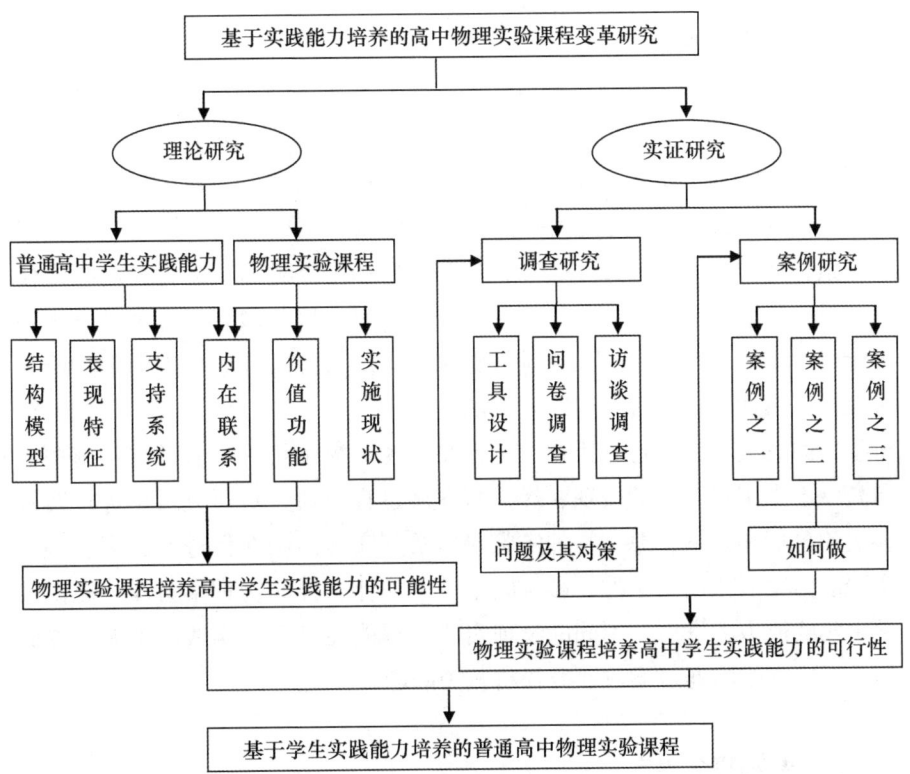

图 1 本书的研究思路

调查法对普通高中学生进行调查，了解在普通高中物理实验课程实施过程中学生实践能力的培养现状。我们通过初测问卷进行小范围的试测，根据初测问卷的信度、效度反馈，修订问卷的题目与内容设置，在形成正式问卷后，进行较大范围的正式问卷调查，并就问卷调查中反映出来的问题，随机选取学生和教师进行深度访谈，了解相关问题产生的原因，以及访谈对象自己的见解，为相关问题的解决寻找可能的对策。对问卷调查所收集到的数据，采用 SPSS 19.0 统计软件与 AMOS 模型验证软件进行统计处理与分析，通过项目分析、因素分析、结构模型检验，了解普通高中物理实验课程实施过程中学生实践能力培养的现状，分析培养学生实践能力存在的问题及其影响因素，探寻可能的解决途径。从调查的工具研制、调查的实施、调查数据的处理分析等各个环节，尽可能保证其可靠性、客观性，进而保证教育调查研究的科学性。

（3）案例研究法

案例是包含问题或疑难情境在内的真实发生的典型性事件。案例研究是对与案例相关的有价值的信息进行检验和考证的系统过程，是找到现存问题解决方法的一个重要途径，适合对现实中复杂的和具体的问题进行深入、全面的考察。[①] 通过案例研究，人们可以对某些现象、事物进行描述和探索，建立新的理论，或者对现存的理论进行解释、检验、发展或修改。教育研究者需要对特定研究场域中的教育制度、教育过程和教育现象进行科学描述。[②] 本书运用案例研究的方法，主要以普通高中学生为研究对象，以案例形式呈现对研究对象的观察和访谈资料，以及在此基础上对所收集的案例资料进行分析评议，旨在展现和揭示物理实验课程实施中普通高中学生实践能力的表现、提升与发展过程。通过对研究对象进行案例事实的分析和归纳，总结物理实验课程及其实施活动在促进普通高中学生实践能力发展方面的条件、影响因素等。如什么样的物理实验课程能促进学生实践能力的发展？不同的物理实验课程能促进学生实践能力哪些方面的发展？本书将通过案例研究探析相关问题。

三　核心概念界定

（一）实践能力

实践能力似乎是一个不言自明的词语，频现于诸多场域，很容易让人将它与"动手"能力、"做事"能力等同起来。那么实践能力是否就等同于动手能力？实践能力与当前学科核心素养、学科能力究竟有何联系和区别呢？这里将尝试对这些问题进行分析。

究竟何谓实践能力？对这个问题的回答，仁者见仁，智者见智。关于实践能力的界定，学术界尚未形成广泛的、受到一致认可的观点，较有代表性的有如下三种。

第一种是基于"实践"与"能力"词义合并的理解，实践能力就是实践的能力。"实践"是指人类有目的地改造世界的感性物质活动，[③] 实践对

[①] 胡小勇：《案例研究的理论与实例》，南京师范大学出版社2008年版，第5页。
[②] 王鉴：《课堂研究概论》，人民教育出版社2007年版，第204页。
[③] 夏征农、陈至立主编：《辞海》，上海辞书出版社2009年版，第2060页。

人的根本价值是解决现实中的问题，满足主体生活和发展的需要。① "能力"指成功地完成某项活动所必需的个性心理特征。② 相应地，实践能力则被表述为"完成实践活动所必需的心理特征"，如"实践能力是指学生在社会与生活实践中解决实际问题的能力"③。马克思主义唯物辩证法认为，认识与实践是两大重要范畴，相对于理论认识而言，实践能力是学生运用知识、检验知识，将知识转化成未来生产力的重要能力素质。④ 这是从认识与实践范畴所涉及的能力因素角度来考察实践能力的内涵，具有一定的积极意义，但实践能力的构成要素及其特征尚不明朗，在实践中很难落到实处。

第二种是基于心理学的理解，将实践能力视为实践智力的一种。长期以来，心理学对实践能力鲜有涉及，且对实践能力的研究更多地集中于实践智力（practical intelligence）方面。具有代表性的是美国著名心理学家斯腾伯格（Robert J. Sternberg）对实践智力的解释：实践智力是人们将所需知识应用于实践，将日常获取的经验用于解决实际问题的智力。⑤ 斯腾伯格认为：只有分析智力、创造智力和实践智力三方面相互协调，成功智力的作用才最为有效。具有实践智力的人不仅具备这些能力，同时也会思考在什么时间、以什么方式来有效地使用这些能力。⑥ 显然，此处的智力与能力具有同等含义。同样，对智力和能力的构成，美国哈佛大学的心理学者加德纳（Howard Gardner）的多元智力理论，提出人具有九种智力：言语—语言智力、逻辑—数理智力、视觉—空间关系智力、音乐—节奏智力、身体—运动智力、人际—交往智力、自我内省智力、自然观察者智

---

① 张汝伦：《作为第一哲学的实践哲学及其实践概念》，《复旦学报》（社会科学版）2005年第5期。
② 夏征农、陈至立主编：《辞海》，上海辞书出版社2009年版，第1652页。
③ 袁振国等：《教育评价与测量》，教育科学出版社2007年版，第275页。
④ 《教育规划纲要》工作小组办公室：《教育规划纲要学习辅导百问》，教育科学出版社2010年版，第51页。
⑤ [美] R. J. 斯腾伯格：《教授成功智力》，吴国宏译，台北：五南图书出版公司2003年版，第13页。
⑥ [美] R. J. 斯腾伯格：《成功智力》，吴国宏、钱文译，华东师范大学出版社1999年版，第116—117页。

力、存在智力。① 这种关于具体能力种类的划分，无疑增加了能力的复杂性和烦琐性，因而受到"缺何种能力就添加"的质疑，无止境地添补会使能力的构成更为庞杂，将能力引至不可知论的"黑洞"。为此，我国学者林崇德教授评议指出，加德纳的多元智力理论与我国3500年前西周产生的"六艺"（礼、乐、射、御、书、数）具有很高的相似性。② 从心理学角度认识实践能力，对分析实践能力的心理因素有着积极意义，但实践智力并没有真正回到实践的本义上，未能充分体现出实践活动对人的实践能力形成与发展的作用与价值。

第三种是将实践能力理解为一种指向问题解决的行动能力。实践能力不是某种单一的能力，人解决问题的过程需要心理和生理要素共同参与。因此，有研究者提出，实践能力是指能用知识和技能解决实际问题的生理和心理特征；③ 或"从其本质属性来看，实践能力是胜任不同类型实践任务的个体所具备的具有共性特征的能力素质，直接指向具体问题的解决，其功能在于确保个体顺利形成并实施实践观念"④。有学者质疑这种将实践能力和具体问题解决能力间接等同起来的观点，认为其忽略了个体在问题解决过程中的群体性协同作用。⑤ 此外，问题解决不仅仅局限于实践中，如数理逻辑问题、哲学思辨问题等的解决，更多地涉及能力范畴中的思维能力。不可否认，问题解决能力在实践环节中不可或缺，它是实践能力的重要组成部分，但问题解决能力并不等同于实践能力。

以上三种关于实践能力的定义，从不同侧面反映了实践能力的一些内涵或特征。但对"实践能力"内涵的整体把握，需要从哲学、教育学、心理学等多维度进行综合考虑。因此，本书认为，学生实践能力是指学生在实践活动中表现与形成的、顺利完成实践活动与解决现实问题所具备的、

---

① ［美］霍华德·加德纳：《智能的结构》，沈致隆译，浙江人民出版社2013年版，第77—90页。

② 林崇德：《学习与发展——中小学生心理能力发展与培养》，北京师范大学出版社2011年版，第125页。

③ 刘磊、傅维利：《实践能力：含义、结构及培养对策》，《教育科学》2005年第2期。

④ 傅维利、刘磊：《个体实践能力要素构成的质性研究及其教育启示》，《华东师范大学学报》（教育科学版）2012年第1期。

⑤ 中国教育科学研究院"中学生实践能力研究"课题组：《初中生实践能力报告》，教育科学出版社2014年版，第8—9页。

稳定的心理特征。本书对学生"实践能力"的这一界定，需作如下几方面的说明：

第一，学生实践能力是在实践活动中形成、表现和发展的一种能力。只有通过实践才能体现出人的实践能力，通过不断实践才能发展人的实践能力。实践能力并非一般意义上的"动手"能力，因为"动手"仅仅为实践活动或任务完成诸多环节中的一个组成部分，故用"动手能力"替代"实践能力"显然是不妥的。

第二，实践能力本质上是一种主体能力。人的主体能力，潜在于人的内部，是在实践目标实现过程中所表现出来的主体对客体的能动力量。主体能力形成于实践而又潜于主体，是主体对客体施展能动作用的力量。[①]因此，实践能力是个体在自然和社会中生存与发展所必备的能力。

第三，实践能力的层次水平因人而异，亦因时而异。不同的人的实践能力水平不同，同一个人在不同发展时期的实践能力水平也不相同。个体实践能力水平有不同的层次，如有学者指出："个体的实践能力水平有三个层次：较低水平、中等水平、较高水平，较低水平的实践能力是适应自然和社会生存的能力，较高水平的实践能力是能动改造自然和社会的能力，中等水平的实践能力是介于二者中间层次的能力。"[②]

第四，实践能力是可以通过教育途径进行培养和增强的。中小学生的实践能力与成人的实践能力既有一致的方面，也有共同的构成要素基础；但二者又存在着区别，体现在成人的实践能力水平层次通常要高于中小学生的实践能力水平层次方面。因为随着人的年龄的增加、智力与能力的成熟、实践知识经验的增多，其实践能力水平逐渐增强。这为通过学校教育途径培养学生的实践能力提供了可能。

第五，本书中学生的"实践能力"是指实践能力的教育学概念，即通过教育教学的改造，促进学生实践能力的提升。"实践能力"是一个比较复杂的概念，涉及生理学、心理学、教育学等多学科领域。本书仅从教育学视角，探讨如何通过教育活动的影响，促进学生实践能力的培养与发展。

---

① 欧阳康：《论主体能力》，瞿葆奎：《教育学文集·教育与人的发展卷》，人民教育出版社1990年版，第145—161页。
② 杨宝山：《实践能力评价的现状、问题与方法》，《教育研究》2012年第10期。

(二) 课程

"课程"一词,最早出现在中国唐朝《诗经·小雅·巧言》的注疏中,其中有"以教护课程,必君子监之,乃依法制"之句。在西方,英国著名教育家斯宾塞(H. Spencer)于 1859 年发表《什么知识最有价值》(*What Knowledge is of Most Worth*),其中首次用到"课程"(curriculum)一词,用以指"教学内容的系统组织"。在课程理论不断发展的过程中,不同学者从不同视角或价值取向对"课程"进行界定,其含义多达上百种,呈现出无比纷乱繁杂之貌。正如美国学者斯考特(Scotter)等人所指出的:"'课程'是一个用得最普遍,但又定义得最差的词语。"[①] 国内外课程理论专家对课程含义的不同表述见表 1 所示。

表 1　　　　　　　国内外学者对课程定义的不同表述

	学者	观点与内容
国外	奥利瓦 (Oliva)	归纳出课程的 13 种定义:1. 课程是在学校中所传授的东西;2. 课程是一系列的学科;3. 课程是教材内容;4. 课程是学习计划;5. 课程是一系列的材料;6. 课程是科目顺序;7. 课程是一系列的行为目标;8. 课程是学习进程;9. 课程是在学校中所进行的各种活动,包括课外活动、辅导及人际交往;10. 课程是在学校指导下在校内外所传授的东西;11. 课程是学校全体职工所设计的任何事情;12. 课程是个体学习者在学校教育中所获得的一系列经验;13. 课程是学习者在学校所经历的经验。[②]
	莱维(Lewy)	在《国际课程百科全书》[③] 中他归纳了不同学者对课程的定义:1. 课程是学校为了训练团体中儿童和青年思维及行动方式而组织的一系列可能的经验(Smith et al., 1957);2. 课程是在学校指导下学习者所获得的所有经验(Foshay, 1969);3. 课程是为了使学生取得毕业资格、获取证书及进入职业领域,学校应提供给学生的教学内容及特定材料的总体计划(Good, 1959);4. 课程是一种方法论的探

---

① R. D. V. Scotter & Others, *Foundations of Education: Social Perspective*, New York: Macmillan, 1979, p. 272.

② Peter F. Oliva, *Developing the Curriculum* (3 Ed.), New York: Harper Collins Publishers Inc., 1992, p. 12.

③ Arieh Lewy, ed., *The International Encyclopedia of Curriculum*, New York: Pergamon Press, 1991, p. 15.

引　论

续表

	学者	观点与内容
国外	莱维（Lewy）	究（Westbury and Steimer, 1971）；5. 课程是学校的生活和计划……一种有指导的生活事业，课程成为构成人类生活能动活动的长河（Rugg, 1947）；6. 课程是一种学习计划（Taba, 1962）；7. 课程是在学校指导下，为了使学习者在个人的、社会的能力方面获得不断的、有意识的发展，通过对知识和经验的系统改造而形成的有计划和有指导作用的学习经验及预期的学习结果（Tanner, 1975）；8. 课程基本上包括五大领域的训练学习：掌握母语并系统地学习语法、文学和写作、数学、科学、历史、外国语（Bestor, 1955）；9. 课程是关于人类经验的范围不断发展的、可能的思维方式——它不是结论，而是结论产生的方式，以及那些所谓真理的结论产生和被证实的背景（Belth, 1965）。
	多尔（Doll）	课程是学校为学习者提供的一切经验。①
	约翰森（M. Johnson）	课程是一种预期学习结果的结构化序列。②
	泰勒（R. Tyler）	课程是一种实现某种教育目的的计划，指出课程的四个要素，即课程目标、课程内容、课程实施、课程评价。③
国内	施良方	归纳了课程的六种定义：1. 课程即教学科目；2. 课程即有计划的教学活动，即一定学科有目的的、有计划的教学进程；3. 课程即预期的学习结果；4. 课程即学习经验，课程是学习者、学习内容与教学环境之间交互作用及其所产生的经验历程与实际结果；5. 课程即社会文化的再生产；6. 课程即社会改造。④
	黄甫全	课程是一种预期教育结果的重新结构化序列。⑤
	郝德永	课程是指在学校教育环境中，旨在使学生获得的、促进其迁移的，进而促使学生全面发展的、具有教育性经验的计划。⑥

---

①　R. C. Doll, *Curriculum Improvement*: *Decision Making and Process*, Allyn and Bacon, 1978, p. 15.
②　Mauriaz Johnson, "Definitions and Models in Curriculum Theory," *Educational Theory*, 1967, 17（2），p. 130.
③　R. W. 泰勒：《课程与教学的基本原理》，罗康、张阅译，中国轻工业出版社 2008 年版，第 1—3 页。
④　施良方：《课程理论——课程的基础、原理与问题》，教育科学出版社 1996 年版，第 3—7 页。
⑤　黄甫全：《课程本质新探》，《教育理论与实践》1996 年第 1 期。
⑥　郝德永：《关于课程本质内涵的探讨》，《课程·教材·教法》1997 年第 8 期。

续表

	学者	观点与内容
国内	郑三元等	课程作为教育者与学习者之间的媒介，是指在学校或其他可利用环境中，实现学习者应该获得的、能够获得的、对促进其全面发展起实际影响作用的教育性经验的同构系统。①
	廖哲勋等	课程由具体的育人目标、学习内容及学习活动方式构成，它具有多层组织结构和特点，旨在指导教学活动，是学校教育活动的重要组成部分。②
	丁念金	课程是在文化传承与发展进程中对学习的系统化预设。③

从表 1 所罗列的观点与内容中可以发现，不同学者对"课程"定义的描述，虽各有不同，但又存在着共性，具体表现在如下几个方面。

第一，课程是提供给学生学习的经验。

关于课程的定义，见仁见智，但我们不难发现课程定义的一个共同特点就是"课程是用来提供给学生学习的"，上述课程定义中的"计划说""活动或经验说"等更是直接体现了这一点。从"课程"的词源来看，就汉语而言，其基本含义"课业及其进程"，应该从学习的角度来理解；从英语而言，课程（curriculum）源于拉丁语"跑道"（currere），也可以从学习的路线和进程角度来理解。因此，课程从实质上讲是用于学生学习的，而教师的"教"只是学生学习课程的一个外在条件，有时还不需要教，可以自学。

第二，课程是学习的系统化预设。

课程的实质是基于学习的，但课程并非学习的实际展开，而是对学习的系统化预设。从学习角度来看，课程对学习的预设是对学习本身的预设，这就不同于师资构建、学习环境构建和教育制度构建，因为这三种构建对于学习来说是一种外围性的构建。课程对学习的预设是系统化的，这种系统化是相对的，并随着时间的推移而变化着、完善着，例如古代的课程对学习的预设就不如现代课程所做的预设那么系统化、科学化。

---

① 郑三元、庞丽娟：《论课程的本质》，《教育研究与实验》1999 年第 4 期。
② 廖哲勋、田慧生：《课程新论》，教育科学出版社 2003 年版，第 39—44 页。
③ 丁念金：《课程内涵之探讨》，《全球教育展望》2012 年第 5 期。

第三，课程是实现教育性经验同构的系统。

"教育性"经验，反映出课程的经验不同于个体的生物遗传经验，它不仅指学习者获得的知识和能力，还包括学习者习得的行为、习惯以及养成的情感、态度等。教育性经验的同构本身就表明课程是一个处于发展中的系统，课程既有预先的设计，又有过程控制以及实际结果的考察。课程既有国家课程、地方课程和校本课程这样不同类别的预设，又有像古德莱德（J. I. Goodlad）所提出的不同层次"课程"：理想的课程、正规的课程、领悟的课程、运作的课程和经验与体验的课程。① 此外，教育性经验获得的环境不仅指学校的环境，而且包括商店、公园、博物馆、电影院等社区环境以及自然环境。

第四，课程体现了文化的传承和发展。

课程在本质上体现了文化的传承与发展，例如"课程是文化生产与再生产的过程"② 的观点正是如此。但是，课程对文化的传承与发展是通过实现学习者的发展来达到的，也就是说，它是以学习者为载体的，将文化转化为个体的身心素养。

综上所述，本书认为，"课程"是指为学习提供的规范化、程序化、具体化的教育性经验的系统化预设。

（三）物理实验课程

物理实验是指通过实验仪器和科学方法，人为复制、调控物质的相互作用与运动状态，达到探索和验证物质运动及其相互作用的规律与假说目的的活动。物理实验是归纳物理规律、产生物理假说的实践基础，是验证理论预言和物理假说的主要依据，是培养学生操作技能的主要途径。物理实验作为科学研究方法，其重要原则是"可重复性验证"，即实验的结果可以在适当条件下重复验证和获得。

基于上文关于"课程"的定义，本书认为，物理实验课程是指为学生学习物理知识、探索与验证物理原理进行物理实验而提供的教育性经验。本书对"物理实验课程"的定义，有如下几方面思考：

第一，物理实验课程是由若干个物理实验组成的课程体系。在普通高

---

① J. I. Goodlad, "A Others. Curriculum Inquiry," *The Study of Curriculum Practice*, 1979, pp. 64–66.

② 施良方：《课程理论——课程的基础、原理与问题》，教育科学出版社1996年版，第6页。

中阶段，物理实验课程不是一门独立的课程，而是渗透在普通高中物理课程之中的，它是由若干个物理实验构成的课程体系或课程的集合。

第二，物理实验课程并不等同于物理实验教学内容。首先，相对而言，二者分别属于教育构建环节和教育的实际展开环节，它们分别是这两个不同环节的中心；其次，物理实验课程本质上是针对学生学习的，而物理实验教学内容包含"教"与"学"两种活动的内容成分；最后，物理实验教学内容在一定范围内基于物理实验课程，但有些物理实验课程未必能在物理实验教学中得到实施，同时，由于有些物理实验教学是生成性的，物理实验教学内容又可能是超出物理实验课程的。

第三，物理实验课程内容选择与组织的过程，实质上是对学生需要学习的物理实验课程体系进行预设的过程。物理实验课程的变革，包括要达到什么样的目的，如何选取物理实验内容，如何开展与实施，以及如何进行评价等环节，既要考虑学习者身心发展的需要，考察其包括兴趣、能力、情感、行为在内的各种条件，又要发挥学生的潜能和学习的积极主动性，使学习者深度掌握物理实验课程内容，进而促使其实践能力和创新精神的培养成为可能。

四　文献综述

（一）实践能力的相关研究现状

本书梳理了有关学生"实践能力"的研究成果，在此基础上发现，国内外学者的相关研究主要围绕实践能力的构成要素、实践能力培养的策略途径、实践能力的评价等主题展开。

1. 实践能力构成要素的研究

要素是构成事物必不可少的部分。关于实践能力的内涵及其结构要素的探讨，吴志华等（2008）对初中学生实践能力发展水平及实践能力与实践兴趣的关系进行了研究，得出初中学生实践能力主要包括五大类生活能力[①]：工具、产品的使用与维修能力，交流能力，娱乐、运动能力，实验研究能力，维修能力。何万国（2012）对出中小学生实践能力的培养应以

[①] 吴志华、杨晨、戴晓莹：《基于校本课程实施的中学生实践能力发展状况的调查》，《教育科学》2008 年第 6 期。

生活实践能力、学科实践能力、综合实践能力三方面为主。① 对小学和中学教育而言，生活实践能力是一个重要的目标，对中小学生走向独立、迈向社会具有非常重要的意义；学科实践能力是实践能力的主体部分；综合实践能力是指完成复杂任务和解决新问题所具备的实践能力。

杨道宇（2012）基于对西方实践哲学演变过程中实践内涵的考察，提出实践能力至少涵盖三个维度：规范性实践能力、技术性实践能力、意义性实践能力。② 实践观从最初的"道德伦理的行动力"转变为"一种控制自然与社会的技术能力"，再从"技术理性"到"寻找生命的意义"的能力，这种变化的根源在于资产阶级的兴起以及他们对生产的高度重视，人们对技术理性反思所引起的不安与恐惧。傅维利等（2012）从个体解决问题的过程中所涉及的能力要素进行深入分析，提出：个体实践能力由实践动机因素、一般实践能力因素、专项实践能力因素、情境实践能力因素四个维度的 14 个要素共同构成（见图 2）。③ 其中，个体实践能力产生于实践动机，包括实践兴趣、实际成就动机、实践压力等；一般实践能力是个体参与实践活动的共同能力基础，包括情境感知、知识构建、信息交流、人际沟通和肢体运动；专项实践能力是个体在特定实践活动领域的必备素质，包括专项知识和专项技能；情境实践能力是在具体实践情境中决定个体实践水平的关键，包括匹配分析力、策划力、执行力和应变力。④

杨宝山（2012）提出实践能力由交流沟通能力、项目完成能力、管理协调能力等要素构成。⑤ 林莉萍（2013）对专业学位研究生实践能力结构进行了实证研究，通过探索性因子分析及结构方程模型检验，得出实践能力的三个维度：适应能力、创新能力、工作能力，以及 27 项实践能力基本要素。⑥

中国教育科学研究院"中学生实践能力研究"课题组（2014）指出了目前学术界关于"实践能力"各种定义的不足之处，他们从国际组织、不

---

① 何万国：《中小学生实践能力培养研究》，《中国教育学刊》2012 年第 7 期。
② 杨道宇：《学生实践能力的三维内涵》，《现代大学教育》2012 年第 4 期。
③ 傅维利、刘磊：《个体实践能力要素构成的质性研究及其教育启示》，《华东师范大学学报》（教育科学版）2012 年第 1 期。
④ 刘磊、傅维利：《实践能力：含义、结构及培养对策》，《教育科学》2005 年第 2 期。
⑤ 杨宝山：《实践能力评价的现状、问题与方法》，《教育研究》2012 年第 10 期。
⑥ 林莉萍：《专业学位研究生实践能力结构研究》，《现代教育管理》2013 年第 8 期。

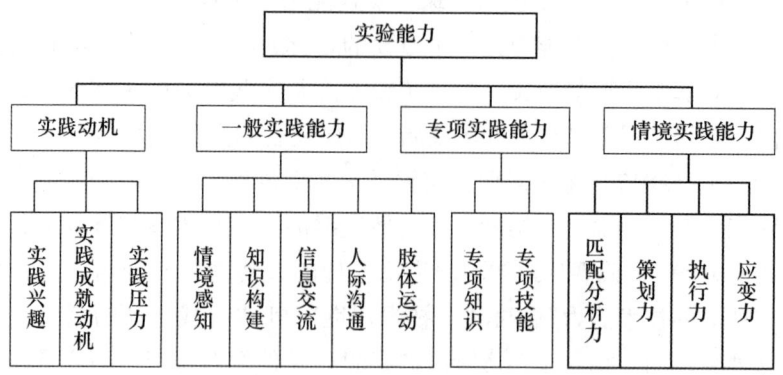

图2　个体实践能力要素构成的结构模型

同国家（地区）纷纷关注的问题解决能力、应用能力等关键能力方面切入分析，通过对发达国家职业能力内涵的研究，将"实践能力"划分为四个维度[①]：解决问题能力、自我管理能力、沟通与合作能力和工具使用能力（见图3）。

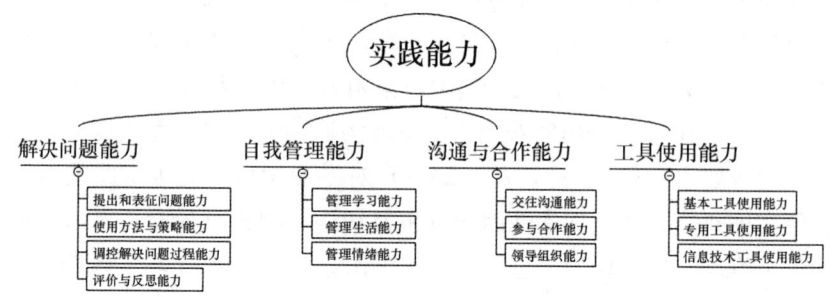

图3　初中学生实践能力的构成要素

2. 实践能力培养途径和模式的研究

关于实践能力培养的方法、模式等研究成果不断问世，逐渐填补该方面研究的空白。国外一些提高学生实践能力的教学模式、方法等，逐渐被介绍到国内，如"学生练习模式""产品与学习合作模式""中外合作办

---

① 中国教育科学研究院"中学生实践能力研究"课题组：《初中生实践能力报告》，教育科学出版社2014年版，第10—22页。

学""社会服务模式"。①

在引进国外关于实践能力培养的途径、策略的同时，国内学者也进行了实践能力培养策略的"本土化"探索。有学者（2005）结合我国教育的实际所提出的学生实践能力培养的基本策略是：系统策略、分层策略、定向策略；基本模式是：练习与体验模式、问题解决模式、研究实践模式和基于项目的学习模式。② 有研究者认为，学生的实践能力发展以真实而恰当地进行问题解决为发展基础，提出培养学生实践能力的两种模式：自我组织模式与自主性探究活动模式。③

从上述各种实践能力培养的途径和策略中，我们不难发现，基于学生学校学习的、生活的、家庭的、社会的、企业的、社区的各种"问题解决"型、"任务导向型"的实践活动的开展，是达成培养学生实践能力目标的基本途径，也是有效途径之一。但关于实践活动模式为何能促进学生实践能力的提升，相关研究并未进行深入分析和探讨。

3. 实践能力评价问题的研究

基于学生日常活动与问题解决的实践能力评价。斯腾伯格长达15年的研究表明：相比传统的智力测验，实践智力能更好地预测学生在工作中的成功。④ 鉴于此，拉脱维亚大学心理系的 Malgozata Rascevska 教授，于2005年在"用不同智力和创造力预测学生的学术成功和职业成就"的项目中，根据当地16—18岁学生的成长和生活环境，研制出16—18岁学生实践能力的自我评价量表，⑤ 并根据量表所反映的内容进行了被试群体实践能力水平性别差异的研究，其评价内容见表2所示。

关于实践能力评价的问题与对策探索。通过国际或地区的实践能力评价方法的应用比较，有研究者（2012）梳理了近十余年来一些国家、地区的文献和研究成果，发现"以解决问题为核心的应用和实践能力的培养已受到高度重视，并形成了指向应用学习和实践学习的能力框架，对应用和

---

① 傅维利、陈静静：《国外高校学生实践能力培养模式研究》，《教育科学》2005年第1期。
② 王东：《构建我国学校培养学生实践能力的基本模式》，《教育科学》2005年第1期。
③ 吴志华：《"问题解决"的实践活动模式思考》，《中国教育学刊》2007年第9期。
④ R. J. Sternberg, R. K. Wagner, W. M. Williams, & J. A. Horvath (1995), "Testing Common Sense," *American Psychologists*, 50, 912–927.
⑤ 代晓莹：《实践能力的分类和性别差异——西方学者的研究及其启示》，《湖南工业职业技术学院学报》2008年第8卷第1期。

实践能力的评价标准是类别的而非等级的;评价方式是对'能力表现'的描述和观察而非纸笔测试;评价的重点在价值判断而非划分等级上"。① 上述内容将为本书关于高中实践能力的培养途径和开展评价的方法研究提供重要的参考。

表2　　　　　　　　16—18岁学生实践能力自我评价量表

一级指标	实践能力				
二级指标	家务能力	专用设备的使用及维修能力	积极的娱乐和体育运动能力	爱好和艺术能力	交流能力
评价项目	准备每日膳食	维修家具	游泳	设计服装	演戏
	烘焙蛋糕	木制品制作	滑雪	摄影	组织聚会
	克服压力	重新装饰公寓	滑冰	拍电影	组织社交活动
	摆放宴会桌子	建筑工艺	踢足球	钓鱼	组织短期旅行
	照看公寓	修理家用专用装备	打篮球和手球	收集	在会议上发言
	庆祝节日时装饰房间	修理电视和收音机	打排球	模型制造	解决冲突
	做衣服	修理自行车	打曲棍球	录制音乐	说服他人
	手工编织和钩边	摩托车	打网球和乒乓球	唱歌	结交新朋友
	洗并熨烫衣服	修理汽车	下国际象棋	使用一种乐器	获得敬佩
	做新头型	磨机和钻机的使用	当裁判检验员	写诗	教别人
	染发	修鞋	玩纸牌	写故事与小说及剧本	
	修指甲和脚趾甲	割草	打台球	制造珠宝	
	化妆	驾驶并组装拖拉机	做体操包括活力健美操	制造陶器	
	照顾家庭宠物	骑自行车	马术	跳舞	

---

① 高峡:《国内外应用能力框架之比较及其启示》,《全球教育展望》2012年第11期。

续表

二级指标	家务能力	专用设备的使用及维修能力	积极的娱乐和体育运动能力	爱好和艺术能力	交流能力
评价项目	栽种并照顾培养的植物	骑摩托车	摔跤	油画与绘画及胶版印刷	
	整理	驾驶小汽车	使用四轮滑冰鞋	花艺设计	
	照看花园	使用电脑	滑板	室内设计	
	急救	上网			
	抚养或照顾孩子				

自2001年秋季至今，我国新课程实施已有20年。从基础教育课程改革实践情况来看，关于学生实践能力评价已经积累了一定的经验，取得了初步的成效，也难免存在一些问题。有学者（2012）指出，我国当前实践能力评价的困境在于：其一，难以从跨学科的视角构建"实践能力"和"实践能力评价"的方法和标准；其二，已有的实践能力评价方案较复杂、宽泛，难于落到实处；其三，存在评价实施过程重视评价数量、轻视评价质量的现象，评价科学性、合理性难以把控。[①] 根据实践的功能，实践能力评价主要涉及三个方面：交流沟通能力、项目完成能力和管理协调能力，分别对应能力评价的不同维度。

从整体来看，当前关于普通高中学生实践能力的研究，可资借鉴的、有价值的研究成果甚少。关于实践能力的研究，质性研究居多，量化研究因缺乏常模参照而难于对学生的实践能力作强弱判别。而且已有研究较多关注初中学生和大学生，对普通高中学生实践能力的相关研究非常缺乏。本书聚焦于普通高中学生实践能力培养的问题，以期丰富实践能力研究成果，已有研究对本书中"高中学生实践能力"的界定及其结构模型的建构有着积极的参考意义。实践能力是在实践活动中形成、表现和发展的，是个体在自然和社会中生存与发展所必备的能力。对实践能力的研究，需要从哲学的高度，审视实践能力的本质问题；同时，需要从方法论视角研究学校教育的深层次改革，以加速推进学生实践能力培养的本土化进程，切

---

① 杨宝山：《实践能力评价的现状、问题与方法》，《教育研究》2012年第10期。

实落实学生的实践能力与创新精神培养的目标。

(二) 中学物理实验课程相关研究现状

1. 国外中学物理实验课程相关研究现状

从已有文献分析来看,国外关于中学物理实验课程的研究,主要围绕科学课程、实验课程设置方式和实施途径等展开。

(1) 以科学课程为核心的课程内容变革

由于国外在中学阶段通常将物理与化学、生物、地学综合在一起学习,而称之为科学(Science)。但不同国家的科学课程设置也不尽相同。澳大利亚学者华莱士和劳顿(1998)概括了自 19 世纪中期英国斯宾塞大力倡导科学教育以来西方国家三次科学教育改革浪潮的本质特征[1]:第一次改革指向"学科知识的科学",其目标是培养能有新的科学发现的科学家,课程改革的重点是使学科知识系统化、结构化;第二次改革指向"相关知识的科学",课程改革的重点是理解科学与社会之间的关系;第三次改革指向"不完善知识的科学",目的是缩小课程计划和实际执行之间的差距,它的重点是关注个人、社会和文化对形成科学知识的影响。

在北美洲,美国于 2013 年颁布的《新一代科学教育标准》(Next Generation Science Standards, NGSS),是新一轮科学教育改革的里程碑。在《K-12 科学教育的框架:实践、跨学科概念和核心思想》的基础上,NGSS 为进一步促进学生科学工程实践能力,实现对重要科学原理的深入探索和整合理解,提出了八类实践:①提出问题,定义问题;②开发与使用模型;③规划与开展研究;④分析和解释数据;⑤应用数学思维和计算思维;⑥建构解释与设计问题解决方案;⑦参与基于证据的论证;⑧获取、评估和交流信息。[2] NGSS 对同一能力素养的培养要求均始终贯穿于幼儿园到高中学段的各个年级(K-12),体现出能力素养培育的一致性和连续性。NGSS 所呈现的学科核心概念标准都是要求在相应的实践背

---

[1] J. Wallace & W. Louden (1998), "Curriculum Change in Science: Riding the Waves of Reform," B. J. Fraser and K. G. Tobin (Eds.), *International Handbook of Science Education*, Netherlands: Kluwer Academic Publishers, p. 471.

[2] States, Ngss Lead, *Next Generation Science Standards: For States, by States*, Volume 2: Appendixes, Washington D. C: National Academies Press, 2013, pp. 60 – 61.

景下学习,通过预期的行为表现来反映对核心概念的理解和应用。[1] 在加拿大的安大略省,9—10年级的科学课程内容由"物理学""生物学""化学""科学考察技能与职业探索"和"地球与空间科学"五个方面组成,并要求学生学会运用适当的调查技能完成"发起设计""操作记录""分析解释""交流"四大领域的科学探究实践活动。[2] 位于大洋洲的澳大利亚,《新南威尔士7—10等级科学课程纲要》对科学探究非常重视,要求把科学探究"能力"分为"识别源数据""设计探索计划""选择实验室设备或资源"等13个相关的联系,这种将科学探究作为学习内容的做法是将科学课程进行内化。[3] 新西兰科学课程的内容主题主要分为两大类,分别是整合分支和情境分支,包括"认识物理学""认识物质世界""认识生命"和"认识地球和太空"四个主题。在"认识物质世界"所提出的四条学生成就目标要求中,有三条涉及探究。具体而言,新西兰科学课程要求,在物理世界的学习中,学生将使用他们发展中的科学知识、技能和态度,通过对实践探究和科学模型的思考,获得对物理现象本质的理解,探究并确定物理现象的发展趋势、关系和模式。[4] 在亚洲,新加坡的"初中科学课程"特别重视对学生科学探索精神的培养,而且致力于开发课堂科学课程指南,以为学生探究和教师探究教学提供帮助。[5] 韩国的科学课程强调所有年级都要进行探究,探究分探究过程和探究活动。探究过程分基础探究和统合探究两类,探究活动则指在探究教学中的活动类型,如讨论、实验、调查、参观、课题研究等。[6] 位于欧洲的爱尔兰,其《初级证书科学课程纲要》的内容框架包括"科学领域的实践活动"和"学习

---

[1] 郭玉英、姚建欣、彭征:《美国〈新一代科学教育标准〉述评》,《课程·教材·教法》2013年第33卷第8期。

[2] Ontario Ministry of Education, Science: The Ontario Curriculum Grade 9 and Grade 10, http://www.edu.gov.on.ca/eng/cuiTiculum/secondary/grade9.html, 2010-09-06.

[3] Board of Studies NSW, Science: Years 7-10 Syllabus, http://www.boardofstudies.nsw.edu.au/syllabus_sc/science.html, 2010-06-06.

[4] Ministry of Education, Science in the New Zealand Curriculum, http://www.minedu.govt.nz/NZEducation/EducationPolicies/Schools/CurriculumAndNCEA/NationalCurriculum/Science.aspx, 2008-06-30.

[5] Ministry of Education, Singapore, Science Syllabus: Lower Secondary Express/Normal (Academic), hltp://www.moe.gov.sg/cducation/syllabuscs/sciences/files/science-lower-secondary-2008.pdf, 2008-06-06.

[6] 金京泽:《韩国科学教育》,华东师范大学博士后研究工作报告,2004年,第36页。

主题与结果"两大方面,其中"科学领域的实践"的意思是"实验"和"探索",明确了实验和探索都是在此基础上整合不同类型、彼此互补的实践方式。①

世界各国科学课程改革总体趋势是,越来越注重学生实践和创新能力的提升,科学探究习惯的养成,尤其反映在物理课程领域。因为以实验为基础的物理学是科学教育非常重要的内容,承载了人类科学进步的核心观念、知识体系、方法论意识和科学精神,观察和实验是了解物理现象、测量有关数据、获得知识的源泉,是建立、发展和检验科学理论的实践基础,也是提升学生核心素养及能力的有效途径。

(2) 物理实验课程的实施途径多样化

高等学校参与了中学物理实验课程的开设,美国麻省理工学院物理实验室向本地区中学生(high school students)开放,邀请他们进入实验室,从事一些研究性的实验,体验科学家进行探索发现的心理,以达到充分利用仪器设备、服务社区的目的。② 计算机在物理实验中得到广泛运用,学生可以通过网络进行交互,使预习、复习、提问、讨论的时空得以延伸,在实验中用计算机采集数据、控制实验过程,有些实验报告也在计算机上完成。③ 此外,发给学生一个实验箱,里面有各种小工具,作为家庭作业可以带回家去完成。有专门的教材供学生参考,还专门设有一个"Help Lab",每天开放,有专人在那里帮助学生解决这种"回家实验"中所遇到的困难。④

国外关于物理实验课程的一些先进经验,能为本研究提供多方面参考,尤其是在物理实验课程实施的途径上,如传统物理实验仅限于学校范围内的问题。因此,结合各学校教育的实际情况,对传统的物理实验教学进行创新改进,既要更好地体现以学生为本,又要实现学生能力的培养、

---

① Department of Education and Science, Junior Certificate Science Syllabus, http: //www.curriculumonline.ie/uploadedriles/JC/SciencesyIlabusJC.pdf, 2010 - 06 - 06.

② Rebecca M. Slayton and Keith A. Nelson, "Opening Lab Doors to High School Students: Key to a Successful Engagement," *Physics Education*, 2005, 40 (4), p. 347.

③ N. D. Finkelstein, W. K. Adams, C. J. Keller, P. B. Kohl, K. K. Perkins, N. S. Podolefsky, and S. Reid, When Learning about the Real World is Better Done Virtually: A Study of Substituting Computer Simulations for Laboratory Equipment, Physical Review Special Topics—Physics Education, 2005, 1 (1), pp. 1 - 8.

④ 沈元华:《美国大学物理实验教学考察报告》,《实验室研究与探索》2001 年第 20 卷第 1 期。

核心素养的提升，以贯彻全面协调发展的教育理念，充分发挥物理实验课程在人才培养中不可替代的重要作用。

2. 国内中学物理实验课程相关研究述评

由于在我国现今的中学物理教学中，没有"实验课程"这一独立称谓，因而，中学物理实验通常以服务于物理知识教学而设置，近年来，国内关于中学物理实验课程实施的条件、过程、相关理论的研究日益增加，且主题丰富、形式多样，归纳起来主要有以下几个方面。

（1）中学物理实验课程实施现状研究

对中学物理实验课程实施现状的研究，陈庆朋博士（2009）通过较大范围的调查，了解到物理课程标准和三套新课程物理教材中的物理实验个数和物理实验特点，以及这些物理实验对物理实验教学仪器的需求，得出城市中学与农村中学、高中物理课程改革实验区与非实验区的普通高中物理实验设备配置情况，以及物理实验课的开设率。[①] 从教育部制定的物理实验室配置标准看，所调查的学校都有专用的物理实验室和仪器室，有超过三分之一的学校没有达到物理实验室配备要求是由于各省标准不同。从物理实验仪器配置情况看，在城市中学和农村中学之间，课改实验区的配备情况要明显好于非课改实验区。从物理实验教学效果反馈来看，教学方法和手段并不是最影响学生学习兴趣的因素，物理实验内容本身的趣味性才是影响学生学习积极性的关键。物理实验中学生提问、物理实验方案的设计、物理实验操作的注意事项、物理实验数据处理方法等都是在老师的指导下进行的，学生很难有自由发挥的空间。在规定时间内大多数学生能完成物理实验，大部分学生可以与其同学就物理实验结果进行交流；探究性实验开展不足，在探究性实验中能培养学生进行自主探索的内容太少。

卢仕斌（2004）用调查的方法，对广东省罗定市几所高中的物理实验室设备配置和经费支持情况进行了调查，分析了影响探究性实验教学开展的因素以及实验仪器、经费支持等方面的问题。[②] 李洪俊（2006）调查了山东省21所中学的物理实验室仪器配置情况、开发与使用情况，发现大多

[①] 陈庆朋：《高中物理实验教学条件和实施过程的调查研究》，博士学位论文，西南大学，2009年。

[②] 卢仕斌：《高中物理新课程探究型实验实施状况之调查研究》，硕士学位论文，广西师范大学，2007年。

数配备物理实验室的学校达到了"山东省实验小学和中学教学评价标准"中规定的要求，但是物理实验仪器的使用率并不高，有些资源被闲置甚至被浪费，但县城高中的配备情况要稍好于乡镇高中的配备情况。从实验未开发的原因来看，教学时间紧张是最主要原因，其次是实验仪器不足。[①] 杨同华（2008）调查了云南省怒江州 6 所高中和 7 所初中物理实验仪器配备与使用情况、物理实验课程资源利用现状。[②] 许逢梅（2008）调查了苏南地区 30 所高中的实验仪器利用和实验资源开发情况，发现缺少物理实验课程资源，现有的物理实验设备利用率低，物理实验室设备的信息管理相对滞后。[③] 上述各研究主要调查中学物理实验课程实施的现状，以及在此过程中所产生的问题，更多地停留在"了解"层面；较少对中学物理实验课程实施的现状问题进行深层解剖，较少从学生主体性角度探寻物理实验课程真正的意义和价值，缺少从物理实验对学生实践能力培养的角度关注物理实验课程对人才培养的经验、现状与问题的研究。

（2）中学物理实验教学过程的问题及原因研究

陈运保等人（2003）通过对高中物理实验教学现状的调查了解存在的问题，通过了解实验教学的开展情况、教师对实验教学过程的调控和管理，以及学生现有的实验能力水平三方面情况，发现实验教学的开展达标率很低；教师对实验教学过程的调控管理不到位；学生的实验能力较差。[④] 王文梅（2004）对实验教学过程进行调查研究发现了实验教学存在的问题：物理实验仅仅被当作物理实验教学的小工具，物理实验本身并不能发挥其应有的作用；物理实验中学生的思维活动是浅层次的，仅模仿拷贝老师所讲的实验步骤，数据只能进行简单肤浅的处理，因此缺乏深入的思考和探究性实验的训练，缺乏科学精神的训练与培养。[⑤] 薛猛（2007）通过

[①] 李洪俊：《山东省高中物理实验仪器配备及使用情况调查研究》，硕士学位论文，西南大学，2006 年。

[②] 杨同华：《云南省怒江州中学物理实验教学现状调查研究》，硕士学位论文，西南大学，2008 年。

[③] 许逢梅：《中学物理实验课程资源利用与开发的研究》，硕士学位论文，苏州大学，2008 年。

[④] 陈运保、路庆凤：《河南省高中物理实验教学状况的调查研究》，《教育学报》2003 年第 8 期。

[⑤] 王文梅：《高中物理课堂探究性实验教学的实践研究》，硕士学位论文，内蒙古师范大学，2004 年。

对山东省济南市区的多所高中学校的教师和学生进行问卷调查，了解到学生对实验的兴趣很高，但物理实验开设情况却很不乐观，学生的实验能力没有得到有效的培养，教师的物理实验教学观念陈旧。① 陈芳桂（2007）通过对学生实验能力培养现状的考察，发现大多数教师能正确理解物理实验教学的作用；教师容易忽视学生在实验中的信息反馈；忽视 CAI 实验教学的功能作用，且学生的物理实验习惯不好。② 米志华（2017）指出，在农村中学物理实验的开展中，从实验设备条件到课堂教学的实施都存在教育资金的不足、教师人员不足等困难，需要通过政策引导、转变教师教学观念，使教师肯于钻研，充分利用现有资源，培养学生良好的习惯和学习能力。③

（3）中学物理实验课程设计相关理论探索

陈洁（2004）通过对中华人民共和国成立后 1950 年、1952 年、1956 年、1963 年、1978 年、1986 年、1988 年、1990 年、2000 年、2001 年的教学大纲和课程标准——中学物理教学大纲中物理实验内容做了详细比较，将各部大纲（标准）中的物理实验和探究内容，在体系、数量、具体内容和总体要求方面进行了定性、定量分析。④

在中学物理实验课程开设情况的国际对比方面，沈俊妮、周延怀（2004）分析了美国 *PHYSICS: Principles and Problems* 教材中实验的特点。⑤ 其特点一是探究实验丰富，实验的总数约三分之一是探索实验的类型；二是封闭性的实验与开放的实验相辅相成，教科书的验证实验是完全封闭的，学生需要一步一步地完成实验，而探究性实验是开放的，但不是完全开放的；三是物理实验大多来源于学生生活，实验教科书尽可能从内容上联系学生的生活经验；四是低精度、低难度，美国所用实验设备是比较简单的，因此，美国教材对实验的精度要求不高；五是具有亲和力：实验密

---

① 薛猛：《高中物理实验教学现状调查与改革探析》，硕士学位论文，山东师范大学，2007 年。
② 陈芳桂：《中学生物理实验能力的调查与研究》，硕士学位论文，四川师范大学，2007 年。
③ 米志华：《新课程背景下农村中学物理实验教学的探索》，《中国教育学刊》2017 年第 S1 期。
④ 陈洁：《中学物理实验内容选入的比较研究》，硕士学位论文，西南师范大学，2004 年。
⑤ 沈俊妮、周延怀：《美国高中物理教材的学生实验分析与借鉴》，《教育学报》2004 年第 12 期。

切联系着学生的生活世界，用通俗易懂的语言、趣味十足的照片等使学生兴趣极大地增强。

刘震飞（2008）对中国香港特区、新加坡和美国的中学物理教材进行对比，从课程标准、教学内容排版、插图和实验设计与应用等方面做了深入分析，发现具有这样的优势：尊重学生认知发展规律，注重激发学生的兴趣，教科书版式设计活泼、新颖、图文并茂，适合学生自主学习；充分发挥教学插图的优势；注重实验设计布局及数量和质量的统一，以重点培养探索能力。[①] 李吉南（2009）从整合理论、学习理论、学科本体论三方面探究信息技术与科学实验整合的理论基础，对科学实验的共性整合点给出具体的诊断思路、诊断原则及分类方法，提出科学实验课程共性整合点的解决方法和策略，利用信息技术进行虚拟仿真，使抽象的概念、原理、定理和变化的过程具体化、形象化。[②]

综上所述，已有相关中学物理实验课程的研究，主题日益丰富，主要涉及教学物理实验资源的利用率和整合，物理实验课程实施与实验资源开发的现状。已有关于物理实验课程实施的研究，现状调查居多；对物理实验课程实施不到位的现象和原因，缺乏深层剖析和挖掘，如物理实验课程实施过程中教师的物理实验教学观念陈旧，存在对物理实验课程的价值和育人功能重视不够等问题。当前研究尚未关注学生实践能力的培养和学科实验课程变革的问题，鲜有关注基础教育高中阶段学生实践能力培养的问题。本书基于学生实践能力培养的高中物理实验课程研究，有助于弥补现有研究的不足。关于物理实验课程与学生素养、能力的提升二者之间的逻辑联系还鲜有涉及，对如何通过设计与开发物理实验课程切实培养学生的实践能力与创新意识，如何在物理实验课程的实施中提高学生的能力素质，相关研究并不明确。因此，本书试图从普通高中学生实践能力的要素结构与特征及其发展的支持条件入手，梳理普通高中物理实验课程与学生实践能力形成、发展的内在联系及物理实验课程的价值功能，考察普通高中物理实验课程实施过程中学生实践能力培养的现状与问题，从而尝试变革与建构

---

① 刘震飞：《（中国）香港、新加坡和美国的中学物理教材研究》，硕士学位论文，华东师范大学，2008年。

② 李吉南：《中学科学实验整合点及支撑软件研究》，硕士学位论文，东北师范大学，2009年。

真正有利于学生实践能力培养的高中物理实验课程体系。

五 本研究的理论支持

任何研究都离不开"前人的肩膀",任何一种有意义的研究都需要理论的支持和借鉴。本书基于实践能力培养的普通高中物理实验课程变革的研究主题,主要涉及以下几个方面的理论基础。

(一) 实践哲学

实践哲学是一种以"人"为出发点、以实践范畴为核心的哲学,它是以人的实践行为为研究对象的哲学理论。实践哲学是人对实践的反思,是对现实的可能的实践条件、可能性及要求的反思。尽管它处于反思和实践的张力中,但实践哲学本身并不是实践,对本书"实践"含义的梳理、建构实践能力结构模型具有重要指导作用。

1. 不同时期的主要观点

在实践哲学发展的历史上,不同时期的人们对实践的认识与反思呈现出不同的流派和观点。

(1) 朴素的道德实践观

亚里士多德(Aristotle, 384 B.C.—322 B.C.),第一次明确提出了"实践"概念,建立了历史上第一套实践哲学的理论体系。"实践"在亚里士多德的话语体系里,仅指在古希腊城邦中人们的政治生活,不包括技术的实践活动。因此,"实践是以自身为目的的、正确的行为,它是一个道德的、伦理的概念"[1]。亚里士多德将人的活动分为理论、实践和创制三大领域。[2] 理论是一个沉思的活动,寻求大自然的普遍原则;实践则为道德伦理和政治公正的追求;创制是生产技术的活动,特别是生产生活资料活动的物质手段。

康德为道德实践寻获了自身所遵循的普遍法则。尽管康德揭示出道德实践与技术实践同样遵循普遍法则,却没有将二者统一在人的实践活动中。他提出了"两种实践"的主张,即严格区分"遵循自然概念的实

---

[1] J. J. Sewart, N. Lobkowicz, "Theory and Practice: History of a Concept from Aristotle to Marx," *Contemporary Sociology*, 1967, 8 (3), p. 476.
[2] [古希腊] 亚里士多德:《尼各马科伦理学》,苗力田译,中国人民大学出版社 2003 年版,第 122—123 页。

践"和"遵循自由概念的实践"①。亚里士多德、康德的实践观,在现今看来是不完善的,将技术实践排除在人的实践(道德实践)领域之外,生产活动和技术实践未能与道德实践真正统一起来,尽管这种实践观是朴素的、偏执的,但它赋予了实践最初的"践行、履行"之意义,引发了尔后的人们对实践的长时期关注与反思。

(2) 抽象的整体实践观

亚里士多德抽象的实践观认为理论高于实践,且优于实践,那是一种极少的哲学家才能参与的活动;康德的实践理性,尽管可以指明理论的目的、意义和来源,但理论和实践是被完全剥离开的,并没有得到统一。黑格尔则在"实践"中引入了"劳动"概念,首次确立了整体实践观,将以往哲学家对立的道德实践与技术实践统一起来。

黑格尔将劳动看成是主体和客体联系的桥梁,借助于劳动,可真正克服意识和自然的剥离。② 从本质上讲,黑格尔讲的"劳动",与亚里士多德"创制"以及康德的"遵循自然概念的实践"的基本含义如出一辙,具有很大的相似性,是人与自然之间对话的"技术实践",但这种"技术实践"仅仅是动作行为层面的,被排除在真正的实践领域之外。与此不同,黑格尔将技术实践作为实践的核心,把技术实践作为主体与客体联系的中间桥梁。他强调,实践不仅仅是一种改造世界的物质活动,更是人的本质的精神生活。但黑格尔认为,劳动是精神性的、抽象性的,马克思理性地揭示了黑格尔劳动思想的困境和局限,并对此作出精确分析,"黑格尔是站在现代国民经济学家的立场上的","他只看到劳动的积极的方面,没有看到它的消极的方面","黑格尔唯一知道并承认的劳动是抽象的精神的劳动"。③ 由此,马克思揭示出黑格尔实践观的缺陷:实践仅仅是思维和概念的基础,将思维看作其实践观乃至整个哲学的基础。黑格尔的整体实践观由于其抽象性而带有一层神秘面纱。

(3) 回归生活世界的整体性实践观

马克思深刻认识到在其以前的哲学是脱离生活世界的,是有局限性的,

---

① 俞吾金:《一个被遮蔽了的"康德问题"——康德对"两种实践"的区分及其当代意义》,《复旦学报》(社会科学版) 2003 年第 1 期。
② 陶秀璈:《黑格尔对实践概念的变革》,《求是学刊》1995 年第 4 期。
③ [德] 马克思:《1844 年经济学哲学手稿》,人民出版社 2014 年版,第 98—99 页。

他积极主张哲学要回归生活世界，关注现实的人及其实践。马克思之前的哲学有一个显著的共同特点，那就是把理论与实践分割开来、对立起来。理论脱离了实践，哲学无法观照人的实践活动、人的现实生活世界和解决现实中的各种矛盾，这样的哲学遗忘了人在现实中的自我实现。

生活世界是马克思理解的直观的、感性的现实世界。马克思认为，人的日常生活与非日常生活构成了人的现实生活，而且日常生活是人的整个社会生活的微观现实基础。马克思对于日常生活的概念是这样理解的：如果从社会、国家整体视角来看，日常生活是个体生存活动的领域；如果相对于人的理论研究等抽象思维活动领域来讲，日常生活是指人的体验的、经历的感性活动领域。① 马克思强调，实践创造了人的日常生活世界，包括人与自然、人与人，认识主体与客体的人的世界的全部关系，都在这里现实地生成。在实践中不仅生成着人与自然的关系，也现实地生成着人与人的关系。马克思所定义的"实践"，具有整体性特征，而且在马克思主义哲学发展过程中实践的含义是动态变化的。如在马克思的早期著作中，实践主要指的是人类的文化创造活动；在唯物史观形成时期，实践主要指物质生产劳动；在思想成熟时期，实践则更具体地指以机器生产为核心的生产劳动。正因如此，马克思通过对实践的论述揭示了工业生产的剩余价值经济规律，揭示了剥削产生的实质。

实践作为人的存在的本质特征，在满足人的生存需要的同时，也指向未来的价值担当。马克思特别强调，实践承担着人类追求真、善、美及不断超越现有、指向自由解放和全面发展的未来价值。② 因此，实践不仅仅是具体性的操作活动，也是人的整体的生活方式，蕴含着人存在的全部意义和价值。

(4) 实用主义的实践观

以杜威（J. Dewey）为代表的实用主义哲学的根本意义是对现实生活和实践的强调，具有很强的实践性特质，杜威在实践哲学中，探索与发现过程是主体和环境之间相互作用的过程，它包含认知和实践的双重含义。

---

① 杨楹、王福民、蒋海怒：《马克思生活哲学引论：生活世界的哲学审视》，人民出版社2008年版，第116页。

② 于春玲、闫丛海：《技术实践：哲学的观照及嬗变》，《东北大学学报》（社会科学版）2013年第15卷第5期。

人与自然、经验与理性的对话过程是一个无尽的过程，是一个持续发生和发展的过程，也是人的生命实践的过程。① 杜威认为，人们通过学习和实践所掌握到的各种经验知识，会被当作一个工具来推断未来事件的发生，因此，应为实践活动创造更为有利的条件，从而改变人的实践境遇。实践把一个"不食人间烟火"的"第一自然"，变成了一个"食人间烟火"的"人化自然"②。贴近现实、贴近人生、深入生活是杜威实践哲学的一个自觉的追求，具有主体性的实践意蕴。

(5) 解释学的实践观

伽达默尔的解释学也被称为"实践哲学"。他提出的实践特征是建基于其哲学解释学之上的对亚里士多德—康德传统的返归。伽达默尔的哲学解释学具有强烈的伦理学色彩，这种色彩在伽达默尔的讲座和多部著作中可窥一斑。他的《真理与方法》及其后期思想都围绕着伦理学取向的实践哲学展开，它关注人的整体生存状态，自觉以实践哲学为整个哲学解释学体系的核心。根据西方哲学界对伽达默尔哲学思想轨迹的划分，可将伽达默尔整个学术生涯划归为前解释学、解释学和实践解释学三个阶段。伦理学意义上的实践哲学可以说是他横跨三个阶段的最为根本的特质和思想归宿。伽达默尔的实践哲学关注科技理性下的人类生活、德性和政治，其实践哲学的基本思想显然与他对传统哲学的继承有关。

(6) 德性论的实践观

麦金泰尔在《德性之后》里着力回溯亚里士多德的传统德性观，他不仅把亚里士多德看作一名个人理论家，还把亚里士多德视为"一个悠久传统的代表"。他评析道，善是一些品质。"拥有它们就会使一个人获得幸福，缺少它们就会妨碍他达到这个目的。"他尤为强调的是德性实践与人生活的关系。"德性的实践并非这种意义上的达到人类善的一种手段，因为构成人类善的是人的最好时期的全部人类生活，德性的践行是这种生活的必要的和中心的部分。"③ 基于此，麦金泰尔以实践概念作为其德性理念的核心部分，而他强调实践范围的宽广和相对性，每一种实践都需要有参

---

① 刘放桐：《杜威哲学的现代意义》，《复旦学报》（社会科学版）2005 年第 5 期。
② 乐逸鸥：《科学批判的硕果——读〈实用主义大师杜威〉》，《哲学研究》1991 年第6期。
③ [美] A. 麦金泰尔：《德性之后》，龚群等译，中国社会科学出版社 1995 年版，第 187—188 页。

加实践的人之间的一定种类的关系。如果说德性就是那些利益,人们即可按照德性来界定实践中与他人间的关系,与他人共同分享蕴含在实践中的目的和标准。麦金泰尔将实践和德性紧密联系起来,他认为,在实践中体现着正义和勇敢,因此,他批评"实践兴盛而德性不受重视"①的技术理性运动。显然,麦金泰尔强调将德性置于实践的更深层次,德性即实践的本性。他进一步批判社会盛行实践,不是技艺,也不是社会机构,而实践并非没有作为,可以推动技艺和社会机构的完善,而这指向一直缺乏的"整体生活"②。麦金泰尔的实践论述非常完备,整个德性观建立在实践的基础上。

2. 实践哲学对本书的启示

如上所述,实践哲学尽管代表着一种不同时期的哲学流派,但其在实质上代表的是一种思想运动,或思维方式。这一思维方式关注的不仅是一种实践现象,而且强调的是实践目的和实践发生的条件,以及实践主体与客体的相互作用过程。

实践哲学对实践本质的讨论与思考,为本书对实践能力含义的探讨提供了前提条件。实践范畴的规定性体现在"主体和客体之间能动而现实的双向对象化过程"方面。③其中,"主体和客体"是实践活动的要素性存在,是任何一项实践活动所不可缺少的;"能动而实现"是实践活动的状态性存在,其中能动是主体的主体性表现,是人与动物的根本区别;而"实现"则是从认识与实践相区别的范围来讲的,相对于那些唯心主义思维和德性理论,实践活动具有直接的现实性;"双向对象化"是实践活动的过程和结果性存在,它表明完整的实践活动是"主体客体化"和"客体主体化"的统一。④从这个意义上说,实践内在地包含着人与自然的关系、人与社会的关系以及人与自身的关系,是一个"主—客""主—主"和"主—我"的关系性存在。

同样,实践哲学在教育活动中的运演,如同实践哲学对人类实践的关

---

① [美] A. 麦金泰尔:《德性之后》,龚群等译,中国社会科学出版社1995年版,第244页。
② 孙小玲:《德性论与精英主义——从麦金泰尔的"实践"概念谈起》,《复旦学报》(社会科学版)2009年第1期。
③ 肖前等:《实践唯物主义研究》,中国人民大学出版社1996年版,第188—189页。
④ 孙智昌:《论学生的实践能力及其培养》,《教育研究》2016年第2期。

注一样，关注的是发生于教育教学活动中的实践行为，并且以实践的思维方式实现自己作为实践之理论形态的建构。根据实践哲学的运思路径，理论并非实践的对立面，实践领域也并不是认识领域的敌对面，理论和实践原本是一体的，使其分道扬镳的罪魁祸首在于理论和实践的抽象化、形式化和概念化。概念化的过程往往充满着矛盾的理解和难以置信的悖论。人类进行的实践活动旨在通过抽象的理论概念，提升人的认识能力，实现幸福生活。而其中最为矛盾的是概念促成了知识体系的形成，造就了人类追求概念的认识传统，若人类过于偏狭于概念的知识体系，则会远离人生幸福的重要指标——人的生活。因为人的生活并非仅仅是概念，它更应该是一种发生在当下的、如其所是的事情本身。所有的事情都是相互联系的，而联系并非概念的联系，而是意义的关联。在教育实践场域，强烈的实践意向催生出课程实践主体的反思智慧，赋予课程实践活动以育人价值。

在马克思主义实践哲学的命题中，认识与实践是两大重要范畴，实践是能动地改造自然和社会的活动。作为实践主体的人，其实践能力既是各项智力和能力要素在实践活动领域的具体体现，又与在主体与客体的对象性关系活动中产生能动作用的主体能力密切关联，这对本书关于"实践能力"的界定有着重要的指导作用。同时，在教育实践领域，对于异常复杂的课程实践而言，理性和非理性都难以回答以何种方式增进主体的实践能力。本书依据实践哲学的本性和内容，寻找在物理实验课程实践中培养学生实践能力外显活动的运行轨迹，由课程实践达致更完善的物理实验课程变革的目的，强调课程理论是基于意义之上的建构，是一种返归课程实践、指向师生课程生活的建构。

（二）能力相关理论

能力结构问题是现代心理学中一个非常重要的研究内容，对能力结构及其构成要素进行深入分析，对理解能力的本质、能力的测评和合理制定能力的培养方案都具有重要的意义。[①] 在心理学研究领域，将智力与能力的总和统称为"智能"，但心理学界对智力与能力含义的认识却极不统一。在1950年后的30年里，苏联心理学家认为，智力和能力是从属关系，智

---

① 胡玉龙、唐志强等：《普通心理学》，人民教育出版社2002年版。

力从属于能力，即智力是能力的一种或是能力的一个组成部分。① 与此相反，西方不少心理学家将智力与能力看作包含关系，认为智力包含各种能力，即每一种智力因素都代表着一种特定的能力，如智力因素构成理论、智力结构理论等。

本书关于学生实践能力构成要素与结构模型的研究，既离不开智力的研究理论，也离不开能力的研究基础，以下关于智力与能力的研究理论对本书有着重要的研究指导作用。

1. 能力因素说

英国心理学家与统计学家斯皮尔曼（C. Spearman，1863—1945）在20世纪初，提出能力的"二因素说"，认为能力由两种因素构成，即一般因素（称为"G因素"）和特殊因素（称为"S因素"）（见图4）。

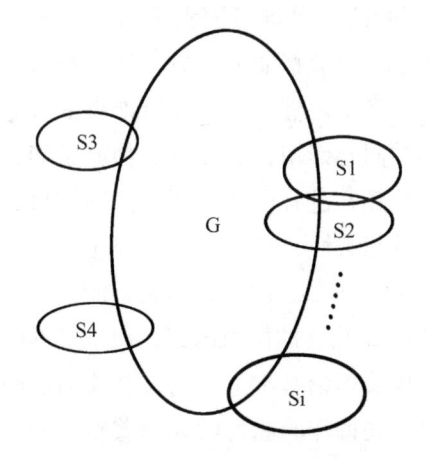

图4 能力的二因素模型

G因素是完成任何活动都需要的，而且人人都具备G因素，但是每个人的G因素的量值是不同的，G因素量值越高，表现为人越"聪明"；反之，G因素越低，则表现为人越"愚笨"。因此，斯皮尔曼认为，G因素在能力结构中一般是第一位的因素。S因素则因人而异，即使同一个人，也有着多种不同的S因素，它们与各种特殊能力，如言语能力、空间认知能力、逻辑数理能力等相对应。每一种具体的S因素只参与一个特定的能

---

① ［苏］克鲁捷茨基：《心理学》，赵璧如译，人民教育出版社1985年版。

力活动。每完成一个特定的活动，都需要由一般能力 G 因素和某种特殊能力 S 因素共同承担。

斯皮尔曼用一般 G 因素来解释不同测验间的相关性。他认为，在不同能力活动的测验中总是有一般能力 G 因素和特殊能力 S 因素的共同作用，既然都有 G 因素，那么各种能力活动测验之间必然有一定的相关性。斯皮尔曼关于能力的"二因素论"在能力测验中确有印证，尤其是在该学说的反对者瑟斯顿的能力"多因素说"的实验中突出体现了"二因素论"。

美国心理学家瑟斯顿（L. L. Thurstone）对斯皮尔曼关于能力的"二因素说"一直持反对意见，他创造了另一种因素分析方法，提出能力的"多因素说"（又被译为"群因素说"）。瑟斯顿认为，任何能力活动都依靠彼此不相关的许多能力因素共同起作用，因此，可以把能力分解为多种原始的能力。他对 56 种测验的结果进行因素分析后，最后确定了七种原始能力，即词的理解能力、言语流畅能力、数字计算能力、空间知觉能力、记忆能力、知觉速度能力和推理能力。按照瑟斯顿的理论假设，既然由这七种不相关的原始能力共同起作用，那么这七种原始能力测验结果之间应当毫不相关。但是，瑟斯顿并没有得到其所预期的结果，而是发现这七种原始能力之间有着一定的相关性，它们并不是完全独立的。基于此，瑟斯顿及其追随者又做了大量的补充工作，但仍然未能如愿以偿。人们逐渐意识到，要找出所谓的"纯"独立的能力因素，似乎是不可能的。

关于能力的因素构成理论基本上认为，在能力的因素构成中，的确存在一些特殊的成分对某些特殊的能力活动起着特定的作用，但是还有一些一般的能力，它们对所有的能力活动都起着必要的作用。

2. 能力结构理论

（1）三维结构模型

美国心理学家吉尔福特（J. P. Guilford，1897—1987）于 1959 年提出智力三维结构模型，认为智力由操作、结果和内容三个维度构成（见图 5）。其中操作有五种因素，结果有六种因素，内容有四种因素，共计约有 120 种智力因素，吉尔福特认为，每种因素都是独特的能力，因此对应 120 余种能力。

吉尔福特认为，智力包含着多种基础性的能力，它是从事任何活动都不可缺少的，如观察能力、记忆能力、想象能力、思维能力等。个体的智

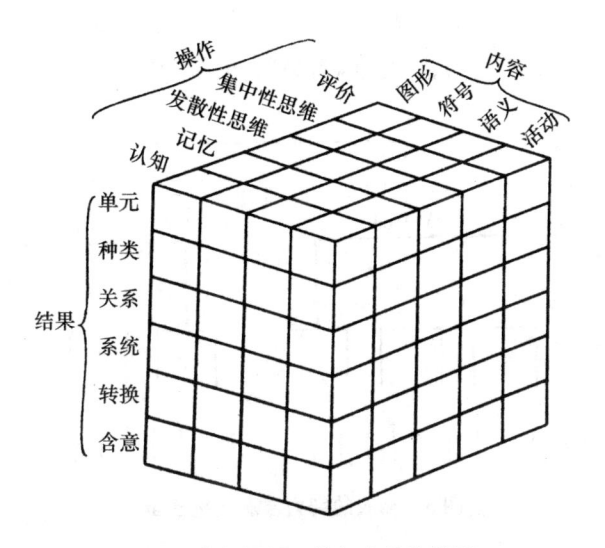

图5 吉尔福特三维智力结构模型

力不同，首先表现在智力操作上。智力操作有：①评价（即能不能评价事物）；②集中思维（强调抽象概括，形成概念）；③分散思维（过去强调集中思维，当前还必须重视创造思维的培养，而创造思维要求分散思维和集中思维相结合）；④记忆；⑤认知。

智力活动的产物就是智力操作的结果。智力活动的产物有单元、种类、转换、含意等。智力活动的内容有图形、符号、语义、行为等。例如学生对英语单词的掌握，就是语义、记忆、单元的能力。[①] 吉尔福特的理论是对智力结构认识的一个深入，它推动着人们对能力结构进行新的探索。

（2）能力的层次结构

英国心理学家弗农（P. E. Vernon）于1960年提出能力的层次结构理论，认为智力是具有多个层次的心理结构（见图6）。最高层次是一般因素，相当于斯皮尔曼"二因素说"中的G因素；第二层次是由"言语—教育能力"和"操作—机械能力"组成的两大因素群；第三层次是小因素群，如"言语—教育能力"又可以分为言语、数量、教育等因素，"操作

---

① 吴庆麟：《教育心理学——献给教师的书》，华东师范大学出版社2003年版，第85页。

—机械能力"又可以分为机械、空间、操作等因素;第四层次就是各自的特殊因素,相当于斯皮尔曼"二因素说"中的 S 因素。

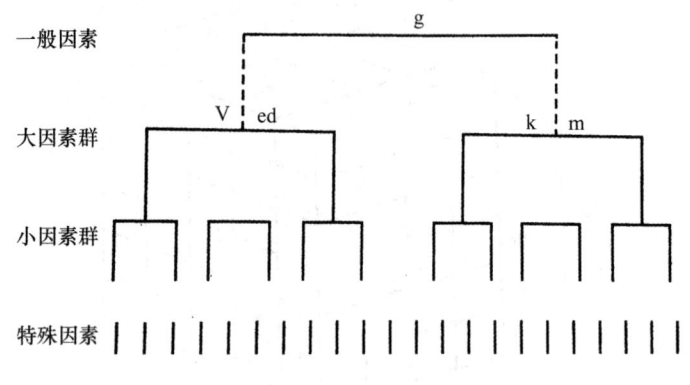

图6 弗农的智力层次结构模型

3. 多元智能理论

多元智能理论是由哈佛大学发展心理学家霍华德·加德纳(Howard Gardner)提出的,迄今已有30余年的历史,已经逐渐引起世界的广泛关注,并成为20世纪90年代以来许多西方国家教育改革的指导思想之一。因此,霍华德·加德纳被誉为"多元智能理论"之父,《纽约时报》称加德纳为当今美国最有影响力的发展心理学家和教育学家。

在加德纳看来,智力是一种或一组个人解决问题的能力,每个人都是具有多种能力组合的个体。由此,加德纳在脑科学研究的基础上,于1983年在《智能的结构》一书中提出了多元智能理论(The Theory of Multiple Intelligences)。

加德纳认为,人的智力是多元的。人除了言语—语言智力和逻辑—数理智力两种基本智力以外,还有其他七种智力,它们是视觉—空间关系智力、音乐—节奏智力、身体—运动智力、人际—交往智力、自我内省智力、自然观察者智力、存在智力。[①] 这些不同种类的智力,对应着特定类别的能力。

多元智能理论对教育领域的课程观、教学观、学生观、评价观等影响

---

① [美] 霍华德·加德纳:《智能的结构》,沈致隆译,浙江人民出版社2013年版,第91—283页。

颇深。为适应人类个体智能的独特性和多样化，在课程设置上，要对传统的课程内容进行筛选，使得新的课程内容体现出人类智力的多元化；在教学上，要突出个性化教学，即正视学生的个别差异，强调在可能的范围内使具有不同智力的学生都能受到同样好的教育；在看待学生上，音乐、体育、美术或者其他方面的特长，同样都是高智商的标志，学习成绩较差但有不同特长的学生同样也很了不起，而不是什么"差生"；在评价上，注重发展性的学生评价，对同一教学目标，学生可以用不同的智力组合来达成。评价内容更为全面，评价手段更为多样。

4. 成功智力理论

成功智力理论由美国耶鲁大学心理学教授斯腾伯格（R. J. Sternberg）提出，该理论认为，成功智力是人生成功的决定性因素，而不是依靠智商（IQ）。斯腾伯格既进行了长时间的成功智力理论研究，同时又进行了应用实践的实验。他在其论著《成功智力》（1996）中提出成功智力应包括分析性智力、创造性智力和实践性智力三个关键方面。[①] 其中分析性智力用以寻找解决问题的策略、方法与途径；创造性智力有助于人们发现、创造、想象等创造思维能力的发挥；实践性智力将人的思维决策结果付诸实践，这三个方面的智力是一个有机构成的整体，只有在这三个方面协调、平衡时才最为有效。

分析性智力。分析性智力是分析和评价人的抉择，用以寻找解决问题的策略、方法与途径。分析性智力作用的过程包括问题识别、问题界定、确定问题解决策略、问题解决过程的检视。

创造性智力。创造性智力表现在人在遇到新情境问题时能迅速优先构思出问题解决的方案。富有创造性智力的人，一般会产生一些看似不切实际的想法和主意，但这些奇思异想，能在一定程度上实现其特有的价值。斯腾伯格研究表明，创造性智力属于特定领域的能力，具有专业属性，即在某个领域具有创造性但不一定就意味着在另一个领域也具备创造性。

实践性智力。实践性智力在于将人的思维决策结果付诸实践，实施选择并使选择发生作用。实践性智力发生作用是在将智力应用于真实世界的

---

① ［美］R. J. 斯腾伯格：《成功智力》，吴国宏、钱文译，华东师范大学出版社1999年版，第115—137页。

环境之中，其中缄默知识的获得与运用就是实践性智力的一个重要内容。缄默知识是人们在特定环境中若要取得成功就必须懂得的，但又不是经过明确传授的知识，缄默知识通常不用语言来表达。研究表明，缄默知识是通过认真地运用经验而获得的，它对工作能否成功的预测力不亚于智商，甚至有时还优于智商。

5. 思维品质论

对于智力与能力的长期"从属"与"包含"关系的对立，我国著名心理学家朱智贤和林崇德提出了智能的"思维品质论"，指出思维是智力和能力的核心基础，思维品质包括敏捷性、灵活性、深刻性、独创性、批判性，既反映了思维的个性特征，又反映了智力和能力的层次水平，实现了智力与能力的有机统一。[①]

学生智力或能力的高低主要由智能品质来确定。智能品质是智力活动中特别是思维活动中智力特点在个体身上的表现。因此它又被叫作思维的智力品质。思维品质的五个方面判断了智力与能力的层次。从一定意义上讲，思维品质是智力和能力的表现形式。思维品质在这些方面的表现，是确定一个人智力与能力正常、超常、低常的主要指标。

敏捷性是指思维活动的速度，它反映了智力的敏锐程度。智力超常的人，在思考问题时敏捷，反应速度快；智力低常的人，往往迟钝，反应缓慢；智力正常的人则有着一般的速度。

灵活性是指思维活动的灵活程度，它反映了智慧能力的"迁移"，如我们平时所说的"运用自如"。灵活性强的人，智力方向灵活，善于从不同的角度与方面思考问题；从分析到综合，从综合到分析，灵活地作"综合性的分析"，能够较全面地分析、思考、解决问题。

深刻性是指思维活动的抽象程度和逻辑水平，以及思维活动的广度、深度和难度。它表现为在智力活动中能够深入思考问题，善于概括归类，逻辑抽象性强，善于抓住事物的本质和规律，开展系统的理解活动，善于预见事物的发展进程。智力超常的人的抽象概括能力高，智力低常的人的思维往往只是停留在直观水平上。

独创性是指思维活动的创造精神，或叫创造性思维。在实践中，除善

---

① 朱智贤、林崇德：《思维发展心理学》，北京师范大学出版社 1986 年版，第 13—107 页。

于发现问题、思考问题外,重要的是能创造性地解决问题。人类社会的发展、自然科学的发展,以及发明、发现与创新,都离不开思维的智力品质的独创性。

批判性是思维活动中独立分析和批判的程度。是循规蹈矩,人云亦云,还是独立思考,善于发问,这是思维过程中一个很重要的品质。有了批判性,人类才能够对思维本身加以自我认识,也就是人们不仅能够认识客体,而且能够认识主体,并在改造客观世界的过程中改造主观世界。

思维智力品质的这五个方面,是判断智力层次,确定一个人智力水平是正常、超常或低常的主要指标。实践能力也是一种能力,应从其品质进行考查,这对本书关于普通高中学生实践能力的结构要素及其层次分析有重要的启示作用。

(三) 建构主义理论

1. 建构主义理论的主要观点

随着心理学家对人类学习过程认知规律研究的不断深入,建构主义理论作为认知学习理论的一个重要分支,在西方逐渐流行起来。建构主义理论的主要代表人物有皮亚杰(J. Piaget)、维果茨基(Vogotsgy)等。

皮亚杰认为,认知发展是主体的自我建构过程。所谓的"建构",即结构(图式)建造之意,而这种建造的动力来源于主体与客体之间的相互作用。按照这一理论,皮亚杰把认知的内向发展称为内化建构而把外向发展称为外化建构,两者合称双重建构。①

建构主义理论的主要观点可从"学习的含义"(即关于"什么是学习")与"学习的方法"(即关于"如何进行学习")这两个方面进行说明。

(1) 关于学习的含义

学习是获取知识的过程,建构主义认为,知识不是通过教师传授得到的,而是学习者在一定的情境即社会文化背景下,借助其他人(包括教师和学习伙伴)的帮助,利用必要的学习资料,通过意义建构的方式而获得的。由于学习是在一定的情境即社会文化背景下,借助其他人的帮助即通

---

① 雷永生:《皮亚杰发生认识论述评》,人民出版社1987年版,第117页。

过人际的协作活动而实现的意义建构过程,因此建构主义理论认为"情境""协作""会话"和"意义建构"是学习环境中的四大要素或四大属性。

一是"情境",学习环境中的情境必须有利于学生对所学内容的意义建构。这就对教学设计提出了新的要求,也就是说,在建构主义学习环境下,教学设计不仅要考虑教学目标分析,还要考虑有利于学生建构意义的情境的创设问题,并把情境创设看作教学设计的重要内容之一。

二是"协作",协作发生在学习过程的始终,是通过人际的协作活动而实现意义建构的过程。协作对学习资料的搜集与分析、假设的提出与验证、学习成果的评价直至意义的最终建构均具有重要作用。

三是"会话",会话是协作过程中不可缺少的环节。学习小组成员之间必须通过会话商讨如何完成规定的学习任务和计划。此外,协作学习过程也是会话过程,在此过程中,每个学习者的思维成果(智慧)为整个学习群体所共享,因此会话是达到意义建构的重要手段之一。

四是"意义建构",这是整个学习过程的最终目标。建构的意义在于帮助学生对当前学习内容所反映的事物的性质、规律以及该事物与其他事物之间的内在联系获得较深刻的理解。这种理解在大脑中的长期存储形式就是前面提到的"图式",也就是关于当前所学内容的认知结构。由上所述的"学习"的含义可知,学习的质量是学习者建构意义能力的函数,而不是学习者重现教师思维过程能力的函数。换言之,获得知识的多少取决于学习者根据自身经验去建构有关知识的意义的能力,而不取决于学习者记忆和背诵教师讲授内容的能力。

(2) 关于学习的方法

建构主义提倡在教师指导下的、以学习者为中心的学习,也就是说,既强调学习者的认知主体作用,又不忽视教师的指导作用,教师是意义建构的帮助者、促进者,而不是知识的传授者与灌输者。学生是信息加工的主体,是意义的主动建构者,而不是外部刺激的被动接受者和被灌输的对象。学生要成为意义的主动建构者,就要求学生在学习过程中从以下几个方面发挥主体作用:

首先,要用探索法、发现法去建构知识的意义。

其次,在建构的过程中要求学生主动地搜集并分析有关的信息和资料，对所学习的问题要提出各种假设并努力加以验证。

最后，要把当前学习内容所反映的事物尽量和自己已经知道的事物相联系，并对这种联系加以认真的思考。"联系"与"思考"是意义构建的关键。如果能把联系与思考的过程与协作学习中的协商过程（即交流、讨论的过程）结合起来，则学生建构意义的效率会更高，质量会更好。协商有"自我协商"与"相互协商"（也叫"内部协商"与"社会协商"）两种，自我协商是指自己和自己争辩什么是正确的；相互协商则是指学习小组内部相互之间的讨论与辩论。

学生学习的过程就是自我建构的过程，教师要成为学生建构的帮助者和促进者，这就要求教师在教学过程中应注意以下几个方面：首先，激发学生的学习兴趣，帮助学生形成学习动机；第二，创设新旧知识之间联结的线索，帮助学生建构当前所学知识；第三，为使得意义建构更有效，教师应尽可能地组织协作学习，以便主导意义建设发展的有利方向。引导方法包括提出正确的问题，激发学生思考和讨论；努力深化问题，一步一步地加深学生对他们所学内容的理解；诱导启发学生自己去发现规律，自己纠正和补充错误或片面的理解。

2. 建构主义理论对本书的研究启示

从建构主义理论研究的内容及其形成、发展的历程来看，建构主义理论对本书研究的启示主要体现在以下几个方面。

（1）强调以学生为中心

明确"以学生为中心"这一点对于本书有至关重要的研究指导意义。至于如何体现以学生为中心，建构主义理论启示我们可以从三个方面进行努力：①要在学习过程中充分发挥学生的主动性，要能体现出学生的首创精神；②要让学生有多种机会在不同的情境中应用他们所学的知识（将知识"外化"）；③要让学生能根据自身行动的反馈信息来形成对客观事物的认识和解决实际问题的方案（实现自我反馈）。以上三点，即发挥首创精神、将知识外化和实现自我反馈，亦可被认为是体现以学生为中心的三个要素。与此同时，以学生为中心，在整个教学过程中由教师起组织者、指导者、帮助者和促进者的作用，利用情境、协作、会话等学习环境要素充分发挥学生的主动性、积极性和首创精神，最终达到使学生有效地实现对当前所学知识的意义建构的目的。

(2) 强调"情境"对意义建构的重要作用

建构主义理论认为，学习者在新情境中的知识学习，可以通过别人的帮助，获得意义建构。理想的学习环境应包括情境、协作、沟通和意义建构四个部分。当学习新知识时，学习者可以利用他们现有的认知结构去同化和索引当前学习的知识内容，若不能吸收新知识，则需要加以"顺应"，即对原来的认知结构进行调整。总之，只有通过"同化"与"顺应"，才能达到对新知识意义的建构。

(3) 强调"协作学习"对意义建构的关键作用

建构主义认为，学习者与周围环境的交互作用，对于学习内容的理解（即对知识意义的建构）起着关键性的作用，这是建构主义的核心概念之一。学生们在教师的组织和引导下一起讨论和交流，共同建立起学习群体并成为其中的一员。在这样的群体中，共同批判性地考查各种理论、观点、信仰和假说；进行协商和辩论，先内部协商（即和自身争辩到底哪一种观点正确），然后再相互协商（即对当前问题摆出各自的看法、论据及有关材料并对别人的观点作出分析和评论）。通过这样的协作学习，学习者群体（包括教师和每位学生）的思维与智慧就可以被整个群体所共享，即整个学习群体共同完成对所学知识的意义建构，而不是由其中的某一位或某几位学生完成意义建构。

(4) 强调对学习环境（而非教学环境）的设计

建构主义认为，学习环境是学习者可以在其中进行自由探索和自主学习的场所。在此环境中学生可以利用各种工具和信息资源（如文字材料、书籍、音像资料、CAI与多媒体课件以及Internet上的信息等）来达成自己的学习目标。在这一过程中学生不仅能得到教师的帮助与支持，而且学生之间也可以相互协作和支持。学习应当得到促进和支持而不应受到严格的控制与支配；学习环境则是一个支持和促进学习的场所。在建构主义理论指导下的教学设计应是针对学习环境的设计而非教学环境的设计。因为教学意味着更多的控制与支配，而学习则意味着更多的主动与自由。

(5) 强调利用各种信息资源来支持"学"

为了支持学习者的主动探索和完成意义建构，在学习过程中要为学习者提供各种信息资源（包括各种类型的教学媒体和教学资料）。这里利用这些媒体和资料并非用于辅助教师的讲解和演示，而是用于支持学生的自主学习和协作式探索。对于信息资源应如何获取、从哪里获取，以及如何有效地加以利用等问题，是主动探索过程中迫切需要教师提供帮助的内容。

(6) 强调学习过程的最终目的是完成意义建构

在建构主义学习环境中，强调学生是认知主体，是意义的主动建构者，所以把学生对知识的意义建构作为整个学习过程的最终目的。教学实践过程应紧紧围绕"意义建构"这个中心而展开，不论是学生的独立探索、协作学习还是教师辅导，学习过程中的一切活动都要从属于这一中心，都要有利于完成和深化对所学知识的意义建构。

综上所述，实践哲学以人的全面发展的要义审视"实践"的含义，启迪人们思考实践发生的过程及其可能的条件，追寻实践对实践主体的意义与价值，为本书以学生实践能力培养为目的进行普通高中物理实验课程变革研究提供了重要的哲学参照与启示；而能力结构模型、心理学方面关注的是个体所具备能力之间的关系，一般以上位、下位、并列的关系构建个体能力，因此，它为研究普通高中学生实践能力结构模型及其构成要素提供了理论支持；建构主义理论为本书通过学生有意义的积极建构行为来增强其自身的实践能力提供了理论参照。同时开展基于建构主义理论的教育实践的个案研究，探讨物理实验课程对学生创新意识和实践能力培养的促进作用，也为本书提出培养和提升学生的实践能力的课程设置、活动开展等提供了有利的理论启示。

第一章

高中学生实践能力的结构、特征与发展机制

《普通高中课程方案（2017年版）》指出我国普通高中教育是在义务教育基础上进一步提高国民素质、面向大众的基础教育。普通高中教育的任务是促进学生全面而有个性的发展，为学生适应社会生活、高等教育和职业发展做准备，为学生的终身发展奠定基础。[①] 因此，普通高中教育是"承上启下"的教育，上承义务教育，下接高等教育或职业教育。

在普通高中阶段，学生的生理与心理各方面的发展都十分迅速。相对于初中学生的经验和感性的思维类型，高中学生的思维类型则属于理论型。他们能用理论来分析各种事实材料，并发展成能依据一定的系统知识，遵循一定的逻辑程序，自觉把握和运用概念、判断、推理，不断扩大知识领域的能力。高中学生能对较复杂的物理问题从理论上加以分析综合，并能把学到的一些物理知识运用于实际，用一定的理论去解释和认识事物。但在一些较抽象内容的理解上，普通高中学生还需要借助于经验思维与形象思维，向理论思维或抽象思维转化，这种转化在高中低年级阶段表现得亦相当明显。

---

① 中华人民共和国教育部：《普通高中课程方案（2017年版）》，人民教育出版社2018年版，第2页。

第一节 普通高中学生实践能力的结构模型建构

能力结构是指能力系统中各因素之间的耦合关系。从功能上看，它是符合某方面社会和专业需要的各种特殊能力的组合。能力结构是有机联系的能力系统，能力只有在合理的结构中才能发挥其潜在的创造功能。普通高中学生的思维和心智发展存在明显的阶段性特征，本节将研究普通高中学生实践能力的结构和特征及其形成发展机制。

一 普通高中学生实践能力结构模型建构的依据

关于高中学生的实践能力结构要素，目前国内外尚无明确的、一致的观点。本书对高中学生实践能力结构要素的研究所面临的主要困难，在于很难找到可以直接借鉴的研究成果。但是，可以从各个国际组织、国家（地区）对高中年龄阶段（15—18周岁）学生的能力划分及相关培养要求中得到相关启示。

在当今社会，国际竞争表现为综合国力的竞争，而综合国力的竞争归根结底是人才的竞争。因此，各国的教育机构和相关组织都在为培养高素质创新人才进行着不断的尝试与探索。经济合作与发展组织（Organization for Economic Cooperation and Development，OECD）、欧洲联盟（European Union，EU）、21世纪技能合作组织（Partnership for 21st Century Skills，P21）等国际组织也纷纷关注问题解决能力、应用能力等关键能力要素的研究。国际组织、国家（地区）相关的研究虽未采用"实践能力"的直接提法，但对于应用知识与技能解决实际问题能力的研究一直是备受关注的研究领域。目前我国关于高中学生实践能力的研究成果相对较少，但可以从一些国际组织、国家（地区）的相关研究中获得一些参考（见表1-1）。

表1-1　不同国家（地区）、组织着重培养的高中学生实践应用能力一览

国际组织、国家（地区）	能力分类
OECD	经济合作与发展组织（OECD）在"关键能力的界定与选择"（The Definition and Selection of Key Competencies）中将学生能力分为三大类①，共9项，分别如下： 1. 有效运用各种工具，对环境有影响的能力。其中包括： 信息技术工具和社会文化工具 ·使用语言、符号和文本互动的能力 ·使用知识和信息互动的能力 ·使用技术互动的能力 2. 与来自不同文化背景的人交往的能力 ·与他人建立良好关系的能力 ·团队合作能力 ·控制与解决冲突的能力 3. 自主行动的能力 ·在各种社会情境中行动的能力 ·组织、建构生活方案和个人规划的能力 ·保护及维护权利、利益、限制和需求的能力
EU	欧洲议会和理事会在2006年发表了关于"终身学习关键能力"②（The key Competences for Lifelong Learning），分别为： 1. 母语交流能力 2. 外语交流能力 3. 数学和科学技术能力 4. 数字化能力 5. 学会学习的能力 6. 人际交往和履行公民职责的能力 7. 创业能力 8. 文化表达能力

---

① The Organization for Economic Cooperation and Development (OECD), The Definition and Selection of Key Competencies: Executive Summary, Paris, France: Centre for Educational Research and Innovation (CERI), 2005.

② The European Parliament and the Council, "Recommendation of the European Parliament and of the Council of 18 December 2006 on Key Competences for Lifelong Learning," *Official Journal of the European Union*, 2006 (L394), pp. 10-18.

续表

国际组织、国家（地区）	能力分类
P21	该组织在 2007 年公布的《21 世纪学习的框架》（Framenwok for 21st Century Learning）中认为 21 世纪技能由四部分组成，① 分别为： 1. 核心科目与 21 世纪主题（Core Subjects and 21st Century Themes）：阅读、外语、美术、数学、经济、科学、地理、历史等；全球意识；理财、经济、商业和企业家素养；公民素养；健康素养 2. 学习和创新技能（Learning and Innovation Skills）：批判性思维与问题解决能力；创造与革新能力；交流与合作能力 3. 信息、媒体和技术技能（Information, Media and Technology Skills）：信息素养；媒介素养；信息、交流和技术素养 4. 生活和职业技能（Life and Career Skills）：灵活性与适应性；主动性与自我管理能力；社交与跨文化技能；生产率与责任心；领导能力和责任心
美国	美国北方中央教育实验室（The North Central Regional Educational Laboratory, NCREL）提出 21 世纪学生应该具备的"技能素养"②： 1. 数字时代素养（Digital-Age Literacy）：基础的读写能力，科学素养和经济素养和技术素养；视觉素养和信息素养；多元文化和全球意识 2. 创造性思考（Inventive Thinking）：适应能力，处理复杂事物能力，自我指导能力；拥有好奇心，创造性，敢于冒险的精神；高级思维及合理推理能力 3. 有效交流（Effective Communication）：团队合作，人际交往能力；拥有社会和公民责任感；能够互相交流 4. 高生产力（High Productivity）：能够根据目标确定重点，制订有效计划；能够有效使用相关工具；具有生产相关高质量产品的能力
	美国国家研究理事会（The National Research Council, NRC）认为，21 世纪技能由五部分组成③： 1. 适应能力（Adaptability）：能够应对不确定和不可预测的环境；学习新的工作任务、技术和程序的能力；能够适应不同个性的人；适应不同文化的能力；身体的适应能力；应急能力；抓住工作重点的能力

---

① Partnership for 21st Century Skills's Publication, Framenwok for 21st Century Learning, http://www.p21.org/our-work/p21-framework.2010-07-08/2013-09-24.

② Gina Burkhardt & Cheryl Lemke et al., Engage 21st Century Skills: Literacy in the Digital Age, North Central Regional Educational Laboratory, 2003, 8.

③ Margaret Hilton, Rapporteur, Exploring the Intersection of Science Education and 21st Century Skills: A Workshop Summary, Washington DC: The National Academics Press, 2010.

续表

国际组织、国家（地区）	能力分类
美国	2. 复杂的交流能力（Complex Communication Skills）：日常交流能力（解释、说明、劝服和协商能力）；能够处理口头和非口头信息；能够从繁杂的信息中抽出重要信息；能够根据已得到的信息补充新的信息 3. 非程式化的问题解决能力（Non-routine Problem Solving）：能够察觉规律；具备分析问题的能力；具备组织信息的能力；能够监控问题解决的过程；具备收集相关信息的能力；能够制定新的或者突破性解决方案 4. 自我管理能力（Self-Direction/Self-Management）：主动工作；自我激励；自我监控；乐于获取与工作有关的新信息和技能 5. 系统性思维（Systems Thinking）：能够理解系统如何运作；具备判断和决策能力；具备系统分析和评价的能力 美国学院与大学协会（The American Association of Colleges and Universities, AACU）在2007年描述了21世纪的合格毕业生应具备的技能要求[1]，认为21世纪技能由四部分组成： 1. 人类文化和自然科学世界的知识（Knowledge of Human Cultures and Physical and Natural World）：科学、数学、社会科学、人文学、历史学、语言学、艺术 2. 智力和实践技能（Intellectual and Practical Skills）：探究和分析能力；批判性、创造性思考；书面语口头表达能力；量化素养；信息素养；团队合作和问题解决能力 3. 个人和社会责任（Personal and Social Responsibility）：公民知识、参与当地和全球活动的意识；拥有跨文化的知识与技能；合乎道德的推理和行动；终身学习的基础和技能 4. 综合化学习（Integrative Learning）：通过综合化和专业化的学习，快速完成任务
英国	资格与课程委员会（Qualifications and Curriculum Authority, QCA）规定的综合职业能力素养（1999），包括核心能力和广泛能力两大类别[2]： 1. 核心能力：交流能力、数字应用、信息技术 2. 广泛能力：问题解决、学习和业绩的自我提高、与他人合作

---

[1] American Association of Colleges and Universities, College Learning for the New Global Century, Washington, DC: AACU, 2007.

[2] 黄日强、黄勇明：《核心技能——英国职业教育的新热点》，《比较教育研究》2004年第2期。

续表

国际组织、国家（地区）	能力分类
日本	日本中学课程中设置的"综合学习时间"有三个维度①： 1. 与学习方法相关的（如收集、分析信息，简明易懂地归纳和展示信息的能力） 2. 与自身相关的（如决定自己的行为，思考自身生活方式的能力） 3. 与他人及社会相关的（如与他人协作解决问题的能力，为解决问题参与社会活动的态度） 提出五个要素： 1. 通过跨学科、综合学习，进行探究式学习（经历过程） 2. 提升自己发现问题、自主学习、独立思考、主体判断、解决问题的素养和能力（提升能力） 3. 掌握学习方法和思考问题的方式（掌握方法） 4. 形成解决问题、探究活动所需要的主体的、创造的、协作的态度（形成态度） 5. 学会思考自己的生活方式/道路（确立方向）
中国香港	香港特区高中应用学习课程架构中所强调的共通能力②，包括沟通能力、批判性思考能力、创造力、协作能力、运用信息科技能力、运算能力、解决问题能力、自我管理能力和研习能力
中国台湾	21世纪初开始实施新一轮课程改革，提出以学习领域及统整性为原则，以人的生活为核心，以学生生活经验为导向，以基本能力为核心架构，培养学生具备适应现代生活所需的能力：③ 1. 了解自我与发展潜能的能力 2. 欣赏、表演与创新能力 3. 生涯规划与终身学习的能力 4. 表达、沟通与分享的能力 5. 尊重、关怀与团队合作的能力 6. 文化学习与国际理解的能力 7. 规划组织与实践能力 8. 运用科技与信息的能力 9. 主动探索与研究的能力 10. 独立思考与解决问题的能力

---

① 钟启泉：《日本综合课程的实验案例及其启示》，《上海教育》2001年第1期。
② 香港特别行政区教育局：《学会学习——课程发展路向》，http://www.edb.gov.hk/sc/curriculum-development/cs-curriculum-doc-report/wf-in-cur/index.html，2012-03-13/2014-11-23。
③ 潘国青：《台湾"九年一贯课程"展望与分析》，《教育发展研究》2002年第2期。

续表

国际组织、国家（地区）	能力分类
中国大陆	提升学生综合素质，着力发展学生核心素养，使学生成为有理想、有本领、有担当的时代新人①： 1. 具有理想信念和社会责任感。初步形成正确的世界观、人生观和价值观。热爱祖国，拥护中国共产党。弘扬中华优秀传统文化，继承革命文化，发展社会主义先进文化，培育和践行社会主义核心价值观，增强文化自信，树立为中国特色社会主义、人民幸福、民族振兴和社会进步做贡献的远大志向。遵纪守法，履行公民义务，行使公民权利，维护社会公平正义，具有法治意识、道德观念。热心公益、提供志愿服务，具有奉献精神。尊重自然，保护环境，具有生态文明意识。维护民族团结，树立国家总体安全观，捍卫国家主权、尊严和利益 2. 具有科学文化素养和终身学习能力。掌握适应时代发展需要的基础知识和基本技能，丰富人文积淀，发展理性思维，不断提升人文素养和科学素养。敢于批判质疑，探索解决问题，勤于动手，善于反思，具有一定的创新精神和实践能力。具有强烈的好奇心、积极的学习态度和浓厚的学习兴趣。能够自主学习，独立思考，形成良好的学习习惯和适合自身的学习方法。学会获取、判断和处理信息，具备信息化时代的学习与发展能力 3. 具有自主发展能力和沟通合作能力。坚持锻炼身体，养成积极健康的行为习惯与生活方式，珍爱生命，强健体魄。自尊自信自爱，坚韧乐观，奋发向上，具有积极的心理品质。具有发现、鉴赏和创造美的能力，具有健康的审美情趣。学会独立生活，热爱劳动，具备社会适应能力。正确认识自我，具有一定的生涯规划能力。文明礼貌，诚信友善，尊重他人，与人和谐相处。学会交流与合作，具有团队精神和一定的组织活动能力，具备全球化时代所需的交往能力。尊重和理解文化的多样性，具有开放意识和国际视野

表1-2是上述各国家（地区）、组织对21世纪学生应具备的应用能力素养要求，以及基础教育高中阶段学生应达到的应用能力目标。

与此同时，经过对各国、各地区的经济发展水平、科学技术实力以及地域覆盖情况进行综合考量，选取了美国、加拿大、澳大利亚、芬兰、韩国等国家与我国进行比较。鉴于美国、加拿大、澳大利亚各州（省）均独立制定了科学课程标准，在进一步考虑各州（省）基础教育发达程度（包括基础教育研究实力）的基础上，分别选取美国密歇根州、加拿大安大略

---

① 中华人民共和国教育部：《普通高中课程方案（2017年版）》，人民教育出版社2018年版，第2—3页。

省和澳大利亚维多利亚州代表各自国家参与比较，选取的课程标准文件名称、应用与实践能力培养目标内容如表1-3所示。

表1-2　国际组织、国家（地区）关于学生培养的能力要素对比一览

要素	组织/国家（地区）										
	OECD	EU	P21	美国			英国	日本	中国香港	中国台湾	中国大陆
				NCREL	AACU	NRC					
全球公民意识	√		√	√	√					√	√
科技、文化知识		√	√		√			√	√	√	√
信息、媒体和科技素养	√	√	√	√	√		√			√	√
综合化学习		√		√			√	√	√		
适应能力	√		√	√		√				√	
交流与合作能力	√	√	√	√	√	√	√		√	√	√
问题解决能力	√	√	√	√	√	√	√	√	√	√	√
自我引导能力	√		√	√			√			√	√
批判性思维			√		√				√	√	√
系统性思维						√					
创新能力		√	√	√	√	√		√	√	√	√

注："√"代表"符合"。

上述各国（地区）、组织课程目标普遍注重发展学生的学科能力，深化学生对学科核心概念，科学的本质，科学探究，科学与社会、技术、环境之间关系的认识，尽管不同的课程标准对能力目标的表述有一定的差异，但均注重对学生科学能力的培养，均关注科学探究、科学思维、分析和解决问题、创新等方面的能力。不同的国际组织、国家（地区）关于学生能力素养划分的内容和要求虽不尽相同，但其中相似或相近的能力要素，如交流与合作能力、问题解决能力、自我引导能力等出现的频率较高。不同的国际组织、国家（地区）对学生能力的划分及其培养要求，反映出当今时代国际社会对学生实践应用类能力培养的关注要点与趋势。这反映了国际社会对基础教育阶段学生能力培养目标的普遍共识，对本书构

建高中学生实践能力结构模型具有重要的启示性作用。

表1-3　　　　不同国家或地区课程标准中的能力目标比较

国家或地区	中国大陆	澳大利亚维多利亚州	美国密歇根州	加拿大安大略省	韩国	芬兰
课程标准文件	《普通高中物理课程标准（实验）》	《维多利亚州教育证书的研究设计（物理）》	《密歇根州高中科学课程标准和期望：物理》	《安大略省9、10年级科学课程标准》《安大略省11、12年级科学课程标准》	《国家课程标准》	《国家普通高中核心课程》
能力目标内容归纳	科学探究和物理实验能力；自主学习能力；质疑能力；信息收集与处理能力；分析解决问题能力；交流合作能力	科学探究能力；创新能力；分析和应用物理知识能力；交流物理信息能力；应用数学模型的能力、评价能力	科学素养（科学探究、科学反思和社会应用能力）、应用物理知识能力；用新的想法解决问题能力；与社会生活相联系的能力；领导能力	科学探究能力；实验能力；分析和解决问题的能力；批判性和创造性思维的能力；合作能力；应用物理学研究方法、数学工具的能力；交流能力	科学探究能力；解决问题能力；科学思考能力；表达能力	科学探究能力；物理能力；应用能力；使用数学模型的能力；信息处理的能力；实验技能；其他促进学习的能力，如分析解决物理问题的能力

资料来源：廖伯琴《〈普通高中物理课程标准（2017年版 2020年修订）〉解读》，高等教育出版社2020年版，第12—14页。

此外，不同学者对学生实践能力的研究成果对本书构建高中学生实践能力结构模型具有重要启示。由于实践能力涉及范围广、内在要素较为繁杂，也有不同学者从不同视角提出了若干实践能力的构成要素（见表1-4）。

第一章　高中学生实践能力的结构、特征与发展机制

表1-4　　　　　部分学者对实践能力构成要素的相关观点

研究者/研究机构	年份	内涵/维度
傅维利等	2012	个体实践能力由实践动机、一般实践能力、专项实践能力、情境实践能力等要素构成①
杨宝山	2012	中小学生实践能力由交流沟通能力、项目完成能力、管理协调能力等构成②
何万国	2012	中小学生实践能力由生活实践能力、学科实践能力和综合实践能力等构成③
杨道宇	2012	实践能力至少包括三个维度：规范性实践能力、技术性实践能力、意义性实践能力④
林莉萍	2013	实践能力由适应能力、创新能力、工作能力三个维度构成⑤
万伟	2014	综合实践活动应培养的八大关键能力是：创造性思维能力、合作能力、沟通能力、组织与规划能力、自我反思与管理能力、动手操作能力、搜集与处理信息能力、观察能力⑥
中国教育科学研究院"中小学生实践能力研究"课题组	2014	中小学生实践能力由问题解决能力、自我管理能力、沟通与合作能力、工具使用能力等构成⑦
孙智昌	2016	实践能力就是实践主体在实践活动过程中所表现出来的体力、智力、社会结合力（分工与协作）和物力等的状态或结果⑧
王磊	2016	中小学学科应着重发展学生学科能力，具体包括：学习理解能力、应用实践能力、迁移创新能力⑨

---

①　傅维利、刘磊：《个体实践能力要素构成的质性研究及其教育启示》，《华东师范大学学报》（教育科学版）2012年第30卷第1期。
②　杨宝山：《实践能力评价的现状、问题与方法》，《教育研究》2012年第33卷第10期。
③　何万国：《中小学生实践能力培养研究》，《中国教育学刊》2012年第7期。
④　杨道宇：《学生实践能力的三维内涵》，《现代大学教育》2012年第4期。
⑤　林莉萍：《专业学位研究生实践能力结构研究》，《现代教育管理》2013年第8期。
⑥　万伟：《综合实践活动课程关键能力的培养与表现性评价》，《课程·教材·教法》2014年第34卷第2期。
⑦　中国教育科学研究院"中小学生实践能力研究"课题组：《初中生实践能力调研报告》，教育科学出版社2014年版，第22—23页。
⑧　孙智昌：《论学生的实践能力及其培养》，《教育研究》2016年第37卷第2期。
⑨　王磊：《学科能力构成及其表现研究——基于学习理解、应用实践与迁移创新导向的多维整合模型》，《教育研究》2016年第37卷第9期。

通过表1-4可以发现，不同学者（团队）对实践能力的构成要素的观点和看法不尽一致，但在这几方面存在着较大的趋同性：首先，着重从实践情境中理解实践能力的内涵与构成；其次，强调实践能力是在完成任务活动或解决实践问题中所体现的能力，同时关注在此过程中人与人之间的交流与协作能力；最后，强化对实践能力中的创新应用与情境迁移要素的考察。这些为本书构建普通高中学生实践能力结构模型提供了积极的参考。

不同国家（地区）及组织对中学生实践能力的培养要求和学术界对学生实践能力已有的相关研究成果，较多地关注学生的交流与合作能力、应用知识解决实际问题的能力、自我引导能力等，反映出当今时代国际社会和学术界对学生实践应用类能力培养的关注重点与趋势，为本书探析高中学生实践能力的要素与结构模型提供了重要的参考依据。

二 普通高中学生实践能力模型建构的方法论基础思考

本书分析普通高中学生实践能力的系统结构，建构高中学生实践能力结构模型，除对上述国际社会关注的重点和已有的相关学术研究成果做出考察外，还基于以下方法论基础的思考：

第一，把实践能力与认识能力区分开来。实践能力与认识能力是主体能力系统中的两大系统；实践能力揭示了主体改造客体的能力，而认识能力则揭示了主体反映客体的能力。

第二，把实践能力系统结构与实践能力属性区分开来。实践能力系统结构，依据实践的具体目的、内容来划分其基本层次，而实践能力属性则是依据实践的性质来阐明的。

第三，把实践目的、内容作为划分实践能力系统层次的依据或标准。马克思主义实践观认为，实践活动都是有不同目的的活动，目的是实践的首要因素。任何具体的实践都因具体的目的而不同，其具体内容也就不同。而实践能力的种类正体现在目的不同、内容有别的具体实践活动上。因此，实践能力的种类需依据实践目的、内容来划分。

第四，把等级层次作为实践能力各构成要素排列的依据。贝塔朗菲在论及系统的结构层次时常用"等级秩序"来表示，"等级秩序"表明系统结构是按地位不同的具有等级秩序的层次建构而成的。① 在实践能力的构成要素系统中，具有一般意义的要素是基础性智力和能力因素，如由认知、记忆、思维等智力因素，以及肢体协调、身体活动等构成的人的活动能力基础。

第五，揭示实践能力系统各层次的特殊规定性，实践能力系统各层次都具有共同的属性，例如适应性、选择性、创造性等，但各个层次的实践能力还应具有各自的特殊属性。

第六，注意到实践能力系统层次是发展、变化的。实践是随着人类社会生活的日益进步和丰富而不断发展的。理所当然，人的实践能力系统结构的层次也将是一个不断丰富、完善的过程。一方面原有的层次可能会改变其内容或特性，另一方面又有可能发生层次替换，以新层次取代旧层次，或增加新的层次。因此，本书将对普通高中学生的实践能力要素结构进行多方位、多层次的分析与讨论。

三 普通高中学生实践能力的结构模型

结合前文的讨论，笔者构建高中学生实践能力结构的出发点为：首先，实践能力是一种特殊的能力，其特殊性表现在其具有不同的层次上，即它包含基础性能力、专项性能力、情境性能力。其次，实践活动是由一系列性质不同的具体活动构成的。按照加德纳的多元智力理论，每种活动都对应着特定的能力，因此，高中学生的实践能力是由多种成分构成的一种有机统合体，是一个与时俱进的动态结构。再次，实践活动的顺利进行不仅要求学生具有实践改造能力，还要求学生具有认识能力和自我引导、监控反思的能力。最后，高中学生实践能力的要素结构应基于结构主义方法论的思考：①认识事物不是在于事物的现象，而在于它的内在结构，结构与经验的现实无关，而是和模式有关；②应当把认识的对象看作一个整体的结构，组成结构的各成分彼此连接和调节；③整体大于部分，相互联系的整体所具有的意义不能从个别成分中找到或由其代替。因此，实践能力中各能力成分的确定应当满足成分因素的相对完备性（即能力结构中应

---

① 黄小寒：《系统哲学的开端样式：贝塔朗菲关于系统哲学的建构》，《自然辩证法研究》1999年第7期。

包括所有学生的能力成分)、独立性(尽量缩小与能力因素外延相交的公共部分)和可操作性。

实践能力已超越一般的应用能力,它综合了体力、智力和心理的因素,并通过解决实践问题或践行实践任务的过程而突显出来。据英国心理学家斯皮尔曼的"能力因素论"和弗农的"能力层次结构论",实践能力作为能力的一种,其作用的发挥需要一般智力与能力因素、特殊能力因素的共同参与。因此,实践能力主要是由一般能力因素群与特殊能力因素群有机构成的(见图1-1)。

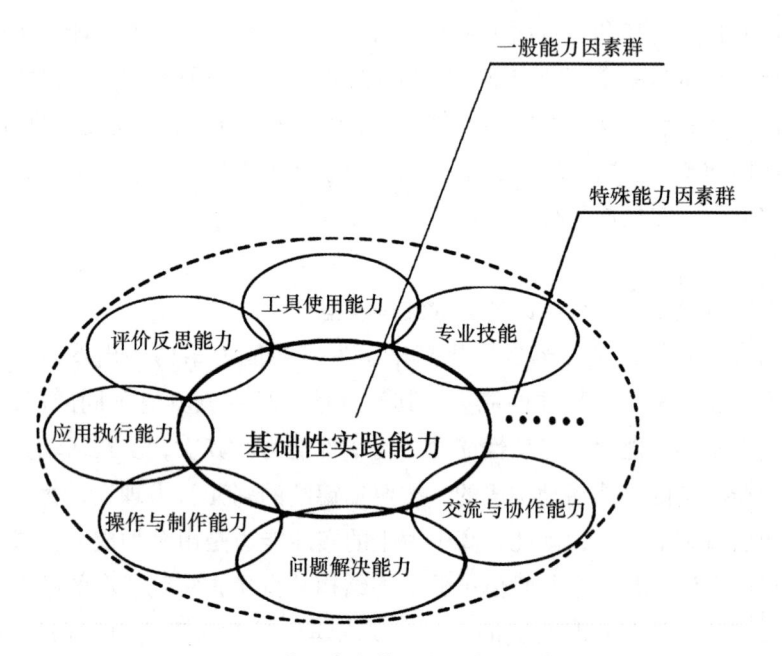

图1-1 普通高中学生实践能力因素构成

图1-1表明,普通高中学生实践能力结构要素主要包含两大能力因素群,即一般能力因素群和特殊能力因素群。一般能力因素群主要包括观察记忆能力、思维想象能力、认知学习能力、肢体活动能力、语言表达能力等,这些能力因素是学生个体在任何实践活动中都需要参与作用的能力因素,是实践能力必不可少的前提和基础,它们共同构成基础性实践能力。除此之外,在普通高中学生完成实践任务或解决实践问题的过程中,还涉及问题解决能力、工具使用能力、专业技能、交流与协作能力等。需要进

一步说明的是，实践能力的一般能力因素群和特殊能力因素群有相对独立的作用域，但各种能力因素并不是完全独立的，也并非界限分明，它们彼此之间相互联系、相互作用，故各种实践能力因素范围会出现重叠、交叉、渗透的现象。

本书在已有研究的基础上，结合普通高中学生的能力特点，提出普通高中学生实践能力的结构模型。普通高中学生实践能力主要由基础性实践能力、专项性实践能力、情境性实践能力构成，分别居于实践能力层级结构的最下层、中层和最上层（见图 1-2）。

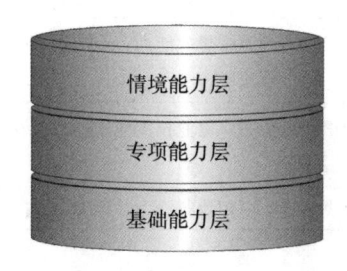

图 1-2　普通高中学生实践能力的层级结构

基础性实践能力主要包括观察记忆能力、思维想象能力、认知学习能力、肢体活动能力、语言表达能力。这些能力要素是学生在参与实践活动、完成实践任务、解决实践问题时都需要参与的能力因素，它是学生实践能力极为基础的能力部分，属于一般能力因素群范畴；专项性实践能力包括专业知识获取能力、专业技能应用能力、专项工具使用能力；情境性实践能力主要包括问题解决能力、应用执行能力、评价反思能力。按弗农"能力层次结构论"，专项性实践能力与情境性实践能力，分别是在专业实践活动和新情境下解决现实问题所表现出来的能力，属于特殊能力因素群的范畴（见表 1-5）。

普通高中学生基础性实践能力因素是学生个体在任何实践活动中都需要参与作用的能力因素，是实践能力必不可少的前提和基础。其中尤为重要的是思维能力，它联结和调用其他诸多能力因素参与活动过程。我国著名心理学家林崇德教授的"思维发展心理学"认为：思维是所有智力与能力的核心成分，是人调用、监控各种智力与能力活动的基础，且思维的品质反映了智力与能力的层次水平。① 因此,思维是人的一种智力与能力的基本成分,人的各项能力活动都离不开思维的参与,不可将思维与人的各项能力剥离开来。一方面是由于思维在实践活动中对人的实践能力的各构成因素起着调用、监控和调节作用;另一方面是由于思维具有超前性特征,即在实践活动任务的完成或实践问题的解决之前,实践者关于这方面的思维活动早已展开。

表1-5　　　　　　　　普通高中学生实践能力构成要素

一级能力	二级能力	能力范畴
基础性实践能力	观察记忆能力、思维想象能力、认知学习能力、肢体活动能力、语言表达能力	一般能力
专项性实践能力	专业知识获取能力、专项技能应用能力、专项工具使用能力	特殊能力
情境性实践能力	问题解决能力、应用执行能力、评价反思能力	

专项性实践能力是指个人在解决专项问题时所需要的专门实践能力,专项问题的特点是比较专业但解决过程比较固定,需要专门知识、技能、工具使用能力等,大量具体应用类知识所带来的能力就属于此类能力。专项性实践能力包含专业知识获取能力、专项技能应用能力、专项工具使用能力等。专业知识获取能力是实践主体自主建构专业知识的能力,例如,当前基础教育课程改革所提倡的探究式学习中的科学实验探究能力,以及在此基础上获得的程序性操作知识所转化的能力就属于此类能力;专项技能应用能力是指实践主体经过长期的、专业的精细化训练所形成的专门技能以及熟练运用这种技能解决问题、完成实践任务的能力;专项工具使用能力则是实践主体使用或利用专业仪器、设备、工具完成实践任务活动或解决实践问题的能力,例如学生对物理、化学专业的实验设备和实验仪器的使用能力等,以及在小制作、小发明的过程中需要使用大量的专项工具,在科技航空模型制作与维护过程中,学生需要掌握简单焊接、航模遥控器使用与操作,有些甚至需要使用3D制作设备打印航模器件等。随着

---

① Lin Chongde, Li Tsingan, Multiple Intelligence and the Structure of Thinking, *Theory & Psychology*, 2003, 13: 829-845.

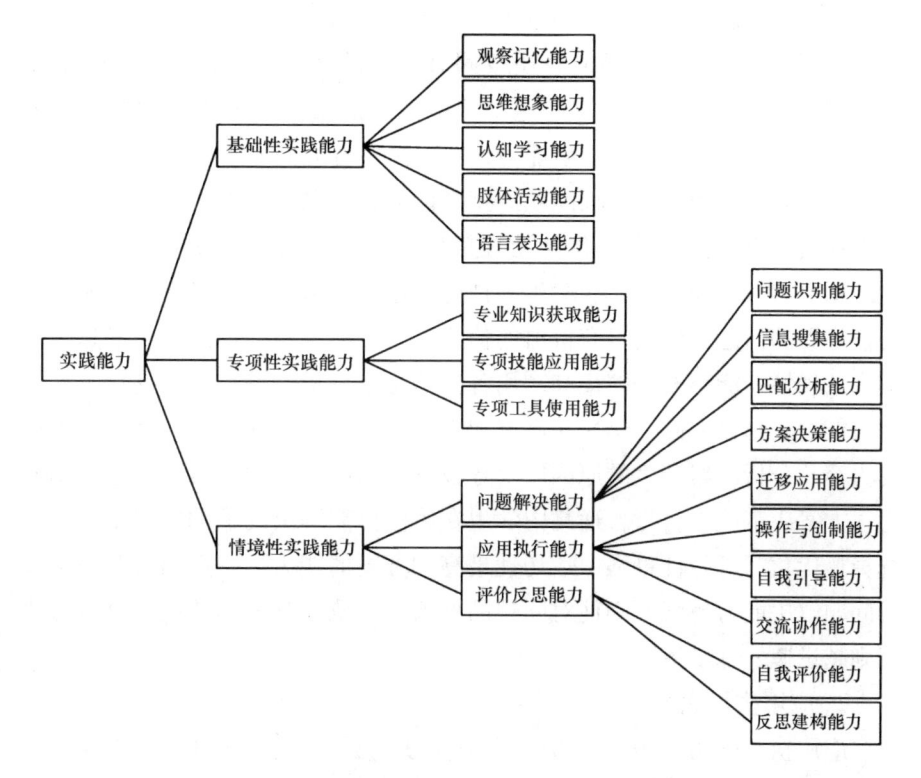

第一章 高中学生实践能力的结构、特征与发展机制

图 1-3 普通高中学生实践能力的结构模型

实践活动的复杂性和专业性水平的提升，对专项工具的使用能力也有着更高的要求，否则再好的创意也无法付诸实现，无法体现实践能力的能动性。马克思在其经济学论著中强调生产工具是生产力水平的标志，实践主体对专项工具使用能力的提升，对提高其实践能力的整体水平有着重要的作用。

情境性实践能力是指在具体的情境中，个体根据现实情境的相互关系，有效分析问题，提出解决策略，恰当地决定行动路线并指导实践行为的能力。情境性实践能力是解决问题的核心能力，也是实践能力的重要构成要素。普通高中学生的情境性实践能力可分为问题解决能力、应用执行能力、评价反思能力三个方面。

1. 问题解决能力

问题解决能力主要是指普通高中学生对问题的提取、分析、问题解决方案进行决策的能力。心理学认为，从问题解决的过程机制来看，问题解决首先是一个思维匹配分析的过程，其次是对问题解决方案、策略和途径进行抉择，最终达成问题的解决或困难克服的状态。根据问题解决的过程，问题解决能力主要涉及问题识别能力、信息搜集能力、匹配分析能力、方案决策能力。问题识别能力，主要是指普通高中学生从各种复杂的现象中迅速发现问题、表征问题原型的能力；信息搜集能力，指普通高中学生在实践活动过程中搜集和处理信息的能力，包括通过网络、电子媒体、图书馆、问卷调查、实验等多种途径搜集资料，并能科学合理地处理所搜集到的信息，筛选出有价值的信息，补充不完整的信息，使信息变得具有条理性，能够充分搜集和利用各种信息来分析问题、解决问题；匹配分析能力，指普通高中学生从已有知识经验、所搜集的信息中提取有价值的内容，分析问题产生的原因以及寻找可能的解决办法、策略和途径的能力；方案决策能力，指普通高中学生在诸多可能解决问题的方案中，决定选择最优化、可行性最强、适切性最高的方案的能力。一般而言，一个人的问题解决能力越强，则他对问题的抽象与提取、分析与匹配、决策与执行则越迅速、越敏捷。

2. 应用执行能力

应用执行能力指普通高中学生对实践问题解决对策的落实与践行能力，主要涉及迁移应用能力、操作与创制能力、自我引导能力和交流协作能力。迁移应用能力，指普通高中学生根据自己已形成或已知的知识、成功的经验，将其迁移应用于处理和解决类似新问题的能力，在新的环境、情境下，普通高中学生遇到的问题可能会因境而异，这需要迁移、应变的机智来自主调整或完善相应的方案，迁移应用能力的最大特点是在不同情境下处理问题的变通性与灵活性；操作与创制能力，指普通高中学生熟练地运用与操控技能，创造有价值的新颖产品的能力，如普通高中学生完成自己创新设计、小发明、小制作的能力，操作与创制能力是实践能力构成要素中非常具有特征性的能力因素，普通高中学生的操作与创制能力水平往往在一定程度上代表其实践能力的水平；自我引导能力，主要指普通高中学生在实践问题解决过程中能制定各种规划来达成目标，并能自我管理和调控下一步行动的能力，表现为有序地实施预期行动方案的能力，能对未来有一定的预见性，能客观评价自我、指出自己的不足，并能够进行及时弥补与调整，能够自我控制、自我监督、自我约束应用执行中的行为；

交流协作能力，指普通高中学生在实践过程中相互交流、分享彼此意见与建议、团队分工协作、善于倾听和理解别人的能力。具备这样能力的人，能宽容和接纳他人，会共享资源，在团队中能担当责任，掌握一些合作的技能，具有团队合作精神，能进行有效沟通和表达自己的想法，能够较好地运用口头语言、写作、绘画、肢体语言等多种方式清晰地、灵活地、具有个性地表达自己的观点，能够根据不同的场合和情境需要，学会选择合适的方式进行表达，协助与配合团队集体完成实践任务。

一般而言，如果人的应用执行能力越强，那么他对实践问题解决对策的输出与执行力则越强，在实践活动中对相关问题的解决则越容易获得成功。与此同时，相关实践问题解决的方案、对策的执行效率也就越高。不同的人对同样的问题解决方案的执行与完成，所用时间可能也不尽相同。应用执行能力通常还与个人的专注力、毅力、兴趣动机等因素密切相关，从而影响问题解决策略方法的执行效率。

3. 评价反思能力

评价反思能力是根据实践任务预期目标的达成程度，总结反思方案成功执行或失败的经验教训的能力，从而构建新的实践经验与知识基础，促进实践能力整体提升，包括自我评价能力和反思建构能力。

情境性实践能力是普通高中学生在新的实践问题情境下所表现出来的创新性实践能力，这种类型的能力有助于学生快速表征实践活动中的问题和匹配问题解决之策，为克服新困难、解决新问题提供重要保障，它是普通高中学生一种比较难培养的关键性能力，是在创新型人才素养结构中处于核心地位的一种软实力。

普通高中学生的实践能力结构模型，作为一种理论构想的模型，是基于结构主义方法论意义的拓展。通过普通高中学生实践能力的结构模型建构，旨在直观反映实践能力结构中各构成要素之间的构成与联系。在教育学视域，更多地关注如何通过教育教学的改造，逐步完善普通高中学生实践能力结构，有效促进普通高中学生实践能力的发展。

第二节 实践能力与学科核心素养的关系

当前，我国正处于中国特色社会主义新时代，基础教育课程改革成为一种"新常态",逐渐步入基础教育课程改革的"深水区"。立德树人是基础教育的根本任务,核心素养的培育无疑成为当前基础教育课程改革的主旋律。上文探讨了普通高中学生实践能力的要素与结构,那么我们不禁要追问,高中学生的实践能力与学生发展核心素养、学科核心素养之间有何联系?又有何区别?本节拟就这些问题进行探讨。

一 实践能力与学科核心素养的区别

(一)学科核心素养的"前世今生"

2003年《普通高中课程方案(实验)》及普通高中各学科课程标准(实验)的颁布,揭开了世纪之初我国新一轮基础教育普通高中课程改革的序幕。2004年9月,我国普通高中课程改革首先在山东省、广东省、海南省、宁夏回族自治区的中学开始实施,至2014年9月,除香港、澳门、台湾地区以外,我国所有省份、自治区都已推行实施普通高中新课程方案。该阶段普通高中教育从强调基本知识、基本技能("双基")的学习向关注知识与技能、过程与方法、情感态度价值观三个维度("三维目标")发展转变,开始多维度多视角地培养学生,这是"学科核心素养"培养的起始。

2016年底,以北京师范大学林崇德教授领衔的"我国基础教育阶段和高等教育阶段学生核心素养模型研究"课题组,发布了《中国学生发展核心素养研究报告》。该报告指出,核心素养是指学生在接受教育过程中逐步形成的适应个人终身发展和社会发展需要的必备品格和关键能力。[①] 中国学生发展核心素养研究以科学性、时代性和民族性为基本原则,以培养"全面发展的人"为核心,充分反映了新时期经济社会发展对人才培养的新要求,高度重视中华优秀传统文化的传承与发展,系统落实社会主义核心价值观。核心素养分为文化基础、自主发展、社会参与三个方面,综合表现为人文底蕴、科学精神、学会学习、健康生活、责任担当、实践创新六大素养,具体细化为国家认同等18个基本要点。

2018年1月,教育部颁布了《普通高中课程方案(2017年版)》和普通高中学段各学科课程标准,《普通高中物理课程标准(2017年版)》就是其中之一。《普通高中课程方案(2017年版)》指出,中国学生发展核

---

① 核心素养研究课题组:《中国学生发展核心素养》,《中国教育学刊》2016年第10期。

心素养是党的教育方针的具体化、细化，为建立核心素养与课程教学的内在联系，充分挖掘各学科课程教学对全面贯彻党的教育方针、落实立德树人根本任务、发展素质教育的独特育人价值，各学科基于学科本质凝练了本学科的核心素养（即"学科核心素养"），明确了学生学习该学科课程后应达成的正确价值观念、必备品格和关键能力，是对知识与技能、过程与方法、情感态度价值观三维目标的整合。[①]

因此，学科核心素养是学科育人价值的集中体现，是学生通过学科学习而逐步形成的正确价值观念、必备品格和关键能力。[②] 如物理学科核心素养是指学生通过物理学科学习而逐步形成的正确价值观念、必备品格和关键能力，主要包括"物理观念""科学思维""科学探究""科学态度与责任"四个方面。

学科核心素养是学科育人价值的集中体现，或可理解为在促进学生全面发展过程中该学科的独特贡献，也就是学生通过完成该学科的学习而逐步形成的能力素养。例如，物理学科与数学、化学、生物学等理科学科的核心素养在内容上虽有相近之处，但各学科核心素养却不尽相同，因为不同学科所涉及的具体内容不同。

从学生的关键能力培养角度看，各学科所培养的学生的关键能力也各有侧重。近年来，以北京师范大学王磊教授领衔的研究团队在学科能力及其测评方面开展了系列研究，研究指出学科能力反映的是学科在学生关键能力培养方面的独特贡献，主要包括学习理解、应用实践、迁移创新等方面，[③] 部分理科学科能力要素矩阵见表1-6所示。其中物理学科能力在学习理解、应用实践、迁移创新方面分别表现为观察记忆、概括论证、关联整合、分析解释、推理预测、综合应用、直接联想、迁移与质疑、建构新模型等要素。[④]

[①] 中华人民共和国教育部：《普通高中课程方案（2017年版）》，人民教育出版社2018年版，第4页。

[②] 中华人民共和国教育部：《普通高中物理课程标准（2017年版 2020年修订）》，人民教育出版社2020年版，第4页。

[③] 王磊：《学科能力构成及其表现研究——基于学习理解、应用实践与迁移创新导向的多维整合模型》，《教育研究》2016年第37卷第9期。

[④] 郭玉英、姚建欣、张玉峰等：《基于学生核心素养的物理学科能力研究》，北京师范大学出版社2017年版，第18—20页。

表1-6　　　　　　　部分理科学科能力 3×3 要素矩阵

学科	学习理解	应用实践	迁移创新
数学	观察记忆	分析技术	综合问题解决
	概况理解	推理解释	猜想探究
	说明论证	简单问题解决	发现创新
物理	观察记忆	分析解释	直接联想
	概括论证	推理预测	迁移与质疑
	关联整合	综合应用	建构新模型
化学	辨识记忆	分析解释	复杂推理
	概括关联	推理预测	系统探究
	说明论证	简单设计	创新思维
生物	观察记忆	科学解释	复杂推理
	概括	简单推理	远联系建立
	概论扩展	简单设计	创意设计

由表 1-6 可知,因学科内容的差异,所培养的学生的关键能力也各有侧重。限于篇幅,学科核心素养、学科能力的探讨仅限于此。总之,无论是学科核心素养还是学科能力的研究,都基于一个共同视角,那就是探寻在促进学生全面发展过程中的学科贡献,即学生因学习该学科而形成的能力素养,具有鲜明的学科特征指向。

(二) 实践能力与学科核心素养的不同之处

通过上述分析,我们知道,学科核心素养是学生通过学科学习而形成的能力素养。从本体论视角看,学科作为课程存在,其本身并不具有某种"能力",而是在人的学习的能动作用下,通过掌握运用学科专业知识、科学思维、方法等而使人具有"能动"的能力,可以更好地认识和改造世界。如果说核心素养是学生在接受教育过程中逐步形成的适应个人终身发展、社会发展需要的必备品格和关键能力,那么它就是学生习得的各学科核心素养之"合力"作用的结果,这是一个长期的过程。

当然,核心素养并非某种具体能力素养,而是特定能力素养的集群或集合。实践能力就是这样的关键能力素养的集群之一,具有明显的实践指向。当代学生要适应将来的社会生活和工作,在复杂的问题情境下是很难定位到需要哪种具体学科知识或哪种具体能力的,在更多的情况下则表现为解决问题的综合能力,这就是实践能力。从实践能力培养角度来讨论教育问题,有助于打破学科壁垒,强调在新的实践情境下个体解决问题的综合能力素养,为提高创造性人才培养效率提供一种新的视角。

综上所述,笔者从定义的内涵、陈述视角、研究意义等方面区分实践能力和学科核心素养之间的不同(见表1-7)。

表1-7　　　　　　　　实践能力与学科核心素养之间的区别

区分内容	实践能力	学科核心素养
内涵不同	个体在成功完成实践任务活动中所表现出来的、顺利解决现实问题所具备的、稳定的心理特征,指向新实践情境下解决问题的行动能力	学科育人价值的集中体现,是学生通过学科学习而逐步形成的正确价值观念、必备品格和关键能力
视角不同	实践能力与认识能力是主体能力系统中的两大系统;实践能力揭示主体改造客体的能力,而认识能力则揭示主体反映客体的能力	在促进人的全面发展过程中,关注育人的学科贡献
理念不同	关注主体经验建构,关注生活逻辑	关注间接经验和知识概念建构,关注学科逻辑
意义不同	打破学科壁垒,为提高人才培养的效率提供新的视角	核心素养是学生习得各学科核心素养之"合力"的终显效果,学科将为达成核心素养的总体目标提供丰富的育人内容,学科核心素养是其"分力"的彰显

二　实践能力与学科核心素养的联系

实践能力之于个人,表现为个人在实践情境下的综合问题解决能力;实践能力之于国家,则表现为国家的综合实力。如果将核心素养理解为学生应具备的能够适应终身发展和社会发展需要的必备品格和关键能力,那么实践能力就是这样的关键能力素养之一。

尽管实践能力与核心素养、学科核心素养存在差异,但不可否认,实践能力与核心素养、学科核心素养中都含有人的特定范畴的关键能力,因此，它们在一定程度上存在着联系，其范畴之间的关系见图1-4所示。

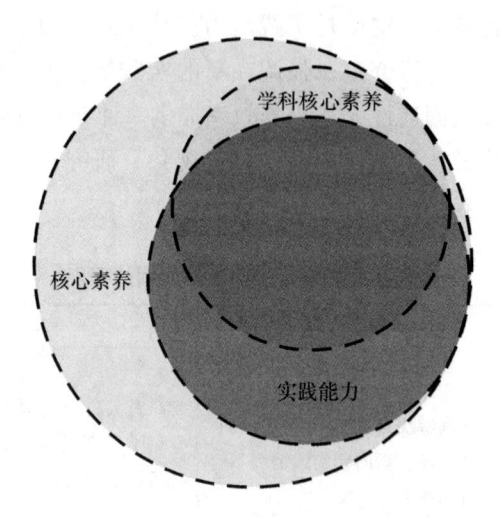

图1-4　实践能力与核心素养、学科核心素养内涵范畴

我们不难得出，实践能力与核心素养、学科核心素养是人的能力素养在特定视角下的反映和表征，为进一步说明它们的联系，表1-8显示了实践能力与学科核心素养（物理）联系的内容。

表1-8　　　　　　　实践能力与学科核心素养的联系

联系内容	实践能力	学科核心素养
属性一致	实践情境下问题成功解决的关键能力	通过学科学习逐步形成正确的价值观念、必备品格和关键能力
专业知识的影响作用一致	学科专业知识对专项性实践能力的提升作用突出，同时促进基础性实践能力、情境性实践能力的发展	以物理学科为例，通过物理学科学习提升学生物理学科核心素养。通过物理专业知识学习促进学生形成物理观念，提升科学思维水平，增强科学探究能力，养成科学态度与责任
构成要素的联系（以物理学科核心素养为例）	基础性实践能力素养	科学思维能力素养
	专项性实践能力素养	物理观念、科学探究能力素养
	情境性实践能力素养	物理观念、科学思维、科学探究、科学态度与责任

第三节　普通高中学生实践能力的特征

实践能力是个体在成功完成实践任务活动中所表现出来的、顺利解决现实问题所具备的、稳定的心理特征，它指向实践问题解决过程中的行动能力，是主体通过实践活动与客体相互作用的产物，实践能力的形成必然离不开实践活动，实践能力只有在主体的生活、工作情境下，通过主客体的相互作用才能得以表现和发展出来。根据实践能力的含义、作用场域及其形成过程，结合普通高中学生的生理与心理特点，本书认为，普通高中学生的实践能力具有以下特征。

一　实践性特征

实践能力的实践性特征主要表现在以下几个方面：其一，实践能力是主体有目的、自觉地作用客体的能力，它是在实践活动中形成、表现和发展的，只有通过实践活动才能赋予人以实践能力，只有通过持续不断的实践活动才能发展人的实践能力。其二，实践能力的实践性还体现在实践的客观现实性方面，实践的三要素，即实践的主体、客体和手段是客观的，实践活动的过程和实践的结果也都是客观的。在实践过程中，实践能力寓于实践主体与客体对象性关系之中，并且促进人的能动作用的发挥，促使其有目的、有意识、自觉、积极地进行实践活动。其三，对于普通高中学生而言，其实践能力主要体现在活动与任务的实践取向上，一方面，高中学生知识与技能的获得需要依赖具体的情境，另一方面，高中学生实践能力的发展离不开在实践环境中所获得的经验，表现为对学科门类及其内容的加工、转化、表征，与特定的主题紧密相连，用于解决具体实践问题。

二　动态性特征

实践能力并不是人"与生俱来"的一种能力，而是个体在后天成长过程中，伴随着知识、经验的不断积累而逐渐形成和发展的一种能力，意味着实践能力必将是不断发展的，体现了动态的过程性特点。从人生发展阶段的纵向比较来看，人的实践能力水平有低、中、高的层次，较低层次的实践能力是基于本能的适应自然与社会的生存能力；较高层次的实践能力是本体能动地改造自然与社会的发展能力，处于二者之间的就是中等层次的实践能力。随着年龄的增长，个体成功解决问题的经验越多，所获得的相关知识也就越丰富；相关的能力发展越成熟，其实践能力水平也就越高。普通高中学生的实践能力还不完备，并不能像成人那样有着很强的专业技能和独立解决问题的能力等，高中学生实践能力水平处于中等偏低的层次，因此普通高中学生的实践能力有很大的发展空间，表明普通高中学生的实践能力具有很强的可塑性，可沿多方向、多领域的专项实践能力和职业能力发展。

三　稳定性特征

人的实践能力具有一定的稳定性，在一定阶段表现为恒有的、作用于客体的能力。但这种能力并非一成不变的，而是处在动态变化之中的，具有动态的稳定性。实践能力是主体固有的实践行为的反映，但会因实践的对象变化而变化，不同的实践活动会表现出质同而形异的实践能力。在实践活动中培养和发展起来的稳固性和随机应变使个体的实践能力变得更加稳定和成熟。普通高中学生实践能力的稳定性特征，主要表现在两个方面：一方面是实践能力作为一种特殊的能力，是在实践活动中形成和发展的稳定的个性心理特征，它具有能力的一般的稳定性；另一方面则是实践能力发展的量变积累阶段，表现出一定的稳定性。马克思主义唯物辩证法告诉我们，事物的发展是由量变的不断积累再到质的飞跃，事物由旧事物发展成为新事物，实现了质的突变。普通高中学生的实践能力在向高一级水平发展的过程中，在新的实践能力水平未形成之前，原有的实践能力水平表现出相对的稳定性，这种稳定性是指在某个阶段内，或在某个时间间隔内所表现出来的持久性和相对不变性。

四　习得性特征

人的实践能力可以通过专门的学习或实践训练来获得，这与通过专项训练获得某项技能的情形很相似，这表明实践能力具有习得性特征。从微观层面看，实践能力是一种独特的知能结构体。"知能"（expertise）指专门的知识或技能（尤其是在某一特定领域）。它是"知识"和"能力"的有机统一体,两者互为包容,是一种融合的关系,而不是组合关系。融合则是将两种或多种不同事物合成一体。实践知能基础包括所有解决实践问题的内容,以及如何解决这些实践问题的知识和能力。因此,实践能力融合了情境感知、专业知识与技能、匹配与应变、决策与执行,以及由个体实践与智慧形成的持续张力所延伸出的设计能力、实施能力和评价反思能力,它们之间相互影响、相互作用,形成了一个有机整体。个体通过对实践知识、实践认知的学习,在实践活动的过程机制作用下,实践知能结构体内部诸要素产生适应性同化,并表现出能动作用,实现实践能力的建构,均体现出实践能力的习得性特征。

五 具体性特征

普通高中学生实践能力的具体性特征一方面表现为同一个人因为实践活动的对象不同,发挥作用的实践能力种类也有所不同;另一方面表现为对同样的实践活动对象,不同学生的实践能力水平表现也会不同。前者可以根据斯皮尔曼的能力"二因素说"得到解释,每完成一个特定的活动,都需要由一般能力因素 G 和某种特殊能力因素 S 共同承担,但每一种具体的因素 S 只参与一个特定的能力活动,故实践能力表现出具体的对象性差异;后者则是由能力的个体差异引起的,因为不同人在处理同样的实践问题时,其参与作用的实践能力表现水平也会因人而异,实践能力又表现出具体的主体性差异,即个人性差异。

六 外显性特征

从能力的隐性成分和显性成分来看,普通高中学生的实践能力是在实践中形成和表现出来的能力,因此具有外显性特征。一个人实践能力的高低,可以从具体的实践活动中反映出来,可以通过具体的实践活动来评价。外显性特征的最直观的表现就是可以被观察者以某种方式观测到。普通高中学生在实践活动中,可以根据其实践能力品质的敏捷性、灵活性、深刻性、独创性、批判性的具体表现形式,判断学生实践能力的水平层次高低,以及实践能力的问题薄弱环节,为重新设计或调整普通高中学生实践能力培养计划方案,改进完善教学环节等,提供直接的依据和参考。

第四节　普通高中学生实践能力的发展机制

人的能力的形成，一方面同人的内部因素有关，即人的遗传因素、先天素质、性格等，另一方面同人的生存、发展的外界条件，即人的生活环境、学习环境和教育环境等有关。先天素质、教育环境与能力之间存在着辩证的联系。而实践能力作为人的能力的一类重要能力，其形成与发展也遵循着一般能力的形成发展规律。诚然，普通高中学生的实践能力在形成与发展的过程中，会受到诸多内部因素与外部条件的共同作用。那么实践能力在哪些条件因素的支持作用下才能得以发展？笔者在已有相关研究的基础上，提出普通高中实践能力发展机制的要素模型（见图1-5），这些条件或要素共同构成了普通高中学生实践能力形成与发展的支持系统。

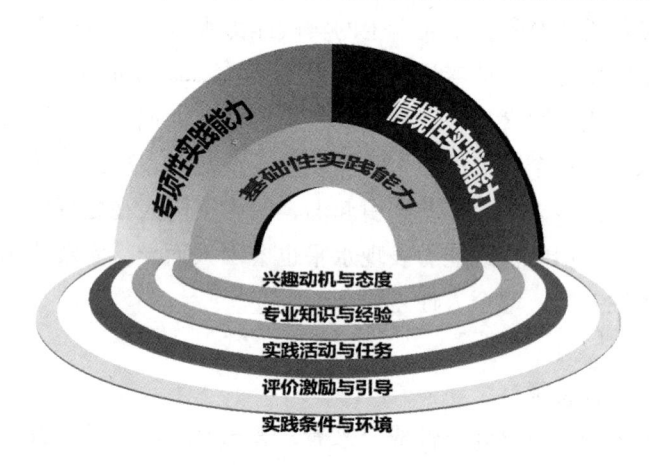

图1-5　普通高中学生实践能力发展机制的要素模型

在图1-5中，从纵向上看，基础性实践能力因素在专项性实践能力、情境性实践能力因素的下方，表示基础性实践能力是专项性实践能力、情境性实践能力发挥作用的基础和前提；从横向上看，根据普通高中学生的身心特点，其实践能力整体水平的发挥，离不开兴趣动机与态度、专业知识与经验、实践活动与任务、评价激励与引导、实践条件与环境等一系列因素所构成的实践能力发展的条件系统。

一 兴趣与动机是高中学生实践能力形成与发展的重要内驱力

兴趣与动机是人的心理需要的不同表现形态。① 研究表明,兴趣—热爱—全身心投入,是成功者的共同轨迹。② 兴趣与动机对普通高中学生实践能力发展的内部动力作用表现在以下几个方面。首先,兴趣可以激励斗志、增强毅力以及提振克服实践困难的信心。实践活动的完成与实践问题的解决,需要艰苦不懈的努力。这其中有许许多多的困难要克服,在这种情况下,如果没有坚强的毅力,就很可能在面对重重困难时产生害怕、退缩情绪,而兴趣可以激励斗志、增强毅力以及提振克服困难的信心。其次,兴趣不仅对智力的发展具有直接的作用,还可以最大限度地发挥人本身的才能和创造力。由于对某一方面有兴趣,人们就习惯于思考它,而且,如果遇到不解的问题,往往就会长久地进行思考,专注地研究它,直到问题得到解决,这增强了学生情境性实践能力中应用执行能力作用的发挥。最后,兴趣可以使人精力集中,心无旁骛,能增强记忆力和理解力,从而增强基础性实践能力的作用效率,这是兴趣与动机作为非智力因素对实践能力产生的最典型的促进作用。

对中学生而言,其动力系统作用的需要形态主要表现为动机(学习动机)、欲望(求知欲望)、兴趣、爱好等非智力因素,但其作用巨大,直接影响着能力的形成、发展。在实践能力发展的过程中,兴趣和爱好犹如化学反应中的催化剂,不断地激励学生去实践,去探索,或对某领域的具体问题进行深入思考,通过实践活动不断探索与深化学生对问题的认识,不断发展他们分析问题和解决问题的能力,最终促进实践能力的发展(见图1-6)。因此,应当把普通高中学生的兴趣爱好视作形成实践能力的契机。

兴趣 → 动机 → 知识、技能 → 实践能力

图1-6 普通高中学生实践能力发展的兴趣与动机作用

---

① 林崇德:《学习与发展——中小学生心理能力发展与培养》,北京师范大学出版社2011年版,第173页。
② 李辉、钱伟刚等编:《兴趣是最好的老师》,商务印书馆2009年版,第1—2页。

二 专业知识与经验是高中学生实践能力形成与发展的重要基础

知识是学生实践能力形成和发展的基础,没有知识的学习和运用,学生的实践能力与成人的实践能力就没有区别,体现不出学生实践能力的特殊性。这启发我们,培养学生的实践能力,不能一味强调实践的重要性因而只注重让学生去活动、去实验、去参加社会实践。如果忽视了知识的系统学习,那么,学生以什么为实践的依托?又以什么来变革实践呢?头脑空空如也的学生,其实践能力不可能有较好的发展,即学生实践能力的培养离不开系统知识的学习。在实践活动真正开展之前,需要有一系列思维过程,如"在什么情况下、对什么人、怎么做、为什么这么做、我用了它效果如何",这一系列思维过程都需要有相关知识经验基础的支撑。

根据知识的语言表征程度和理论抽象水平,可以将知识分为两大类:演绎—系统知识和经验—缄默知识。① 演绎—系统知识是指理性程度较高、有严谨的逻辑结构、能相互推演、易于言述、体系化了的人类知识。它的主要表现是以命题形式表述的抽象知识,是人类经验的概括与总结,体现了人类理性的最高成就。经验—缄默知识是指处于私人经验水平、为个人所拥有却难于明确言述和传达的知识。科利尔(Gerld Collier)认为,缄默知识是一种"自动渗透于学习者的判断和行动中的经验"②。经验—缄默知识包括技能操作知识、感情体验知识、问题解决知识等,积淀了人类改造世界、认识人生的智慧,也属于人类知识总体的有机组成部分,是实践能力构成所必需的基础。在学校教育条件下,普通高中学生的实践能力是知识、技能在三种水平的应用条件下所形成的(见图1-7)。

从知识转化为能力的过程和掌握知识的熟练程度来看,实践知识经过实践和练习而达到娴熟运用,形成熟练技能和思维方法,进而形成实践能力。实践能力是在实践和认识活动中形成和发展的。掌握知识与发展能力有着内在的本质联系,知识转化为能力主要取决于学习者获得的知识的性质、表征、类型、熟练程度与获得方式以及知识的难度。心理学研究证

---

① 潘洪建:《活动教学基本理论探讨》,《宁夏大学学报》(人文社会科学版)2003年第25期。
② G. Collier, "Learning Moral Judgment in Higher Education," *Studies in Higher Education*, 1993, 18 (3), pp. 287-297.

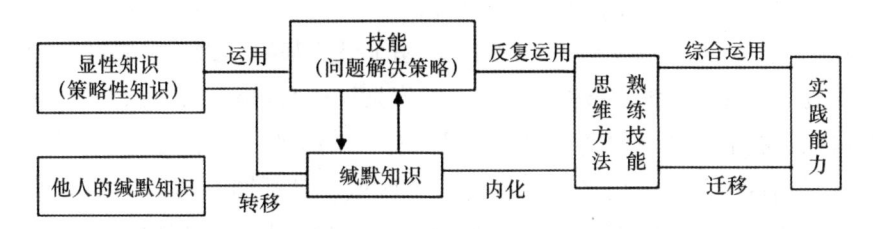

图 1-7 实践知识转化为实践能力的过程

明,学生只有获得透彻理解的知识,才能将其有效地迁移和应用到新的情境中,才能转化为能力。通过死记硬背、机械训练而记住的知识,因没有获得知识的意义而不能将其迁移和灵活地应用到新的情境中,也不能很好地向能力转化。现实中存在的"高分低能"现象,其中一个重要原因是学生凭借记忆记住了大量的应考知识,而没有真正获得知识的意义。由此可见,知识是学生形成实践能力必不可少的基础。

三 实践活动与任务是高中学生实践能力形成与发展的重要载体

实践能力是在实践活动中形成、表现和发展的一种能力。只有通过实践才能体现出人的实践能力,只有通过不断实践才能发展人的实践能力。培养学生的实践能力,需要让学生去实践、去活动、去体验。离开了实践活动,智力与能力的发展便缺乏了载体,实践能力的发展便没有了源泉。因此,实践能力是在实践活动中形成和发展的,实践活动是实践能力发展的重要载体。

在实践能力的发展中,我们必须重视实践活动与任务的作用,将它作为实践能力发展不可缺少的"直接基础"。高中学生实践能力是在实践活动中发展的,但不是所有的实践活动都能有效促进学生实践能力的发展,它取决于活动是否需要解决问题以及问题的复杂程度。安德森(J. R. Anderson)对"问题"做了这样的解释[①]:你想做一件事但不知道怎么做,这时就产生了问题。也就是说,只要主体水平与任务目标之间有差距,就会产生问题。解决问题的过程就是主体克服障碍、消除差距的过程。如果活动的内容、水平是主体原有实践能力不能完全承担的,需要主体做出更

---

① [英]罗伯逊:《问题解决心理学》,张奇等译,中国轻工业出版社2004年版,第4页。

高级的回应，且经过主体的努力可以被解决，那么，主体的实践能力就可以从现阶段向更高阶段发展。我们可以用维果茨基的"最近发展区"理论来做进一步分析。维果茨基认为，在儿童发展的总进程中，现有发展水平与可能发展水平（最大发展潜能）是一对不断移动的水平线，"最近发展区"是指这两条水平线之间存在的一个区域，且不同个体的"最近发展区"的边界是不同的。[①] 当活动目标处于儿童的"最近发展区"时，主体的活动将使其由现有水平跨越到高一层次的水平。从实践能力的发展过程分析，学生原有的实践能力水平与可能的发展水平构成了"最近发展区"。当活动目标处在"最近发展区"内时，就会产生实践活动的"问题"，主体经过实践活动，跨越"问题"障碍，其实践能力就会从现阶段向更高阶段发展；当活动目标低于"最近发展区"的下位边界时，就不能形成"问题"，个体实践能力也不会有所提升；当活动目标超越发展区的上位边界时，实践活动将会中断，个体的实践能力就会因没有实践活动而停止发展。

由此可见，在实践能力的发展中，我们必须重视实践活动与任务的作用，将它作为实践能力发展不可缺少的"直接基础"。因此，我们在教育改革实验中注重知行合一，除了要关心学生课内外、校内外的活动外，还要对学生进行社会实践教育、艰苦奋斗教育和公益活动教育，目的是丰富学生的社会实践，提高他们的实践能力。从个体实践能力发展史来看，特别是对中小学生来说，如果不研究他们和外界的联系，特别是和人的联系，不研究他们的活动，就无从说明实践能力的发生和发展。所以，在学生获得知识经验和技能技巧的过程中，实践绝不比书本的作用差，这就是注重知行合一观的出发点。

四 评价、激励与引导是普通高中学生实践能力发展的重要外部动力

评价、激励与引导，对人的行为活动起着兴趣维持、调整与强化的作用。在学生实践能力形成与发展的过程中，其主要作用体现在如下几个方面：首先，评价、激励与引导的实质在于对学生的点拨和指导，以更迅速、更准确地调节实践活动，保证实践目的的实现或现实问题的解决。在

---

① 麻彦坤：《维果茨基与现代西方心理学》，黑龙江人民出版社2005年版，第86页。

课堂教学中，评价、激励与引导更多地来自于教师，通过及时反馈，学生适时的调节控制，改进措施，缩小过程与目标的偏差，所以这种评价是一种即时的评价，评价工作也处于动态过程之中。其次，评价激励与引导能切实保障学生获得有针对性的知识和经验，这为学生实践能力在实践活动中的作用发挥提供了必要基础。再次，在实践活动中得到的反馈信息不仅来自指导教师和合作的同伴同学，而且来自于学生的任务活动信息，他可以全面地了解自己在实践活动中表现的全过程。苏格拉底曾说："没有接受过审查的生活是没有价值的生活。"从观察者的角度来看，学生自己可以收获一个"旁观者效应"，从而产生"镜面效果"，培养他们面对缺点意识和自我反思意识，同时也培养他们遇到意想不到的问题时的心理应对能力。最后，评价的目的不在于甄别与筛选，也并非为了达到某种共识而泯灭学生的个性，而是要在人格平等、互相尊重的基础上，建立一个充满自由、民主的公共交往的空间，使整个教学或实践活动过程真正成为学生之间共同参与、合作分享、互促互进的过程，共同实现各方面能力的提高。

五 实践条件与环境是普通高中学生实践能力形成与发展的重要保障

学生的实践能力是在实践任务或活动中形成与发展起来的，也是在这一过程中表现出来的。因此，实践能力只有在活动中才能得到更好的培养和增强，离开具体活动，学生的实践能力则如无水之鱼。因此，培养与增强学生的实践能力，需要创造有益的实践教育环境，给学生必要的自主实践的空间。实践条件与环境促进普通高中学生实践能力的发展，这主要表现在以下几个方面：

第一，实践条件与环境，为普通高中学生完成新的实践任务或课题提供了重要的物质保障，使在不断完成和解决这些新课题的过程中，实践能力不断向前发展。

第二，实践条件与环境，为普通高中学生提供了丰富的感性材料，积累了大量的经验资料，促使普通高中学生进行抽象、概括和总结，使他们逐步认识事物的本质和规律，促进实践能力的提升。

第三，实践条件与环境，为普通高中学生的实践能力提供了一系列工具、器材等，提高了普通高中学生的专业技能和专项工具使用水平，从而增强了实践能力。

人在环境中存在，人的活动能力是人与环境相互作用、影响的结果，人的活动能力也在该环境中得以增强，并在认识和改造环境的过程中得到培养与提高。但在当前的学校教育中，尽管提倡各种探究式、研究性课程的学习，但学生的学习和活动总在一定程度上受到束缚和限制。这种束缚和限制表现在两个方面：一方面是学习与活动的空间范围的束缚，学生被限定于狭小的教室范围及其他少量的学校活动场所内；另一方面是学生在学习与活动的时间方面受到局限，学生在学校的时间几乎被大量的知识性的学习所占据，不可否认知识在学生的实践能力形成与发展中的重要作用，但是如果知识缺乏实践活动、环境条件等的支持，发展学生的实践能力就是一件很困难的事。实践能力的发展，理所当然地需要让学生在不断变化的实践环境条件中发挥交互作用。

综上所述，普通高中学生的实践能力的形成与发展，需要内部因素和外部因素的共同作用，它们共同构成了学生实践能力发展的支持系统，主要因素涉及专业知识与经验、兴趣动机与态度、实践活动与任务、评价激励与引导、实践条件与环境，为促进普通高中学生实践能力发展的教育教学活动、课程建构、完善课程实施的保障体系等提供重要的理论支持。

第二章

物理实验课程对高中学生实践能力的促进作用

在基础教育阶段，当前普通高中物理实验内嵌于物理课程之中，旨在提升学生的物理学科核心素养，为培养具有科学创新意识和实践能力的高素质人才奠基。

然而，物理实验能促进学生实践能力的提升，似乎是一个"不证自明"的道理，鲜有人关注物理实验与学生实践能力之间的逻辑联系，以及物理实验与学生实践能力形成和发展之间的联系。本章将尝试探讨物理实验与高中学生实践能力之间的多向度逻辑联系，为物理实验促进高中学生实践能力的形成与发展寻找理论支持基础。

第一节 物理实验及其育人价值

一 物理实验及其特征

物理学研究物质的基本结构、相互作用和一般运动规律，实验是其基础。物理实验是根据研究的对象和探究的目的，利用仪器与设备人为地控制或模拟自然现象，排除干扰，突出主要因素在有利的条件下研究自然规律的一种科学实践活动。

从认识论的视角看，物理实验是一种特殊实践样态的认知活动。科学实验的本质即人工自然的建构，实验方法的本质或灵魂即是对认识对象的人工控制。① 物理实验作为一种重要的科学实验，其特殊性主要表现在两个方面：其一，它以认识为直接目的，探索尚未认识的客观规律以增加知识，以建立和验证科学定理、假说和理论；其二，它通过运用一定的物质手段（工具、仪器和实验装置等），主动干预或控制研究对象，是在典型环境中或特定条件下进行探索性认知的实践活动。这种物质手段的直接作用体现在准确而及时地记录研究对象的变化上，同时控制研究对象，并使实验现象产生或显露出来。

在物理学的产生、建立和发展的过程中，物理实验是归纳物理规律的实践基础，是验证理论预言和物理假说的主要依据，是确定物理科学理论体系的根本手段。因此，物理实验具有如下的基本特征。

第一，实验主体的主动性。实验主体可应用不同的原理、不同的仪器、不同的操作和处理方法来设计和完成物理实验。它包括思维的预先作用和动作的预先作用。前者表现在设计、选择仪器和处理数据的方法上；后者表现在操作上，操作是进行实验观察的必要前提，只有通过操作才能实现观察所需的系列条件。而所有的操作行为，都是需要实验主体来主动完成的。

第二，实验过程的可重复性。在较短的时间内可以重复实验的操作，重现实验现象和重新获得数据。实验可被重复是由实验主体的主动性保证的，而重复的必要性则是由实验结论的客观性所要求的，因为重复可以减少实验的偶然误差。同时，实验过程的可重复再现使得实验结论能在更大范围内推广应用，也可以使得实验情景再现，为科学技术的发展提供坚实的可靠性保障。

第三，实验结论的客观性。根据误差理论，原则上总是可以缩小实验结论与物质运动客观规律之间的差距。数学、仪器、操作等都可以协助使用，以缩小这种差距，使得实验结论更加接近客观实际；同时，实验结论可以用数学进行定量的描述，也可以是对某种具体规律、定理的验证或表达。实验结论通常有大量的实验数据作为支撑论证，因此实验结论具有较高的可靠性。

---

① 肖玲、林德宏：《人工自然的建构与科学认识——从科学实验的本质谈起》，《哲学研究》2008年第12期。

第四，实验内容和结论的连续性。实验内容和结论的连续性体现在实验内容和结论可以与前实验紧密相连上，这种联系通常表现为前实验的延续、改进、转折或对前实验提出的假说的验证。"实践是检验真理的唯一标准"，实验作为联系科学理论与具体实践的纽带，为科学定理、规律与体系的建立提供验证支持，其作用不可小视。

二　物理教学中的科学探究

科学探究原意是指科学家用以研究自然界并对此种研究所获得的证据提出种种解释的多种不同途径，科学探究也指学生用以获取知识、领悟科学的思想观念、领悟科学家研究自然界所用的方法而进行的各种活动。[①]科学家的科学探究是科学中的探究，学生的科学探究是教育中的探究，二者的目的不同：前者的目的是增进人类对自然界的了解，后者的目的是了解科学的本质、获取日常生活中必须具备的科学知识、方法和思维能力。教育中的探究和科学中的探究没有本质的差别，二者都是在好奇心的驱使下，使用试误的方法认识周围世界，试图确定正在发生什么、以后会怎样等。

科学探究伴随着物理学发展的始终。物理实验从亚里士多德时代的"观察实验"到伽利略时代的"实证实验"，再发展到今天人们用精密仪器所进行的各种类型的实验，无非都是通过认知潜在于已知事物中的规律和方式来对我们周围的世界进行观察和探索。我们知道，物理学是一门以实验为基础的自然科学，物理实验的思维与技术手段的变革促进了物理学的飞速发展，物理实验的发展史就是一部人类认识科学、探究科学的科学探究史，几乎涵盖哲学领域认识论与方法论的研究范畴。因此，从这个角度上讲，物理实验的本质特征也体现在科学探究上，物理实验的教育功能在于培养学生的科学精神、科学思维、科学方法等，以及促进学生相关的知识、原理、技能和能力的提升。

《普通高中物理课程标准（2017年版　2020年修订）》指出，科学探究是物理学科核心素养四大方面之一，科学探究是基于观察和实验提倡物

---

① 美国国家研究理事会：《国家科学教育标准》，戢守志译，科学技术文献出版社1999年版，第30页。

理问题、形成猜想和假设、设计实验与制定方案、获取和处理信息、基于证据得出结论并作出解释的活动,以及形成对科学探究过程和结果进行交流、评估、反思的能力。科学探究主要包括问题、证据、解释、交流等要素。① 物理课程标准中同样规定了重要的科学探究或学生必做实验,以及不同科学探究水平对应的能力要求②(见表2-1)。

表2-1　　　　高中学生科学探究水平及其相关能力要求

水平层次	科学探究能力要求
水平1	具有问题意识;能在他人指导下使用简单的器材收集数据;能对数据进行初步整理;具有与他人交流成果、讨论问题的意识
水平2	能观察物理现象,提出物理问题;能根据已有的科学探究方案,使用基本的器材获得数据;能对数据进行整理,得出初步的结论;能撰写简单的报告,陈述科学探究过程和结果
水平3	能分析物理现象,提出可探究的物理问题,作出初步的假设;能在他人帮助下制定科学探究方案,使用基本的器材获得数据;能分析数据,发现特点,形成结论,尝试用已有的物理知识进行解释;能撰写实验报告,用学过的物理术语、图表等交流科学探究过程和结果
水平4	能分析相关事实或结论,提出并准确表述可探究的物理问题,作出有依据的假设;能制定科学探究方案,选用合适的器材获得数据;能分析数据,发现其中的规律,形成合理的结论,用已有的物理知识进行解释;能撰写完整的实验报告,对科学探究过程与结果进行交流和反思
水平5	能面对真实情境,从不同角度提出并准确表述可探究的物理问题,作出科学假设;能制定有一定新意的科学探究方案,灵活选用合适的器材获得数据;能用多种方法分析数据,发现规律,形成合理的结论,用已有物理知识进行科学解释;能撰写完整规范的科学探究报告,交流、反思科学探究过程与结果

美国《科学探究与国家科学教育标准:教与学的指南》指出,科学探

---

① 中华人民共和国教育部:《普通高中物理课程标准(2017年版 2020年修订)》,人民教育出版社2020年版,第5页。

② 中华人民共和国教育部:《普通高中物理课程标准(2017年版 2020年修订)》,第79—80页。

究应具备五个方面的特征（characteristic）：问题、证据、解释、评价、表达[1]，其科学探究的特征及其探究的程度表现见表2-2所示。

表2-2　美国《国家科学教育标准》关于科学探究的特征及程度

特征	程度			
1. 问题	学习者提出问题	学习者根据备选问题提出新问题	学习者根据教师、学习材料提出的问题进一步明确问题	教师、学习材料提供的问题
2. 证据	学习者独立收集证据	学习者在教师指导下收集证据	学习者分析现成的数据	将数据和分析方法提供给学习者
3. 解释	学习者根据证据作出解释	学习者在教师指导下根据证据作出解释	将根据证据作出解释的途径提供给学习者	教师根据证据作出解释
4. 评价	学习者评价自己的解释	学习者在教师指导下评价自己的解释	教师将学生的解释和科学知识之间的联系提供给学生	教师评价解释
5. 表达	学习者表达解释	学习者在教师指导下表达解释	学习者在教师广泛的指导下表达解释	给出学习者表达的步骤和程序
开放型探究	多 ←——学习者自我指导——→ 少　少 ←——教师或学习材料的指导——→ 多			指导型探究

资料来源：李高峰、刘恩山《美国〈国家科学教育标准〉倡导的科学探究》，《教育科学》2009年第5期。

根据课堂探究活动是否包含这五个基本特征，可以将其分为"完全"探究和"部分"探究。即无论探究的程度如何，无论其执行者是教师、学习者还是学习材料，只要探究活动包含了问题、证据、解释、评价和表达五个基本要素，就是完全探究；如果有一个基本要素未被满足，则为部分探究。根据教师和学习材料在探究活动中对学生行为指导的多少，可以将探究活动分为指导型探究和开放型探究。指导型探究有利于学生建立某一特定的科学概念；开放型探究有利于发展学生的认知和科学推理能力。

---

[1] 美国国家研究理事会：《科学探究与国家科学教育标准：教与学的指南》，罗星凯等译，科学普及出版社2004年版，第6—20页。

三 物理实验的育人价值

物理实验究竟有何育人价值？"价值"一词源于经济学，也用来指事物的积极作用。[①] 从严格意义上讲，价值是一个关系范畴，用以表示事物具有满足主体需要的属性、作用和意义。[②] 实验功能和作用的发挥，就是其价值实现在各个层面的体现。[③] 物理实验的育人价值旨在揭示"为什么需要物理实验"，对物理实验及其教学活动起导向作用。物理教育在本质上绝非限于单纯物质运动与相互作用规律的传递，而且在价值、文化方面存在无数映射。物理实验在绽放科学魅力的同时，也蕴含着丰富的育人价值。

（一）培养严谨的科学精神

物理实验在检验或验证物理原理或规律时，证实或证伪相关命题，促进学生物理理论知识体系的正确建构。科学家在一切科学实验活动中取得巨大成功的同时，所产生的认识、观念、思想、心理、道德、理论、管理经验等，都是学生科学精神培育的重要组成部分，蕴含智育与德育的重要内容。

物理学作为"自然科学之王"，其发展历程无不体现出严谨、求实、执着等品质和特性，而其发展过程所包含的规范、公正、求实、理性、效率等科学精神，恰恰是人类天性中最为重要、最为基本和成熟的组成部分。在历史发展的长河中，人类创造了实验精神。物理实验的科学精神以探索性为本质特征，集中反映人的情感、意志等非认知逻辑品质。我们从阿基米德、伽利略、玻义耳、牛顿、玻尔、卢瑟福、费米、丁肇中等实验物理学巨匠身上，可以总结出物理实验精神的四个特点：第一，高度认同实验是"探求事物属性的准确方法"[④]，全身心地投入其中；第二，重视实验但不唯实验，接受理论但敢于怀疑，不盲从，不专断，不附和；第三，尊重客观事实，尊重实验结果，勇于创造；第四，孜孜追求，锲而不舍，严谨踏实，不计名利，勇于献身。由此可见，物理实验的科学精神不是具

---

① 夏征农、陈至立主编：《辞海》（第六版），上海辞书出版社2010年版，第876页。
② 《马克思恩格斯全集》（第19卷），人民出版社1963年版，第409页。
③ 李国俊：《科学实验的价值实现》，《自然辩证法研究》2003年第19卷第9期。
④ 王福山：《近代物理学史研究》（一），复旦大学出版社1983年版，第43页。

体的实验方法、经历、装置、结果,而是千百年来由无数科学人士共同形成的优秀精神传统,由此形成的自由探索精神、求实求真精神、开拓创新精神、锲而不舍的执着精神、理性的批判精神等科学精神,充满着人类的激情,充满着最纯洁的追求和了解世界的期待与渴望,充满着对未知领域探险的欲望和使世界统一、和谐的高尚情结,具有非凡的精神价值。科学精神作为科学文化价值的一种体现,它铸造了科学家优秀的科学品质,约束着科学家的行为,也会通过科学的传播而渗入并融入大众的观念中去,形成大众的科学意识。

因此,物理实验的科学精神要求物理教育既要重视知识和技能的培养,又需要在此基础上生动地展现物理学所蕴含的丰富的精神品质,引导学生正确认识物理学的发展历程,把握物理实验的智育与德育价值。

(二) 追求自由而创新的秉性

闲暇自由与科学创造看似无关,实则关系密切。亚里士多德曾指出哲学与科学需要三个条件:一为"惊异",二为"闲暇",三为"自由"[①]。这一表述可以说在一定程度上揭示了自由与科学创造之间的关系。自由与创新也是物理实验的秉性追求,成就旧理论到新理论的飞跃。物理学的发展史,无不是追求自由而创新的实验发展史,无不是用"人的理性"谱写"自然界立法"的科学史。而物理实验正是这部"立法"的终审裁判,曾无数次开启了物理学的自由高速发展模式,这些例子不胜枚举。

伽利略用实验和理论否定了统治近两千年的亚里士多德关于"落体运动法则",确立了正确的"自由落体定律",将实验与数学证明相结合,将科学研究中的经验与理性联姻,打破旧有"权威观点"的束缚,让新思维、新思想重获自由,开创了以实验事实为根据并具有严密逻辑体系的近代科学。

牛顿通过实验将几种不同的单色光合成白光,并且计算出不同颜色光的折射率,精确地说明了色散现象,揭开了物质的颜色之谜。令人更为瞩目的是,牛顿"站在巨人的肩上"进行大量的观察实验和数学计算,系统地总结伽利略、开普勒和惠更斯等人的工作,得出著名的万有引力定律和

---

① 龙桂杰、梁国钊:《休闲与科学创造——以爱因斯坦为例》,《自然辩证法研究》2006年第11期。

牛顿运动三定律，创立了经典力学体系，构筑起宏伟壮丽的经典力学大厦。从此以后，以实验为主的自然科学逐渐替代了曾经占统治地位的宗教神学，实验逐步冲破了宗教神学的枷锁，人们逐渐认为"重复验证的东西是可信的"，实验可以让更多的科学思想逐一变成现实，把人们从宗教那虚渺而枯燥的束缚中解脱出来，人们通过实验可以更精确地认识世界、改造世界，人们再一次因为自信所以自由。

随后，莫尔斯对实验的偶然感悟导致了对电报的发明，受奥斯特电流的磁效应实验的启发，法拉第做了电磁感应实验，并制作了通电导体围绕直立磁铁旋转的实验模型，而后雅可比、外尔德、巴奇诺基等人相继完善和改进并发明了直流电机。爱迪生对电灯的发明，伏达对电池的发明，马可尼对无线电报的发明等，均通过自由而创新的物理实验实现的。无论是过去还是当下，物理实验给人类带来无数福祉，同时又激励着人类不断追求科学的自由与创新，它是在"用创造性的工作所产生的成果为提高人类的精神境界而作出贡献"[①]。

当然，过度盲目的自信也会带来麻烦甚至是灾难。物理实验最大的魅力在于它使得人类变得越来越自由与自信，这种自由与自信曾一度达到巅峰。例如，法国数学家西蒙·拉普拉斯于1814年提出著名假设——拉普拉斯"小妖"：宇宙中每个原子都具有确切的位置和动量，能够使用牛顿定律来展现宇宙事件的整个过程、过去以及未来。就在人们认为以牛顿力学体系为核心的经典物理学大厦已臻于完备之时，两朵"乌云"出现了：迈克尔逊—莫雷实验结果和以太漂移说相矛盾，以及能量均分定则在气体比热和辐射能谱的理论解释中得出与实验不符的结果，这直接导致爱因斯坦建立相对论，以及促使波尔、普朗克等人提出量子理论，再次掀起物理学理论惊涛骇浪式的创新变革，物理学的发展又步入一个新的历史时期。

物理实验的自由与创新的品性使物理学成为培养学生思维能力、创新精神和实践能力的优势学科。指向学生创新性培养的物理教育，不仅是学习物理学知识本身，而且在追求自由发展的空间维度上提升学生的创新思维能力及解决实际应用问题的实践能力。从认知未知到探索创新，在开放的、自由的教学环境中养成观察和思考问题的习惯，强化洞察问题的敏锐

---

① 许良英等编译：《爱因斯坦文集》（第三卷），商务印书馆1979年版，第50页。

意识和创新的灵感。人的直觉、灵感和顿悟是激发创新性发现的非逻辑因素,物理学的发现无论是首创性的还是继承性的都是一个高度复杂、极具创新性思维的过程。物理实验教学中的探究过程能给学生带来无限的兴趣,通过假设、猜想、验证等环节,展现物理实验的自由、探索与创新的魅力。

(三) 丰富的美育价值

美的内涵是指能引起人们美感的客观事物的一种共同的本质属性,美学将美定义为人对自己的需求被满足时所产生的愉悦反应的反应,即对美感的反应。美包括生活美和艺术美两个主要的形态。生活美又分为自然美和社会美。虽然人们都能感受到美,并且能够识别美,但是在回答"究竟什么是美"的问题时,答案却千差万别。总结前人的有代表性的观点,主要有下列几种:美是形式的和谐(古典主义);美是完善(理性主义);美是愉快(经验主义)等。

物理实验本身有诸多科学的美,具有丰富的美育价值。物理实验的现象之美、方法之美与结论之美,展现着人类的无穷智慧,与传统美学中美的内涵不尽相同,也是自然界无法直接体现的。

1. 实验现象之美

物理实验展示的现象实际上是实验物理学家对自然现象或自然过程的重新组织或者重新构建。因此物理实验中的现象美就包含两方面的内容:物理观察的自然现象美和物理实验展现的现象美。前者是审美主体的感官直接感受到的自然界的表面属性,后者是物理实验对自然现象进行重构或重新组织所展现出的美。如棱镜或光栅展示的多色光谱,展现了简单有序美;双缝干涉条纹呈现出了明暗相间的等间距的直条纹,单缝衍射花样呈现出了对称分布;两频率不同相互垂直谐振动的合成得到的利萨如图形所展现的对称美;平面镜成像的物与象对称,点电荷电场的球对称;无限长直导线周围磁场的轴对称等,人们可以直接体会到这些令人赏心悦目的物理现象图景的美感效应,而且这些实验现象之美具有对称、简洁、和谐等特点。

2. 实验方法之美

物理实验的美的价值不仅仅表现在现象美上,还表现在独具创造性的实验构思、精巧完美的实验设计上,以及精湛的实验操作和控制技术上。

历史上测定光速就是一个很好的佐证。最开始人们通过测量光传播的距离和时间来测定光速，尽管用尽各式各样的方法但得到的结果却误差很大，后来迈克尔逊设计了一个十分精巧的实验，非常准确地测出了光速度。他选择两个山峰，测出这两个山峰间的距离，在第一个山峰上安装一个强光光源和一个正八面棱镜及一架望远镜；在另一个山峰上安装一面凹镜和一个平面反射镜。通过调节八面棱镜的转速，准确地测定光速。爱因斯坦称赞这一实验方法的精湛时说："迈克尔逊是科学的艺术家。"是的，他使用的仪器和实验原理是众所周知的，然而得到的结果却是惊人的完美。迈克尔逊后来又利用干涉仪做了一个更美妙的实验，从而否定了"以太"的存在，为相对论和量子力学的建立奠定了基础，引起近代物理学的革命，进而促进了新技术革命和产业革命的到来。此外，物理实验的又一美的方法——对称性方法在物理实验中的应用，取得了重大成就。传统美学中的对称仅指人们感性意识中的三维空间的对称，物理学中的对称则包含着各种数理空间的对称，是一种理性范畴的对称。实验物理学家将对称这种美更是发挥得淋漓尽致。如英国物理学家法拉第从对称性中受到很大的启发，他推测出既然电能生磁，那么磁也一定能生电。经过十年的艰辛探索，他终于用实验证实了电与磁之间存在对称美的设想，从而建立了电磁感应理论，直接导致世界第二次工业革命的发生。因此，物理实验方法之美造就了人类生活之美。

3. 实验结论之美

物理实验的最终目的不是创造艺术作品，而是为理解自然提供细节观察，或者为理论寻找证据。其中物理实验结论与理论的和谐统一是物理实验之美的突出体现。由于物理学家思维空间与现实实验技术手段的限制，近代物理学的理论发展走在了实验的前面，造成物理实验结论与理论的和谐统一之美出现暂时性隐匿。1865年麦克斯韦建立了电磁场理论，他以严密的数理推导预言了电磁波的存在，但当时遭到众多物理学家的怀疑。如何检验麦克斯韦理论的正确，证明电磁波的存在，是德国物理学家赫兹思考多年的问题。1886年赫兹用莱顿瓶做振荡放电，又做了一个电波环，用来探测电磁波。当莱顿瓶放电时，电波环接收到电磁波并出现了美丽的闪光，这一奇特而又美妙的实验的成功，具有划时代的意义，它证明了电磁场理论的正确，导致了无线电的产生，开辟了电子技术的新纪元，促进了电报、无线电广播、通信、电视、传真等先进通信技术的产生。[①] 物理实验结论与理论的和谐统一,造就了整个物质世界的深远而又美好的变革。

物理实验丰富的美育价值,揭示了物理学的美具有科学美的一切特性:逻辑美、内容美、形式美、思想美,物理实验的真与美充斥着整个物理世界。因此,在物理教育中,教师一方面要充分利用物理实验的真与美帮助学生发现物理美、感受物理美、体验物理美;另一方面,要通过对物理美的教育,引导学生逐步学会用简单、和谐、统一等审美标准评价事物、简化结果、深化认识。

(四) 鲜明的劳动教育价值

2020 年 3 月 20 日,中共中央、国务院印发了《关于全面加强新时代大中小学劳动教育的意见》。该意见指出,劳动教育是中国特色社会主义教育制度的重要内容,是学生成长的必要途径,也直接决定着社会主义建设者和接班人的劳动精神面貌、劳动价值取向和劳动技能水平。[②] 该意见指出学校教育要在劳动教育中发挥主导作用,切实担当起劳动教育的主体责任,以核心素养为引领,实施劳动教育的课程设计与课堂教学。除了开齐、开足劳动教育课程以外,其他课程也应该结合学科特点,挖掘或者融入劳动教育内容。

物理实验是在物理教学中渗透劳动教育的一个非常重要的途径。在物理实验教学中,学生在教师的引导与监督下亲自操作物理器材,开展物理实验,探索物理科学规律;在实验结束后,鼓励引导学生主动整理实验器材,对于损坏的物理实验器件,鼓励学生在能力所及的范围内进行维修与维护;主动打扫实验室、做好实验室清洁卫生工作等;通过劳动促进学生劳动技能的提升,同时培养学生的劳动服务意识、劳动奉献意识等。在课外物理实验的相关科技创新实践活动中,鼓励学生通过创造性劳动克服科技创新实践活动中的各种挑战,培养学生不畏艰难、永攀高峰的执着追求精神,发展与提高学生的创新精神和实践能力。

除此之外,还要鼓励学生多参与家务劳动、社会劳动实践,可以在劳

---

① 于凤梅、李伟、王克强:《物理实验的美与物理实验教学》,《中山大学学报论丛》2007 年第 7 期。

② 《中共中央 国务院关于全面加强新时代大中小学劳动教育的意见》,http://www.moe.gov.cn/jyb_ xxgk/moe_ 1777/moe_ 1778/202003/t20200326_ 435127.html, 2020 – 03 – 20。

动过程中渗透物理学原理，提倡学生在劳动实践中进行深刻体会、探索与验证。通过讲述劳动生产和科学发展的关系渗透劳动教育，让学生明白科学既是劳动实践经验的系统化积累，又是人类劳动实践的产物。同时，物理知识来源于生活生产劳动但又服务于生活生产劳动，[①] 工匠们也是通过劳动将精湛的技艺应用于生活生产实践，这才造就了我们今天的幸福生活。因此，物理实验具有鲜明的劳动教育价值。

第二节 物理实验课程与学生实践能力发展的内在联系

物理实验课程涵盖学生在物理实验中能实际体验和经历的学习内容、经验，是普通高中学生认识物理现象、验证物理原理或假说而进行观察和研究的规范化、程序化、具体化的教育内容。相比理论知识的学习，物理实验课程通常以与学生学习生活和社会生活密切相关的各类现实性、综合性、实践性的物理实验为内容，可最大限度地激发学生主动学习的兴趣，而且直接联系学生的生活经验。

一 物理实验课程促进实践能力提升的可能性

物理实验课程在培养学生科学精神与科学思维方面具有重要作用。科学精神作为人类文明的崇高精神，它表达的是一种敢于坚持科学思想的勇气和不断探求真理的意识，它具有丰富的内涵和多方面的特征，具体表现为求实精神、实证精神、探索精神、理性精神、创新精神、怀疑精神、独立精神和原理精神等。科学精神的主要内涵是"解放思想，客观唯实，追求真理"，以可检验的科学事实为出发点，运用被公认为正确的研究方法完成科学理论的构建。尊重事实、诚实正直，并进行符合逻辑的思维，是科学的重要品质。由于科学研究对象——客观世界的无限性和复杂性，研究对象永无止境，科学探索永无止境，思想解放亦永无止境。科学精神使

[①] 陈耀：《在中学物理教学中进行劳动教育的探讨》，《湖南中学物理》2020 年第 35 卷第 6 期。

人具有探索与批判的精神，是破除轻信与迷信、冲破旧传统观念束缚的一把利剑，将自然界视为人的认识和改造的对象，它坚信客观世界是可以被认识的，人可以凭借智慧和知识把握自然对象，甚至可以通过实验来模拟和控制自然过程。科学精神的本质要求是开拓创新，就在于不断更新观念，大胆改革创新。正因如此，科学领域才会不断涌现出诸多新发明、新发现、新创意。事实证明，思维的转变、思想的解放、观念的更新，往往会打开一条新的通道，而这些转变、解放、更新在实践活动任务的完成过程中则有着至关重要的作用。

物理实验课程对培养学生的科学思维方法也有着显著作用。科学思维方法是各门具体科学通用的研究方法，是进行科学探索、科学实践、科学研究的一般方法，如数学方法、信息方法、控制方法、系统方法、结构功能方法、模型方法等。科学思维方法可以帮助人养成良好的思考习惯，学会和掌握正确的科学思维方法，也是实践能力形成的基础。因此，通过物理实验可以帮助学生养成科学精神，获得思维方法，提高核心素养，促进科学探究能力的发展。

综上所述，科学精神与思维方法尽管属于人的意识范畴，但在实践活动与实践任务的完成过程中，其作用巨大，影响深远，马克思辩证唯物主义强调意识的能动性也即证明了这一点。因此，科学精神与思维方法在人的实践能力形成与发展过程中起着至关重要的作用。普通高中学生所处的年龄与学习阶段，正是科学精神与思维方法养成的黄金时期，无论是对普通高中学生的科学核心素养的提升，还是对实践能力的形成与发展，其作用与影响是不言而喻的。毋庸置疑，物理实验课程与学生实践能力的培养存在着极大的关联性与可能性。

从实践能力的形成过程和发展机制来看，强烈的兴趣动机是学生实践能力发展的重要动力系统。与此同时，学生通过完成物理实验课程中的实践任务活动，以及解决相关物理实验问题，习得具体物理实验的知识技能，进而形成或发展学生的实践能力。这表明，从物理实验课程的范围来看，物理实验课程内容具备促进高中学生实践能力形成和发展的可能条件。

从学生完成物理实验任务活动所需的能力因素来看，需要观察能力、问题解决能力、工具（实验仪器）使用能力、自我引导能力、交流协作能力、评价反思能力等诸多能力的共同参与作用,而这些能力因素涉及人的一般能力因素群和特殊能力因素群,同时也是学生实践能力的构成要素,涉及学生的基础性实践能力、专项性实践能力和情境性实践能力。因此从这个意义上讲,物理实验课程的实施为学生实践能力提供了进一步发展的可能。

二 物理实验课程与学生实践能力发展的联系

物理实验课程与学生实践能力发展有着密切联系,体现在架构生活世界与科学世界的融通之桥、满足教学育人的多元化需要、助力学科核心素养培育的"落地"与"生根"上。

(一) 架构生活世界与科学世界的融通之桥

学生对物理现象、过程获得必要的感性认识,是形成概念、掌握规律的基础,这种感性认识大部分来源于学生的生活。① 生活世界与科学世界是各有其特殊规定的两个不同的世界,二者之间存在着一道近乎天然的"鸿沟"②。生活世界是建立在日常生活基础上的由经验、常识、朴实感情与自然资源等自在因素构成的人的生存场域,是直观的、自在的和经验的;而科学世界是建立在数理逻辑结构基础上的由概念原理和规则所构成的世界,是符号的、抽象的、逻辑的和系统的。③ 由生活世界到科学世界的困难在于生活观念往往与科学观念相悖,④ 帮助学生跨越科学世界与生活世界之间的天然"鸿沟"便成为教育教学的首要任务。"科学认识的根本条件,首先必须是变革现实获取事实材料,然后才是对事实材料进行科学概括,最后再把带有经验性质的概括上升为理论。"⑤ 物理实验课程为学生建构科学世界提供了丰富的经验事实和条件性资源,架构物理科学世界和生活世界的融通桥梁,是促进学生专业知识和专业技能形成的必要条件。

---

① 陶洪:《物理实验论》,广西教育出版社1996年版,第27页。
② 郑毓信:《科学教育哲学》,四川教育出版社2006年版,第447—455页。
③ 南纪稳:《教学世界:生活世界与科学世界的双向二重化》,《华东师范大学学报》(教育科学版) 2015年第3期。
④ 倪娟、李广洲:《理科课程改革:回归基于日常生活的"科学世界"——基于理科课程标准文本分析》,《课程·教材·教法》2008年第6期。
⑤ 刘大椿:《科学哲学》,中国人民大学出版社2006年版,第168—172页。

（二）满足教学育人的多元之需

物理实验课程能提供全方位育人实践的多元化需要，防止学习情境与生活情境失衡。一是物理实验课程开展形式丰富多样。师生可以通过教学开展，也可以通过基于发散式问题的、任务导向的课后异步开展。二是物理实验课程激发学生深度思维。物理实验课程能为学生带来"沉浸式"体验，兴趣与困惑并存，促进学生深度参与和创造性思维。杜威认为："学习就要学会思维。"[1] 而思维具有智力和能力两大核心成分，是人在问题解决过程中调用、监控各种能力活动的基础。[2] 物理实验课程促使学生对物理现象的本质进行探索与构建，实现新情境下复杂问题的解决和迁移应用。三是在物理实验课程中可以实现多维度信息互通、多向度师生互动和学生深层次的自主建构。物理实验课程中的内容、活动、工具、思维、方法、资源、情感、兴趣、合作、交流、反思等实践能力形成的静态要素与动态要素有机统一在一起。既体现出科学世界的理性与严谨，又能融入国家的、民族的、文化的多向度"立德树人"实践，为学生实践能力的提升提供了丰富的素材和活动内容。

（三）助力学科核心素养培育的"落地生根"

学科核心素养是学科育人价值的集中体现，是学生通过学科学习而逐步形成的正确的价值观念、必备品格和关键能力。[3] 全身心积极参与、体验成功、获得发展的有意义的深度学习是培养学生核心素养的重要途径，[4] 而学生的学习兴趣、困惑和意义则是深度学习发生的前提、关键和条件。[5] 物理实验课程可以激发出学生高水平的学习动机，问题与困惑相伴而生，贯穿于课堂内外。例如物理实验课程利用学生生活中熟悉的材料、物品等不限于时间和空间，开展新颖、趣味的物理实验教学，促进学生对物理概念、规律和原理的深入理解与迁移应用，促进正确的物理观念的形成、科

---

[1] 杜威：《我们怎样思维·经验与教育》，姜文闵译，人民教育出版社1991年版，第120—125页。

[2] Lin Chongde, Li Tsingan, "Multiple Intelligence and the Structure of Thinking," *Theory & Psychology*, 2003, 13: 829–845.

[3] 中华人民共和国教育部：《普通高中物理课程标准（2017年版 2020年修订）》，人民教育出版社2020年版，第4—5页。

[4] 郭华：《深度学习及其意义》，《课程·教材·教法》2016年第11期。

[5] 钱旭升：《论深度学习的发生机制》，《课程·教材·教法》2018年第38卷第9期。

学思维水平的跃升、科学探究过程的强化以及科学态度与责任意识的养成。同时还可作为课外科技创新活动、STEM 教育等课程内容在教学之外适时开展，激发学生持续探究欲望和兴趣，在不断学习和实践中促进物理观念的生成，科学思维的深度活跃，科学探究贯穿于课堂内外，科学态度、科学精神等意志品质得到锤炼，社会责任感得到认同与强化，助力物理学科核心素养的培育真正"落地生根"，促进学生创新意识与实践能力的提升。

三　物理实验课程提升学生实践能力的一般要求

一般而言，普通高中学段的学生认知发展水平是在"具体运算阶段"之后，具有一定的抽象、分析应用的思维能力，因此该阶段的学生对事物的认知逐步从"是什么"的认知状态向"为什么"以及"怎么做"的状态发展过渡，根据个体实践能力构成要素与形成机制，这个阶段正是学生实践能力中的一般能力与情境能力形成与发展的"黄金时期"，实践能力一旦形成，在后期的学习中将得到进一步强化。普通高中学生实践能力发展的途径可以有很多种，物理实验作为众多培养学生实践能力途径中的一种，需要注意以下几方面的原则。

第一，客观性要求。根据美国著名心理学家马斯洛的"需要理论"，人的需要是有不同层次的，从低到高分别为生理需要、安全需要、爱与归属需要、认知需要、审美需要和自我实现需要，① 其中自我实现需要是人的最高追求。因为每个人都有自我实现的需要，不管需要水平高低，都意味着每个人发展需要的客观性。通过开展普通高中物理实验，期望他们在原有的基础上有新的发展，实事求是，并不追求每一位学生的实践能力都有飞跃和提升，客观地促进学生实践能力的发展。因此，高中物理实验课程内容的设计、课程资源的开发等需要以学生的原有水平为基准参照，在其"最近发展区"范围内兼顾个体特长和差异的考量。

第二，主体性要求。学生是学习和发展的主人，教师是学生学习和发展的帮助者。学生的发展是教育的起点，学生主体性（自主性、主动性和创造性）的发展是教育的目标。高中物理实验课程作为高中物理教育的重

---

① Abraham Maslow, *Motivation and Personality*, New York: Harper, 1954, pp. 35–46.

要内容，理应实现知识技能的掌握与学生主体性发展之间的有机结合，致力于学生科学核心素养的提升，促进学生创新精神的培养与实践能力的提升。因此，高中物理实验课程内容的设计，一方面需要考虑物理实验本身所承载的知识建构功能，另一方面要充分考虑学生对该实验内容或活动的兴趣和可操作性，使学生能充分主动地参与到物理实验活动中来，通过深度学习，促进实践能力结构中各要素能力的提升。

第三，差异性要求。加德纳的多元智能理论认为，构成人的智能结构的成分是多元的，而且它们之间存在着某些差异。人的各种智能不太可能都得到均衡发展，而很有可能只是在某个方面或某几个方面表现突出。根据这一理论，学生的成长和发展可能是个性的、因人而异的，如有些学生可能在数理逻辑方面表现得很好，有些学生可能更擅长语言，而有些学生则可能具有特殊的音乐、艺术潜力。因此，对具有不同个性和能力潜质的高中学生而言，高中物理实验课程应该给予他们更多的自主发挥空间，尽可能发挥普通高中学生在实践、创新方面的潜能。

第三章

高中物理实验课程实施中学生实践能力培养现状

高中物理实验课程承载着高中物理教育的重要内容，高中物理实验课程的实施是实现高中教育目的与人才培养的核心环节。高中物理课程实施的现状如何？是否达到教育部《中小学理科实验室装备规范》和物理课程标准相关文件的要求？物理实验课程实施过程中学生实践能力的培养现状如何？基于这些问题，本书的调查目的在于考察普通高中物理实验课程实施的现状，了解在普通高中物理实验课程实施过程中学生实践能力培养现状与存在的问题。主要解决如下问题：第一，抽样调查三类普通高中（省级示范性中学、市级示范性中学、一般中学）的高中物理实验课程实施现状，及其相关的水平差异；第二，根据普通高中学生实践能力结构模型，探寻高中物理实验课程实施过程中学生实践能力培养中存在的问题及其解决对策；第三，探析高中物理实验课程实施过程中学生实践能力发展的影响因素。

本章将考察普通高中物理课程实施的现状与问题，并探寻在此过程中对学生实践能力的相关影响因素，为切实培养学生实践能力以及优化高中物理实验课程提供研究基础。

第一节 调研工具的设计制作

一 问卷题目设计

本书旨在从高中物理实验课程实施过程方面考察学生实践能力培养现

状,以学生调查问卷为主,同时辅以部分教师与学生的访谈。在上文对普通高中学生实践能力结构模型及其支持系统研究的基础上,本章结合普通高中物理实验课程的特点,整合学生实践能力的主要构成因素,如创新实践能力、问题解决能力、应用执行能力、评价反思能力等,以及学生实践能力发展的支持系统因素,如兴趣动机、专业知识基础、实践条件环境和评价激励引导等,设计开发了学生问卷量表,其设计框架如表3-1所示。学生问卷设计、编制了初测问卷量表。经过2名教育学专家、1名心理学专家和2名物理教育专家学者的共同审定,对有歧义的题目、明显不符合要求的题目进行了删改,使之符合中学生的语言习惯,形成初测问卷。

表3-1 高中物理实验课程实施中学生实践能力培养现状问卷设计架构

一级主题	二级主题	三级主题	题目编码	题量
学生实践能力的构成要素	基础性实践能力 专项性实践能力 情境性实践能力	思维记忆能力 肢体活动能力 语言表达能力 专业知识获取能力 专项工具使用能力 问题解决能力 应用执行能力 评价反思能力	Q4、Q11、Q12、Q13、Q16、Q17、Q18、Q19、Q20、Q21、Q22、Q23、Q24、Q25、Q26、Q31、Q32、Q33、Q34	19
学生实践能力发展的条件因素	内部因素 外部因素	兴趣动机态度 知识基础经验 评价激励引导 实践条件环境	Q1、Q2、Q3、Q5、Q6、Q7、Q8、Q9、Q10、Q14、Q15、Q27、Q28、Q29、Q30	15

注:1. 条目编码由字母和数字组成,字母代表问题变量,数字代表问卷中对应的题号。
2. 设计框架的各项题目在形成正式问卷时有删改。

二 问卷结构与计分

本书问卷结构由指导语、背景信息和题目组成。背景信息包括调查对象的性别、年龄、民族、学校类别等;题目由34项组成,按随机顺序排列,其中有两道开放式问题被编排在问卷末尾。问卷题目计分采用"李克特五点计分量表"(Five-point Likert Scale)方式,正向赋值题目选项"完全符合"计5分,"比较符合"计4分,"中立"计3分,"不太符合"计2分,"完全不符合"计1分;问卷中有8个题目为反向赋值题,反向题目"完全符合"计1分,"比较符合"计2分,"中立"计3分,"不太符合"计4分,"完全不符合"计5分。

三 问卷的试测与修订

初测问卷选取某省级示范性中学高一、高二年级的200名学生进行试测,问卷当场发放,填答结束后当场回收。运用SPSS 19.0软件对初测问卷进行分析。对试测问卷的题目进行项目鉴别度分析,对问卷各题总分值进行排序,并用"27%分组法"划分高低分组,对各题目的分值进行高低分组的独立样本t检验,检验结果中不具有显著性($P>0.05$)的题目表明鉴别度低,这部分题目在形成正式问卷时被删除。[①] 本书的初测问卷量表是自编量表式,初测问卷中未通过高低分组独立样本t检验,以及在因素分析法中对总体累计贡献率低的,合计有23个题目,这些题目被删除。对初测问卷中剩余的34个题目(详见表3–1)进行进一步调整,经修订形成正式问卷量表。

第二节 信度与效度的检验

信度(Reliability)和效度(Validity)是量化研究中衡量测试结果的可靠性和真实性的两个重要指标。因此,一个良好的调查或测试应具有较高的信度与效度。对本书中学生问卷调查的质量及其信度、效度的检验,主要通过项目分析、信度分析、结构效度分析几个方面来进行。

一 项目分析

在一般情况下,问卷量表中的题目(或项目)具有较高的鉴别度,是使得该测试具有良好信度的基础,从而影响测试结果的效度。项目

[①] 吴明隆:《问卷统计分析实务——SPSS操作与应用》,重庆大学出版社2010年版,第159—160页。

分析是根据测验结果对组成测试的各个题项进行分析,从而检验各个测试题目设置的好坏与合理性。极端组法作为项目分析的一种常用方法,用以检验量表问卷中各题项的鉴别度。其步骤为根据受试者在测试中的总得分排序,在用"27%分组法"区分出高分组受试者与低分组受试者后,再求高、低两组在每个题项的均值差异上的显著性,其原理与独立样本的t检验相同。因此在项目分析中,高、低分组在各个题项的独立样本t检验结果达到显著性水平($P<0.05$),表示此题项具有鉴别度。本书正式调查测试问卷各题项的高、低分组的独立样本t检验结果见表3-2所示。

表3-2　　　问卷各题项高、低分组的独立样本t检验结果

题号	分组	N	M	SD	t	df
Q1	高分组	337	4.32	0.701	17.062**	659.395
	低分组	350	3.28	0.889		
Q2	高分组	337	4.15	0.840	14.734**	685.000
	低分组	350	3.12	0.981		
Q3	高分组	337	4.29	0.797	11.872**	668.888
	低分组	350	3.49	0.969		
Q4	高分组	337	3.35	1.130	13.064**	662.442
	低分组	350	2.30	0.974		
Q5	高分组	337	3.17	1.137	18.124**	620.008
	低分组	350	1.78	0.846		
Q6	高分组	337	3.35	1.176	18.426**	636.979
	低分组	350	1.86	0.923		
Q7	高分组	337	3.78	0.918	17.987**	684.831
	低分组	350	2.49	0.969		
Q8	高分组	337	4.04	0.751	22.991**	684.781
	低分组	350	2.68	0.794		
Q9	高分组	337	3.83	0.741	21.909**	683.826
	低分组	350	2.54	0.803		
Q10	高分组	337	3.82	0.739	22.439**	685.000
	低分组	350	2.56	0.739		

续表

题号	分组	N	M	SD	t	df
Q11	高分组	337	3.23	1.217	16.695**	628.151
	低分组	350	1.85	0.929		
Q12	高分组	337	3.64	1.048	18.412**	685.000
	低分组	350	2.20	1.007		
Q13	高分组	337	3.99	0.881	14.837**	659.691
	低分组	350	2.85	1.117		
Q14	高分组	337	3.90	1.314	18.589**	685.000
	低分组	350	2.03	1.319		
Q15	高分组	337	3.91	1.127	18.551**	684.575
	低分组	350	2.31	1.141		
Q16	高分组	337	4.08	0.825	10.770**	643.511
	低分组	350	3.28	1.113		
Q17	高分组	337	4.42	0.677	11.421**	603.156
	低分组	350	3.66	1.039		
Q18	高分组	337	3.69	1.081	9.696**	685.000
	低分组	350	2.88	1.096		
Q19	高分组	337	3.33	1.055	8.087**	685.000
	低分组	350	2.70	0.984		
Q20	高分组	337	3.43	1.024	8.436**	685.000
	低分组	350	2.79	0.960		
Q21	高分组	337	3.74	1.049	5.752**	685.000
	低分组	350	3.27	1.080		
Q22	高分组	337	3.23	1.210	6.017**	685.000
	低分组	350	2.68	1.180		
Q23	高分组	337	4.09	0.825	11.391**	638.822
	低分组	350	3.23	1.130		
Q24	高分组	337	3.63	0.870	17.881**	682.152
	低分组	350	2.38	0.964		
Q25	高分组	337	4.15	0.761	17.927**	646.027
	低分组	350	2.92	1.017		

续表

题号	分组	N	M	SD	t	df
Q26	高分组	337	3.68	0.815	18.473**	685.000
	低分组	350	2.49	0.872		
Q27	高分组	337	3.55	1.065	16.984**	685.000
	低分组	350	2.21	1.012		
Q28	高分组	337	3.68	1.096	14.359**	684.908
	低分组	350	2.45	1.151		
Q29	高分组	337	4.12	0.983	18.067**	652.891
	低分组	350	2.55	1.281		
Q30	高分组	337	3.52	1.066	14.954**	685.000
	低分组	350	2.33	1.031		
Q31	高分组	337	3.46	1.002	17.630**	670.782
	低分组	350	2.17	0.899		
Q32	高分组	337	3.84	0.797	19.947**	683.360
	低分组	350	2.57	0.869		
Q33	高分组	337	3.92	0.803	17.427**	666.754
	低分组	350	2.73	0.987		
Q34	高分组	337	3.81	0.767	17.198**	671.402
	低分组	350	2.70	0.920		

注：* 表示 $P<0.05$，** 表示 $P<0.01$。

由表3-2可以看出，本书正式问卷中34个选择题目每个题项在高、低分组的独立样本t检验结果都呈显著性差异，表明本书问卷各题目都具有较好的鉴别度，它是问卷量表具有良好的信度与效度的基础。

二 信度分析

信度（Reliability）代表测试问卷量表的一致性或稳定性，即其可靠性。在社会科学研究中有关类似李克特量表的信度估计，采用最多者为克隆巴赫 α（Cronbach α）系数，克隆巴赫 α 系数又被称为内部一致性 α 系数，同一份问卷量表各题项所测的行为特质愈接近，则其内部一致性 α 系数愈高。内部一致性 α 系数的计算公式为：

$$\alpha = \frac{K}{K-1}\left(1 - \frac{\sum S_i^2}{S^2}\right)$$

上式中，K 为问卷量表的题项数，$\sum S_i^2$ 为问卷量表题项的方差总和，S^2 为问卷量表总分的方差，由此可知，内部一致性 α 系数受问卷量表的题项数以及被试得分方差的影响较大。α 系数取值范围在 0 到 1 之间，其值越高，则表示问卷量表的信度越高。

一般而言，信度系数在 0.70 左右为信度中等，是可接受的信度值；在 0.80 左右为信度良好，具有较高的信度；在 0.90 左右为信度甚佳，具有高信度。[①] 值得说明的是，由于各分问卷量表所包括的题项数较少，因此多数分问卷量表的信度系数值通常会低于总问卷量表的信度系数值。本书的问卷量表信度系数见表 3-3 所示。

表 3-3　　各问卷量表信度系数一览

	总量表	分量表1	分量表2	分量表3
题目数	34	6	24	4
Cronbach α 系数	0.879	0.680	0.828	0.775

表 3-3 显示，本书问卷量表的总体信度 α 系数为 0.879，这说明该问卷量表具有较高的信度，其调查测验结果的可靠程度较高，稳定性较强。此外，从各分量表的信度系数来看，分量表 1 的信度 α 系数为 0.680，在可接受信度范围内；分量表 2、分量表 3 的信度系数都在 0.75 以上，这说明其信度较好，测量结果较为可靠。

三　效度分析

效度（Validity）指测量工具或手段能够准确测出所需测量的事物的程度，代表测试结果的有效性。效度的分类主要有三种：内容效度、效标关联效度、结构效度。结构效度由于有理论的逻辑分析作为基础，同时又根据实际所得的资料来检验理论的正确性，因此被学者们认为是一种相当严谨的效度检验方法。使用者通常会对项目分析完后的题项进行因素分析，

---

① 吴明隆：《SPSS 统计应用实务》，中国铁道出版社 2000 年版，第 47 页。

以求得问卷量表的结构效度。如果用因素分析去检验测试工具的效度,需要有效地抽取共同因子,当此类共同因子与理论架构的特质十分接近时,则可以说此测试工具或问卷量表具有结构效度。[①] 因此,使用者通常会对项目分析完后的题项进行因素分析,以求得问卷量表的结构效度。

为了探索高中物理实验课程实施过程中学生实践能力外显表征的结构,对本书数据进行 KMO 和 Bartlett 球形检验,再采用主因子分析和最大方差旋转法对本书的问卷量表进行探索性因子分析,从而确立独立的潜因子。因素分析的原则为:(1) 参照碎石图确立提取因子的数目;(2) 提取特征值大于 1 的因子;(3) 剔除因子载荷值小于 0.45 的条目;(4) 剔除在两个公因子上载荷值均高于 0.35 的条目,即存在交叉载荷的问题条目;(5) 各因子包含的各个条目可以在内容效度上得以解释。

KMO 是 Kaiser-Meyer-Olkin 取样适切性数量(其值介于 0 和 1 之间),当 KMO 值越大(愈接近 1 时),表示变量间的共同因素越多,适合进行因素分析;当 KMO 值小于 0.5 时则不宜进行因素分析,进行因素分析的普通准则是 KMO 值在 0.6 以上。[②] 本书数据的 KMO 和 Bartlett 球形检验结果如表 3-4 所示。

表 3-4　　　　　　　　　　问卷结构效度检验结果一览

Kaiser-Meyer-Olkin Measure of Sampling Adequacy.		0.886
Bartlett's Test of Sphericity	Approx. Chi-Square	14952.752
	df	561
	Sig.	0.000

表 3-4 显示,本书数据检验的 KMO 值为 0.886,Bartlett 球形检验的 c^2 值为 14952.752(自由度为 561),显著性 $P<0.05$,达到显著性水平,表明数据适合进行因素分析。因此,对该数据进一步采用正交旋转提取法,提取了 8 个因子,能累计解释总变异量的 59.1%(见表 3-5);34 个条目各自的因子载荷情况见表 3-6 所示。

[①] 吴明隆:《问卷统计分析实务——SPSS 操作与应用》,重庆大学出版社 2010 年版,第 184—195 页。

[②] 吴明隆:《问卷统计分析实务——SPSS 操作与应用》,第 217 页。

表 3-5　　　　　　　　提取因子的总方差解释率一览

成分	初始特征值			平方和负荷量萃取			转轴平方和负荷量		
	总和	方差的%	累计%	总和	方差的%	累计%	总和	方差的%	累计%
1	7.529	22.144	22.144	7.529	22.144	22.144	3.264	9.599	9.599
2	3.145	9.250	31.393	3.145	9.250	31.393	2.774	8.160	17.759
3	2.381	7.003	38.396	2.381	7.003	38.396	2.681	7.885	25.644
4	1.846	5.429	43.824	1.846	5.429	43.824	2.586	7.606	33.249
5	1.534	4.513	48.337	1.534	4.513	48.337	2.503	7.362	40.612
6	1.405	4.134	52.471	1.405	4.134	52.471	2.355	6.926	47.537
7	1.198	3.523	55.994	1.198	3.523	55.994	2.180	6.413	53.950
8	1.039	3.057	59.051	1.039	3.057	59.051	1.734	5.100	59.051
9	0.929	2.733	61.784						
10	0.907	2.666	64.450						
11	0.803	2.363	66.813						
12	0.765	2.250	69.063						
13	0.711	2.091	71.154						
14	0.705	2.073	73.227						
15	0.669	1.966	75.193						
16	0.632	1.858	77.051						
17	0.609	1.792	78.843						
18	0.579	1.704	80.548						
19	0.548	1.612	82.159						
20	0.540	1.588	83.747						
21	0.501	1.475	85.222						
22	0.497	1.461	86.683						
23	0.463	1.362	88.046						
24	0.461	1.355	89.401						
25	0.438	1.289	90.690						
26	0.432	1.269	91.959						
27	0.416	1.225	93.184						

第三章 高中物理实验课程实施中学生实践能力培养现状

续表

成分	初始特征值			平方和负荷量萃取			转轴平方和负荷量		
	总和	方差的%	累计%	总和	方差的%	累计%	总和	方差的%	累计%
28	0.387	1.137	94.321						
29	0.371	1.093	95.414						
30	0.352	1.035	96.448						
31	0.329	0.969	97.417						
32	0.307	0.902	98.319						
33	0.301	0.886	99.205						
34	0.270	0.795	100.000						

表3-6　　　　　　　　　探索性因子负荷一览

条目编码	条目内容	因子载荷							
		F1	F2	F3	F4	F5	F6	F7	F8
Q12	我常用生活中的小物品来做一些小制作、小发明	0.767							
Q11	我做过课外的科技创新小实验	0.715							
Q13	生活中的一些现象，我很想通过实验尽快弄明白	0.591							
Q31	为达到同样的实验目的，我自己设计过新的实验方案	0.559							
Q33	我常用解决物理实验问题的方法解决生活中的一些问题	0.522							
Q34	在成功解决某一实验问题后，我会触类旁通地解决类似问题	0.489							
Q32	在遇到新的物理问题时，我会迅速分析并找到解决问题的方法	0.480							

续表

条目编码	条目内容	因子载荷							
		F1	F2	F3	F4	F5	F6	F7	F8
Q4	将来我很想选择与物理密切相关的大学专业就读或职业工作	0.480							
Q6	我对自己所在学校的物理实验课开设情况非常满意		0.770						
Q14	本学期我在实验室至少做过两次实验		0.740						
Q5	我对自己所在学校的物理实验室条件非常满意		0.727						
Q15	在物理课上老师常做演示实验		0.717						
Q9	我很清楚每个实验步骤			0.760					
Q8	我清楚每个实验的目的			0.749					
Q7	做实验前我都要预习所要做的实验内容			0.655					
Q10	我对已学的每个实验的原理都非常清楚			0.650					
Q28	老师对我做实验的表扬和肯定增强了我对自己实验能力的自信				0.797				
Q30	在老师的言语指导下，我完成了原本不会做的实验				0.766				
Q27	老师会根据大家的实验任务完成表现情况现场作出评价				0.756				
Q29	实验完成后，每人都要向老师递交实验报告				0.577				
Q23	实验中我遇到过与预计结果不一致的实验现象					0.656			

续表

条目编码	条目内容	因子载荷							
		F1	F2	F3	F4	F5	F6	F7	F8
Q25	实验中遇到问题我会和其他同学共同寻找解决办法					0.650			
Q24	我经常给其他不会做实验的同学讲解怎么做实验					0.582			
Q26	我能独自处理好实验的数据					0.559			
Q3	物理实验能激发我学习物理的兴趣						0.833		
Q2	物理实验能给我带来强烈的满足感						0.828		
Q1	我特别喜欢物理实验						0.790		
Q20	物理实验中，我常常会思考下一步该怎么做							0.791	
Q19	物理实验中，我的每一个步骤都是有充分理由的							0.746	
Q22	实验过程中我害怕出现故障问题							0.660	
Q21	物理实验中，我能从自己或其他同学的错误中吸取经验教训							0.642	
Q17	我能操作比较复杂的实验仪器								0.757
Q16	我能按照实验计划逐步完成实验任务								0.721
Q18	我喜欢独自一人做实验								0.580

注：因子提取方式——主成分法；旋转方法——最大方差法；输出项绝对值大于0.45的条目。

由表3-6可以看出，共提取了F1、F2、F3、F4、F5、F6、F7、F8八个因子，各因子反映的内容分别如下：

因子 F1 反映的是："Q12：我常用生活中的小物品来做一些小制作、小发明。""Q11：我做过课外的科技创新小实验""Q13：生活中的一些现象，我很想通过实验尽快弄明白""Q31：为达到同样的实验目的，我自己设计过新的实验方案""Q33：我常用解决物理实验问题的方法解决生活中的一些问题""Q34：在成功解决某一实验问题后，我会触类旁通地解决类似问题""Q32：在遇到新的物理问题时，我会迅速分析并找到解决问题的方法""Q4：将来我很想选择与物理密切相关的大学专业就读或职业工作"。因子 F1 反映的是在不同的情境中学生实践能力创新表现情况，因此，本书将因子 F1 命名为"情境性实践能力指向"。

因子 F2 反映的是："Q6：我对自己所在学校的物理实验课开设情况非常满意""Q14：本学期我在实验室至少做过两次实验""Q5：我对自己所在学校的物理实验室条件非常满意""Q15：在物理课上老师常做演示实验"，这些题项反映的是学生所在学校的实验条件、实践环境氛围的内容，本书将因子 F2 命名为"实践条件与环境指向"。

因子 F3 反映的是："Q9：我很清楚每个实验步骤""Q8：我清楚每个实验的目的""Q7：做实验前我都要预习所要做的实验内容""Q10：我对已学的每个实验的原理都非常清楚"，这些选项反映的是在实践活动前对该项任务活动的知识的获得及相关经验的积淀过程。因此，本书将因子 F3 命名为"专业知识与经验指向"。

因子 F4 反映的是："Q28：老师对我做实验的表扬和肯定增强了我对自己实验能力的自信""Q30：在老师的言语指导下，我完成了原本不会做的实验""Q27：老师会根据大家的实验任务完成表现情况现场作出评价""Q29：实验完成后，每人都要向老师递交实验报告"。本书将因子 F4 命名为"评价激励引导指向"。

因子 F5 反映的是："Q23：实验中我遇到过与预计结果不一致的实验现象""Q25：实验中遇到问题我会和其他同学共同寻找解决办法""Q24：我经常给其他不会做实验的同学讲解怎么做实验""Q26：我能独自处理好实验的数据"。本书将 F5 因子命名为"问题解决能力指向"。

因子 F6 反映的是："Q3：物理实验能激发我学习物理的兴趣""Q2：物理实验能给我带来强烈的满足感""Q1：我特别喜欢物理实验"。本书将因子 F6 命名为"实践兴趣动机指向"。

因子 F7 反映的是："Q20：物理实验中，我常常会思考下一步该怎么做""Q19：物理实验中，我的每一个步骤都是有充分理由的""Q22：实验过程中我害怕出现故障问题""Q21：物理实验中，我能从自己或其他同学的错误中吸取经验教训"。本书将因子 F7 命名为"评价反思能力指向"。

因子 F8 反映的是："Q17：我能操作比较复杂的实验仪器""Q16：我能按照实验计划逐步完成实验任务""Q18：我喜欢独自一人做实验"。本书将因子 F8 命名为"应用执行能力指向"。

通过以上探索性因子分析发现，本书的问卷量表所测结果具有初步的结构模型，而模型中各因子涵盖了普通高中学生实践能力的主要构成要素及其支持系统因素，表明基于普通高中学生实践能力视角考察高中物理实验课程实施现状的问卷设计具有一定的合理性和有效性。为了进一步验证上述测量结构模型，进行验证性因素分析，验证性因素分析采用结构方程模型（Structural Equation Modeling，SEM）分析法，它是社会科学中使用得最多的方法，融合了验证性因素分析的多种统计技术，对各种因果模型进行辨识、估计与验证。本书运用结构方程模型分析软件 Amos 21.0，经过模型构建、模型运算、模型修正等步骤，得到本书测试的结构方程模型及其路径系数（见图 3-1）；潜变量和可测变量间的标准化路径系数大部分都在 0.6 以上（最低为 0.4，最高为 0.85），表明潜变量和可测变量有良好的相关性，可测变量能在很大程度上解释潜变量。

在通常情况下，一个测验的模型结构是否合理可通过相关的参数标准来进行判别。[①] 根据本书的模型结构适配性参数（见表 3-7），可以发现，本书测试的结构模型在各个判别指标上均具有较高的适配度，表明该结构模型适配度良好，比较合理。

基于以上对本书问卷量表的项目分析、信度分析和结构效度分析结果，笔者认为该问卷量表各题项设置与表述较为恰当、合理，且结构较为严谨，理论维度构建较为合理。同时，信度系数良好，较为稳定可靠。因此，该问卷量表可以从学生角度反映高中物理实验课程实施的现状，以及高中物理实验课程实施过程中学生实践能力表现情况，其考察反馈结果较

---

① 吴明隆：《结构方程模型——Amos 的操作与应用》，重庆大学出版社 2009 年版，第 240 页。

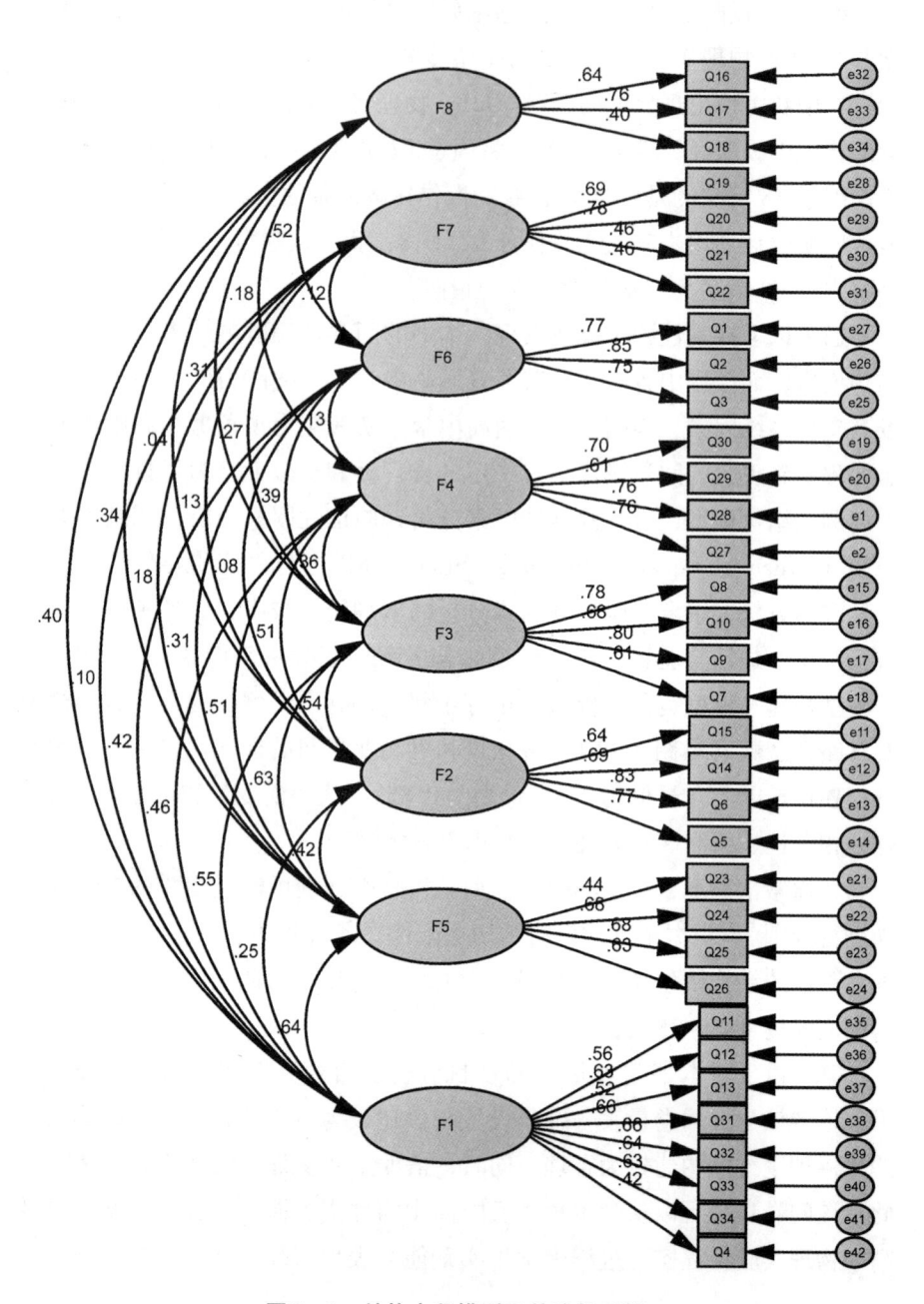

图 3-1 结构方程模型及其路径系数

稳定可信。

表3-7　　　　　实测结构模型主要拟合指标的适配度

指数名称	统计检验量	适配的标准或临界值	实测模型	是否适配
绝对适配度指数	RMR值	<0.05	0.036	是
	RMSEA值	<0.08（若<0.05，优良；<0.08，良好）	0.025	是
	GFI值	>0.90	0.964	是
	AGFI值	>0.90	0.952	是
增值适配度指数	NFI值	>0.90	0.947	是
	RFI值	>0.90	0.933	是
	IFI值	>0.90	0.976	是
	TLI值	>0.90	0.969	是
	CFI值	>0.90	0.976	是
简约适配度指数	PGFI值	>0.50	0.718	是
	PNFI值	>0.50	0.748	是
	PCFI值	>0.50	0.770	是
	CN值	>200	771	是
	c^2自由度比	<2.00	1.802	是
	AIC	理论模型值小于独立模型值，且同时小于饱和模型值	1102.365 < 15167.960；1102.365 < 1190	是
	CAIC	理论模型值小于独立模型值，且同时小于饱和模型值	2034.140 < 15736.384；1102.365 < 4837.409	是

第三节　问卷调查的实施

本书的调查实施主要包括教师访谈和学生问卷调查两部分。教师访谈对象抽取了西北地区省级示范性中学、市级示范性中学和一般中学的高中物理教师，职称涵盖高级教师、中级教师和初级教师。教师访谈主要采用半结构化访谈方式,通过参考拟定的访谈提纲与访谈教师进行面对面交流。同时对部分偏远地区的高中物理教师通过电话采访的形式进行访谈。通过教师访谈了解其所在学校高中物理实验课程实施的条件、概况与困难问题等;对某些现象背后的问题进行深度探寻,必要时在征得对方同意后进行访谈录音;对实验室布置情况进行拍照或录像,方便后期整理。对不同的访谈内容进行整理、分类与归纳,结合量化研究的相关结果进行综合分析和讨论。

学生调查的问卷是经过初测研究后得到的"高中物理实验课程实施现状"正式问卷,问卷由指导语、基本资料和36个题目(34个选择题目,2个开放式问题)组成。问卷调查采取随机分层抽样的方法,抽取了西北地区省级示范性中学、市级示范性中学、一般中学的1400名高中学生进行调查。在现场问卷调查开始前,先向调查对象——学生阐明本次问卷测试的目的与意图,并告知其相关数据只做研究统计之用,不会影响其个人的学习和生活,所有问卷均要求现场填答、现场回收,使问卷调查所收集的数据尽可能客观真实。调查中共发放1400份问卷,剔除选项矛盾、多选、漏选、完全一致等无效的答卷后,共回收1249份有效问卷,问卷的有效率为89.2%。

将问卷数据录入Epidata 3.1数据录入软件,以尽可能降低问卷数据录入过程中的人为误差。对录入后的问卷数据,运用SPSS 19.0和AMOS 21.0统计软件进行统计分析。数据统计分析主要使用项目分析、信度分析、因素分析、相关分析、线性回归和结构方程模型等主要的统计研究方法,本书中数据统计方法的应用主要有三个方面:第一是应用SPSS 19.0软件进行调查数据的描述性统计,包括均值、标准差、频数、百分比等;第二是应用SPSS 19.0软件进行推断性统计,包括t检验、相关性分析、探索性因子分析等;第三是应用AMOS 21.0软件进行验证性因素分析,对数据中的结构模型进行验证性分析。

一 访谈教师的分布

本书中的访谈对象抽取了西北地区19所普通高中的物理教师,他们来自省级示范性中学、市级示范性中学和一般中学,每个学校访谈1—2名高中物理教师,以了解该校的物理实验条件环境、高中物理实验课程实施情况，并对相关现象产生的原因进行深入探讨。访谈教师的学校类别及比例情况如表3-8所示。

表3-8 访谈教师的学校类别及比例

学校类别	学校编码	数量（所）	百分比（%）
省级示范性中学	XBSDFZ	6	31.6
	TSYZ		
	GTYZ		
	JTZX		
	LXZX		
	GGYZ		
市级示范性中学	LZSZ	8	42.1
	LZJZ		
	QSYZ		
	YMWGYGZ		
	ZJCYZ		
	LZDJZ		
	YZELZX		
	GGEZ		
一般中学	LZWSQZ	5	26.3
	LZESJZ		
	QSLZ		
	ZJCSZ		
	GGLZ		

由表3-8可以看出，本次访谈对象的学校，选取了6所省级示范性高中，占总数的31.6%；8所市级示范性高中，占总数的42.1%；5所一般高中，占总数的26.3%。

二 问卷调查对象的情况

本书共调查省级示范性中学、市级示范性中学和一般中学的高中学生1249名，受调查学生的基本情况如表3-9所示。

表3-9　　　　　　　参与调查高中学生的基本情况

基本信息	项目	人数（人）	百分比（%）
性别	男	707	56.6
	女	542	43.4
年龄	14岁	42	3.4
	15岁	217	17.4
	16岁	479	38.4
	17岁	364	29.1
	18岁	121	9.7
	19岁	23	1.8
	20岁	3	0.2
民族	汉族	1208	96.7
	回族	14	1.1
	藏族	14	1.1
	满族	3	0.2
	傣族	1	0.1
	东乡族	5	0.4
	撒拉族	1	0.1
	土家族	3	0.2
年级	高一年级	563	45.1
	高二年级	686	54.9
学校类别	省级示范性高中	459	36.7
	市级示范性高中	425	34.0
	一般高中	365	29.2

表3-9可以看出，在接受本次调查的学生中有男生707人，占56.6%，有女生542人，占43.4%；其年龄范围是14岁至20岁，以16岁、17岁的学生居多，分别占38.4%和29.1%；接受调查的学生以汉族学生为主，占96.7%；接受调查的学生主要是高一和高二年级的学生，分别占45.1%和54.9%。接受调查的省级示范性高中学生共459人，所占比例为36.7%；市级示范性高中的学生共425人，所占比例为34.0%；一般中学的学生共365人，占比例为29.2%。

第四节 调查结果分析与讨论

一 普通高中学生物理实验兴趣现状

（一）学生对高中物理实验的兴趣水平

兴趣与动机是学生实践能力发展的内部动力源泉，爱因斯坦也指出："兴趣是最好的老师"。兴趣促使学生不断探索实践，不断实现其思维意识的具体化。在普通高中物理实验课程实施过程中，学生对物理实验的兴趣水平，从一定程度上反映了学生对物理实验课程的喜好程度。通过调查发现，学生对高中物理实验的整体兴趣水平较高（见表3－10）。

表3－10　　　　高中学生物理实验兴趣水平的描述性统计

		非常不符合	不太符合	中立	比较符合	非常符合	N	M	SD
我特别喜欢物理实验	频数	20	61	383	504	281	1249	3.77	0.906
	百分比（%）	1.60	4.88	30.66	40.35	22.50			

据表3－10，在对"我特别喜欢物理实验"问题的回答中，选择"非常符合"的占22.50%；选择"比较符合"的占40.35%，且学生在该题上的得分均值 $M = 3.77$，$SD = 0.906$，表明学生对高中物理实验的兴趣整体水平较高。

（二）高中学生物理实验兴趣水平的性别差异

通过调查发现，高中学生的物理实验兴趣水平存在显著的性别差异，且男生的物理实验兴趣水平高于女生（见表3－11）。

表3－11　　　　高中学生物理实验兴趣水平的性别差异t检验

	SEX	N	M	SD	t	df
学生对物理实验的兴趣水平	男	707	3.90	0.899	5.674*	1170.847
	女	542	3.61	0.888		

注：* 表示 $P < 0.01$。

表 3-11 显示，普通高中男生的物理实验兴趣水平（M = 3.90）显著高于高中女生的物理实验兴趣水平（M = 3.61），P < 0.01，表明高中男生对物理实验的喜好程度要显著高于女生。

（三）高中学生对物理实验感兴趣的原因

兴趣是学生主动学习的基础，也是实践能力形成与发展的重要前提条件。为进一步探寻学生对高中物理实验感兴趣的原因，本书通过对学生进行"物理实验能带给你最大快乐和满足的主要有哪些"的调查，结合对部分学生的访谈，发现高中学生物理实验的动机内容（见表 3-12）。

表 3-12　高中学生对物理实验感兴趣的主要原因一览

编码	内容	频次	百分比（%）
MZ5801	体验与成就感	506	40.51
MZ5802	满足好奇心	393	31.47
MZ5806	经历合作与探究	327	26.18
MZ5803	帮助理解物理知识	260	20.82
MZ5804	验证物理原理与规律	236	18.90
MZ5805	培养动手能力	230	18.41

从表 3-12 可以看出，学生喜欢物理实验的原因在于物理实验能带给他们"体验与成就感""满足好奇心""经历合作与探究""帮助理解物理知识""验证物理原理与规律""培养动手能力"，说明学生对物理实验已形成了良好动机。已有研究也有过类似的结论，有学者曾就"高中学生物理实验的动机"进行问卷调查，得到的答案主要有：①老师不讲课可以轻松轻松；②做实验好玩、有意思；③做实验能够学到新东西；④做实验能培养能力；⑤能够养成良好的作风与习惯。[1] 这些内容在本书的学生访谈中也得到了部分印证，如"我感觉（在实验中）整个人都是很轻松很自由的""我能把物理实验结果做出来，很有成就感，我觉得我的动手能力得到提升""物理实验瞬间激发我们的好奇心，渴望一步一步深入探究""课本中难以理解的物理知识在经过物理实验后变得更容易理解了"……

然而，不得不提的是，在笔者考察的高中物理实验课堂上，普遍存在

---

[1] 乔际平、邢红军：《物理教育心理学》，广西教育出版社 2002 年版，第 143 页。

着这样的现象：课堂气氛严肃、沉闷，学生亦步亦趋地模仿和复制老师讲的实验步骤，毫无趣味可言。剥离了学生主体性的物理实验，很容易让学生失去兴趣。走出这样的困境，需要让学生在理解物理实验的基础上真正体验物理实验中的乐趣，这对学生产生持续的兴趣具有重要的作用。

（四）高中学生感兴趣的物理实验内容

当今时代信息技术的发展日新月异，随着多媒体信息技术的普及推广，普通高中学生对物理科学世界的认知方式逐渐多元化，他们对物理科学技术的了解越来越广泛，感兴趣的物理实验内容也日益增多，当前教科书中所涉及的物理实验明显有"供不应求"的趋势。本书通过高中学生对"除了现行教材中的物理实验外，感兴趣的物理实验（活动）还有哪些"的开放式问题的调查，对学生回答内容进行词频筛选和关键词统计，按关键词出现频数由高到低排列，得出当前高中学生主要感兴趣的课外物理实验内容如表3-13所示。

表3-13　　高中学生感兴趣的课外物理实验内容一览

序号	条目编码	条目名称	实验内容	频数	百分比（%）
1	NR5907	重力与引力	体验失重、自由落体运动、引力常数G的验证、星体吸引等	210	16.81
2	NR5916	电磁现象	电场作用、磁场与磁化、电与磁相互转化、电磁感应、楞次定律、自感与互感、超导现象、磁悬浮现象、电磁炮、电磁继电器、电磁波通信等	113	9.05
3	NR5905	实际电路应用	家用电路的改装、电路设计、探究电路故障等	106	8.49
4	NR5909	微观粒子实验	高能粒子加速、原子核物理、核反应、粒子对撞、量子效应等实验	105	8.41
5	NR5901	光学实验	光谱分析、光的色散、荧光效应、光的干涉、光的折射与反射、光纤通信等实验	66	5.28
6	NR5919	压强实验	验证固体液体气体的压强规律、建筑承重、流速与压强关系、马德堡半球实验、浮力的产生等	66	5.28

续表

序号	条目编码	条目名称	实验内容	频数	百分比（%）
7	NR5904	发电机、发动机与电动机相关原理	机械能与电能相互转化、电动机、发电机、发动机等相关实验	60	4.80
8	NR5912	作用与反冲	作用力与反作用力、力与力矩的平衡、反冲运动、碰撞、惯性、离心力等实验	51	4.08
9	NR5917	空气动力学相关	空气动力学实验、飞机飞行、火箭发射、热气球、风洞、航空器飞行等	49	3.92
10	NR5906	设计物理实验器具模型	物理实验器材模型的改进、玩具模型、简单机械模型等	48	3.84
11	NR5914	传感器	传感器、门电路、逻辑电路、DIS数字实验、数字控制电路、机器人制作等	29	2.32
12	NR5911	静电现象	静电现象、尖端放电、摩擦起电、静电防护、韦氏起电机、莱顿瓶、充电宝等	28	2.24
13	NR5903	变压器原理	特斯拉线圈、低压转高压输电、人造高压放电等	15	1.20
14	NR5918	物化实验	固液气三态相互转化、热传导、高温等离子体等相关实验	12	0.96
15	NR5920	相对论效应实验	相对论原理、时钟变慢、尺缩效应、双生子现象、时空扭曲等	11	0.88
16	NR5908	光电效应	光能转化为电能的实验、太阳能发电原理、硅光电池等	7	0.56
17	NR5902	共振实验	发声体的振动、弦振动、简谐振动、机械波、单摆、核磁共振等实验	6	0.48
18	NR5913	分子的热运动	分子和原子的大小、布朗运动、密立根油滴实验等	2	0.16
19	NR5910	液晶现象实验	液晶模型、液晶现象、液晶显示等	1	0.08
20	NR5915	3D打印	3D影音制作、3D图形设计、3D打印等相关实验	1	0.08

通过表3-13发现，在高中学生"感兴趣的课外物理实验（活动）内容"中，出现频次最高的是"重力与引力"的相关内容，涉及"体验失重、自由落体运动、引力常数G的验证、星体吸引等"；其次是"电磁现象"的相关内容，涉及"电场作用、磁场与磁化、电与磁相互转化、电磁感应、楞次定律、自感与互感、超导现象、磁悬浮现象、电磁炮、电磁继电器、电磁波通信等"；最后是"实际电路应用"的相关内容，涉及"家用电路的改装、电路设计、探究电路故障等"。此外，还有关于微观粒子实验、光学实验、压强实验、发电机、发动机与电动机原理相关、作用与反冲、空气动力学相关、设计物理实验器具模型、传感器、静电现象、变压器原理、物化实验、相对论效应实验、光电效应、共振实验、分子的热运动、液晶现象实验、3D打印等。

上述学生感兴趣的课外物理实验内容，与学生的生活世界密切相关，其中有很大部分是当今高中物理实验课程中没有正式编列的。尽管有些内容属于"异想天开"（如高能粒子对撞实验等），由于安全性和条件的限制在高中阶段或许不太可能实现，但反映了学生对当今科学技术发展前沿领域的高度关注，甚至是学生将来可能选择的学习或从事的职业领域。因此，本书认为，在学校各方面条件允许的情况下，上述部分学生感兴趣的物理实验可作为课外实验探究的活动内容，以更好地满足学生的兴趣，提升学生的核心素养，对培养学生的创新精神和实践能力将大有裨益。

二 普通高中物理实验课程实施的条件水平

物理实验室、实验仪器等条件性课程资源是开展物理实验教学的物质保障，是高中物理实验课程实施的基础。这些物理实验条件在很大程度上制约着物理实验教学的顺利开展，在培养学生实践能力方面具有其他资源不可比拟的重要作用。同时，完善的实验室和仪器配置可以为高中物理课程的顺利实施提供条件保障。

学生作为普通高中物理实验课程实施的主体，也是物理实验课程服务的对象，他们在物理实验过程中的体验，以及对物理实验设备、环境等条件性资源的满意度在一定程度上能反映学校物理实验课程实施条件的现状水平。本书通过"学生对学校实验条件的满意度"的调查，得到学生对学校实验条件的满意度情况（见表3-14）。另外，本书在此基础上还进行了现场考察和教师访谈，深入了解相关情况，较全面地反映了普通高中学校物理实验设备与实验条件配置的现状及其存在的问题。

表3-14　　　　　学生对高中物理实验条件的满意度水平

		非常不符合	不太符合	中立	比较符合	非常符合	N	M	SD
我对学校的物理实验室条件非常满意	频数	301	314	402	182	50	1249	2.49	1.125
	百分比（%）	24.10	25.14	32.19	14.57	4.00			

通过表3-14可以看到，在本次调查中，普通高中学生对其所在学校的物理实验条件的满意度总体偏低。其均值 $M=2.49$，$SD=1.125$，低于理论平均水平（$M=3.00$），表明学生对他们所在学校的高中物理实验条件不太满意，反映了普通高中物理实验配置有待提高。

为了探寻省级示范性中学、市级示范性中学和一般中学不同类别学校的物理实验条件的差异情况，本书通过学生对各自所在学校高中物理实验条件满意度的单因素方差分析（One-way ANOVA）和事后多重检验（Post-Hoc）得到如表3-15所示的结果。

表3-15　　不同类别学校的学生对高中物理实验条件满意度差异检验

		One-way ANOVA				Post-Hoc	
		SS	df	MS	F	事后多重检验结果	显著性
学生对高中物理实验条件满意度	组间	198.477	2	99.239	89.62***	组1>组3***	0.000
	组内	1379.701	1246	1.107		组2>组3***	0.000
	总数	1578.178	1248			组2>组1	0.306

注：组1代表省级示范性中学；组2代表市级示范性中学；组3代表一般中学。
* 表示 $P<0.05$，** 表示 $P<0.01$，*** 表示 $P<0.001$。

通过表3-15中事后分析的多重比较结果表明，不同类别学校的学生对各自学校的高中物理实验条件满意度因学校类别不同而存在显著差异，省级示范性中学、市级示范性中学的高中学生对其所在学校物理实验条件的满意程度水平显著高于一般中学高中学生的满意度水平（P<0.01），表明省级示范性中学、市级示范性中学的高中物理实验条件水平显著优于一般中学，但省级示范性中学与市级示范性中学的高中物理实验条件水平差异不显著。

三　高中物理实验课程实施程度与现状

"课程实施程度"是一个多向度的建构，与其他建构（如智力、自尊等）一样，课程实施程度是不可被直接量度的，研究者只能事先界定一些测量指标，例如行为指标、心理指标及物质环境指标等，以便推断课程实施的程度。[①] 本书是从学生实践能力培养的视角考察高中物理实验课程的实施现状，通过对学生的问卷调查、教师访谈，以及对高中物理实验的开展频度、学生主动参与度、问题解决、评价方式等的了解，推断样本学校高中物理实验课程的实施程度。

（一）高中物理实验的开展频度

依据学生参与实验的方式不同，将物理实验分为演示实验、学生分组实验两大类。演示实验是以教师对物理实验的操作示范为主，主要为学生建立感性认识，通过实验示范作用，引导学生观察与思考达到学习物理知识的目的；学生分组实验是学生在教师的指导下利用整节课的时间，将2—3人划分为一个小组进行实验的形式，它是学生亲自动手使用仪器、观察测量、取得资料数据，并亲自分析总结的过程。学生分组实验是学生学习物理知识、培养实验技能和良好核心素养的重要环节，演示实验不能代替学生分组实验，但二者在物理教学中都不可少。本次调查的样本高中学校物理实验的演示实验和学生分组实验开展频度情况如表3-16所示。

通过表3-16可以发现，学生分组实验开展的频度均值 $M=2.99$，略低于平均水平值3.0；演示实验开展的频度均值 $M=3.12$，略高于理论平均值3.0（良好水平应该在3.5和4.0之间，较好水平应在4.0以上）。表明样本学校高中物理实验中的学生分组实验的开展频度不高，演示实验开展得也不理想。以人民教育出版社2004年版的"新课标"高中物理教材为例，按一学期修完一个模块的高中物理课程来估算，高一、高二年级每

---

① 张善培：《课程实施程度的测量》，《当代华人教育学报》1998年第26卷第1期。

学期开展的学生分组物理实验次数至少在 4 次以上。而调查的学生主要分布在高一、高二年级，一学期内分组物理实验开展不足 2 次，显然与课程标准的相关要求还有较大的差距，尤其是它对学生"物理实验能力"培养的要求。

表 3-16　　　　　　　　　　高中物理实验的开展情况

		非常不符合	不太符合	中立	比较符合	非常符合	N	M	SD
本学期我在实验室至少做过2次实验	频数	321	228	152	238	310	1249	2.99	1.548
	百分比（%）	25.70	18.25	12.17	19.06	24.82			
在物理课上老师经常做演示实验	频数	182	218	316	335	198	1249	3.12	1.283
	百分比（%）	14.57	17.45	25.30	26.82	15.85			

（二）高中物理实验课程实施中学生主动参与情况

"主动参与"旨在充分发挥学生在学习过程中的主体性，主动参与式学习的表现特征是领悟、理解、熟练、掌握、兴趣高、独立完成任务、流畅执行步骤等。科学探究、研究性学习等均以学生主动参与为前提。相对于学生被动消极参与的学习，学生通过主动参与的学习，对学习内容的理解会更为深刻，对知识的理解、掌握就更为牢固。同时，主动参与是学生完成实践任务活动的前提条件，对学生实践能力中的专业知识获取能力、专业工具使用能力、问题解决能力、应用执行能力、评价反思能力等有着重要的促进作用。本书分析了学生在高中物理实验中"主动参与度"的等级分布情况（见图 3-2）。

在图 3-2 中，等级数从 1 至 5，数值越大，代表"学生主动参与度"越高，从整体来看，在高中物理实验中学生在各个主动参与度等级上的人数大致呈正态分布，总体均值 M＝3.4271，SD＝0.54989，表明在高中物理实验过程中学生主动参与度的总体水平介于"一般"和"较好"之间，说明学生在物理实验课程实施中，都能以较大精力投入并主动参与到物理实验过程中，但是主动参与的程度还不太高，在各种支持条件下，学生在物理实验中的参与度还可以有更大的提升空间。

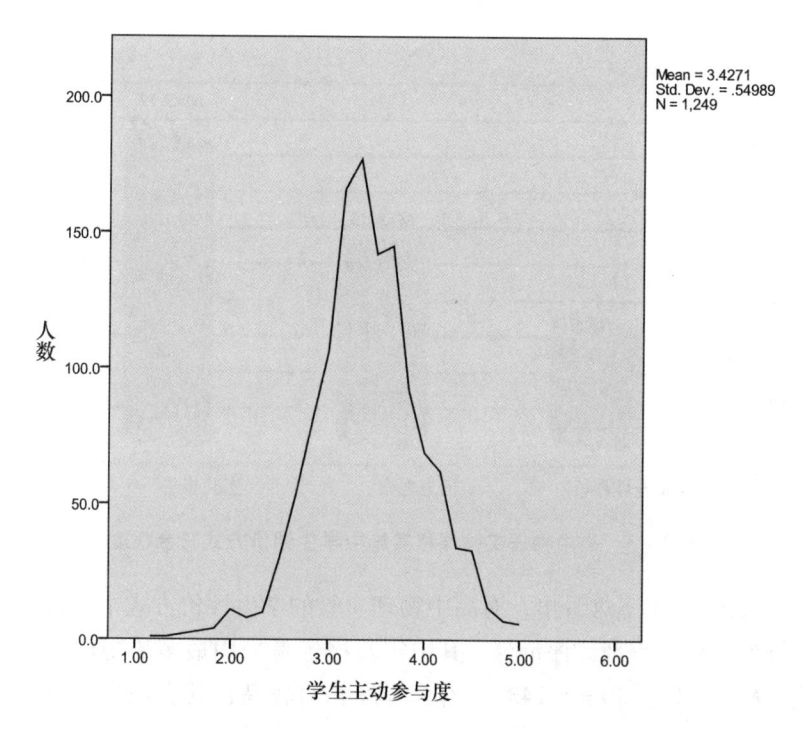

图 3-2　高中物理实验中学生主动参与度的等级分布

（三）高中物理实验课程评价方式

《普通高中物理课程标准（2017年版　2020年修订）》指出物理学习评价应围绕物理学科核心素养的具体要求，创设真实而有价值的问题情境，采用主体多元、方法多样的评价方式，客观、全面了解学生物理学科核心素养发展状况，找出存在问题，明确发展方向，及时有效地反馈评价结果，促进学生全面而有个性的发展。评价方式要发挥学校、教师、学生不同角色评价的作用，从不同视角进行评价。将单项评价与整体评价、定量评价与定性评价、终结性评价与形成性评价有机结合起来，包括课堂问答、书面评语、自我评价和同伴评价、阶段性测试等方式。[①] 本书通过调查发现，在现实情况中，普通高中物理实验课程实施中的学生评价主要以实验报告、行为观察和部分表现评价的方式展开，其符合程度的均值水平

---

① 中华人民共和国教育部：《普通高中物理课程标准（2017年版　2020年修订）》，人民教育出版社2020年版，第56—60页。

如图 3-3 所示。

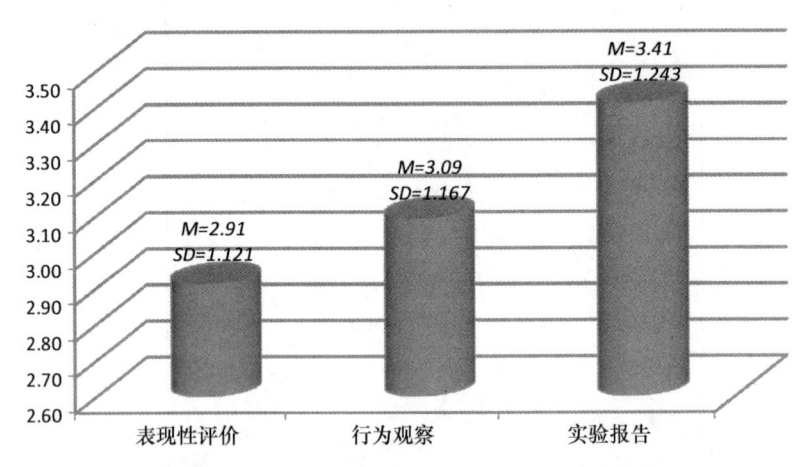

图 3-3　高中物理实验课程实施中学生评价方式符合程度

通过图 3-3 不难看出，对高中物理实验的学生评价方式主要有实验报告、行为观察、表现性评价等，其中实验报告是采用最多的物理实验评价方式（M=3.41，SD=1.243），符合程度相对较高；其次是教师在高中物理实验课堂上对学生的行为观察（M=3.09，SD=1.167），符合程度略高于一般水平（M=3.0），表明教师运用这种评价方式并不多，行为观察本身可以通过学生实验操作、数据记录等行为动作进行，教师对学生存在的问题能给予及时的纠正和引导；而高中物理实验中表现性评价符合程度（M=2.91，SD=1.121），低于一般水平，表明高中物理实验评价中表现性评价运用得较少。表现性评价旨在让学生在真实或模拟的生活情境中运用先前所获得的知识来解决某个问题或创造某种东西，以考查学生知识与技能掌握的程度，以及实践、问题解决、交流合作和批判性思考等多种复杂能力的发展状况。[①] 显然，表现性评价在高中物理实验中的运用明显不足，不能较全面地对学生实践能力进行评价和反馈。

四　高中物理实验课程实施中学生实践能力表现水平

（一）高中物理实验中学生实践能力表现的整体水平

本书通过对普通高中物理实验课程实施过程中学生实践能力培养现状

---

① 教育部基础教育司：《新课程与学生评价改革》，高等教育出版社 2004 年版，第 70 页。

的考察，了解物理实验课程实施过程中学生实践能力表现的整体水平。

从学生实践能力的主要构成要素来看，学生的情境性实践能力水平均值（M = 2.9883，SD = 0.69314）略低于一般水平，表明学生在新情境问题解决、创新应用方面较为欠缺；专项性实践能力水平均值（M = 3.2260，SD = 0.55614）和基础性实践能力水平均值（M = 3.2139，SD = 0.57157）均略高于一般水平（M = 3.0），$P < 0.01$（见表 3 – 17）。从整体上看，普通高中物理实验课程实施中学生实践能力的整体水平均值（M = 3.1936，SD = 0.47833）仅高于一般水平（理论均值 M = 3.0，下同），离良好层次还有相当大的差距，尚有巨大的提升空间。

表 3 – 17　物理实验中学生实践能力表现水平与一般水平的差异

	N	M	SD	Test Value = 3.0		
				t	df	Sig. (2 – tailed)
基础性实践能力	1249	3.2139	0.57157	13.228**	1248	0.000
专项性实践能力	1249	3.2260	0.55614	14.360**	1248	0.000
情境性实践能力	1249	2.9883	0.69314	-0.597	1248	0.551
实践能力整体水平	1249	3.1936	0.47833	14.303**	1248	0.000

注：* $P < 0.05$，** $P < 0.01$。

（二）高中物理实验课程实施中学生实践能力表现水平的性别差异

在普通高中阶段，男、女学生由于身心发展方面具有各自的特点，在某些能力上表现出一定的性别差异。本书调查发现，在普通高中物理实验课程实施过程中，学生实践能力的表现水平呈现出显著的性别差异，且男生的实践能力水平显著高于女生，$P < 0.01$（见表 3 – 18）。

表 3 – 18　高中物理实验课程实施中学生实践能力表现水平的性别差异

	性别	N	M	SD	t	df	Sig.
实践能力整体水平	男	707	3.2954	0.47805	8.936**	1200.854	0.000
	女	542	3.0608	0.44537			

注：* $P < 0.05$，** $P < 0.01$。

（三）高中物理实验课程实施中学生实践能力表现水平的学校类别差异

本书通过单因素方差分析（One-way ANOVA）和事后检验多重比较（Post-Hoc Test）发现，高中物理实验课程实施中学生实践能力表现水平存在一定的学校类别差异。在普通高中物理实验课程实施过程中，省级示范性中学、市级示范性中学和一般中学的学生，其实践能力表现水平存在着差异性（见表3–19）。

表3–19 高中物理实验课程实施中学生实践能力的学校类别差异

		One-way ANOVA				Post-Hoc	
		SS	df	MS	F	事后多重检验结果	Sig.
学生实践能力整体水平	组间	2.447	2	1.238	5.451*	组1＞组2	0.334
	组内	283.065	1246	0.227		组1＞组3**	0.001
	总数	285.542	1248			组2＞组3*	0.023

注：组1指省级示范性中学；组2指市级示范性中学；组3指一般中学。
*代表P＜0.05，**代表P＜0.01。

从表3–19可以看出，普通高中物理实验课程实施中学生实践能力表现水平，在省级示范性中学、市级示范性中学和一般中学之间存在显著性差异，且省级示范性中学和市级示范性中学学生的实践能力水平要显著高于一般中学学生（P＜0.05），而省级示范性中学学生的实践能力整体水平略高于市级示范性中学学生的实践能力整体水平，但不显著（P＞0.05）（见图3–4）。

五 普通高中学生实践能力的影响因素分析

为了探寻基础性实践能力因素、专项性实践能力因素、情境性实践能力因素（含问题解决能力、应用执行能力、评价反思能力）对实践能力整体水平的影响程度，以及学生实践能力的支持系统各因素对学生实践能力整体水平的影响程度，本书将通过相关性分析和多元线性回归模型方法来进行探索。

第三章　高中物理实验课程实施中学生实践能力培养现状

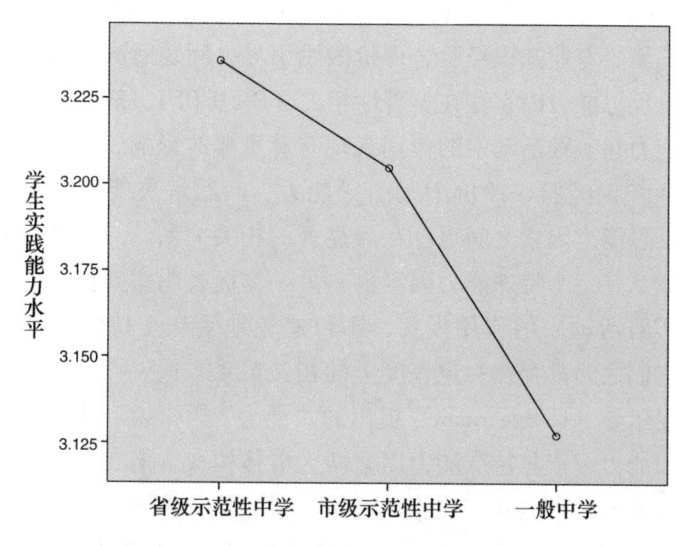

图 3-4　不同类型学校学生实践能力的表现水平

（一）相关性分析

普通高中物理实验课程实施过程中学生实践能力的形成与发展受多方面因素的影响。以普通高中学生实践能力构成的各能力要素及其支持系统的主要因素为分析对象，探讨构成普通高中学生实践能力各因素间的相关关系（见表 3-20）。

表 3-20　　普通高中学生实践能力各影响因素的相关性

	实践条件环境	专业知识经验	评价激励引导	问题解决能力	实践兴趣动机	评价反思能力
专业知识经验	0.468**					
评价激励引导	0.454**	0.318**				
问题解决能力	0.362**	0.482**	0.401**			
实践兴趣动机	0.058*	0.327**	0.114**	0.225**		
评价反思能力	0.095**	0.171**	-0.023	0.108**	0.132**	
应用执行能力	0.031	0.230**	0.135**	0.246**	0.380**	0.059*
N	1249	1249	1249	1249	1249	1249

注：* 表示 $P<0.05$，** 表示 $P<0.01$。

由表 3-20 可以看出，普通高中学生实践能力中的情境性实践能力与实践条件环境、专业知识经验、评价激励引导、问题解决能力、实践兴趣动机、评价反思能力因素存在显著性相关（$P < 0.05$），表明这些因素对情境性实践能力在实践活动中的作用表现有着重要的影响。此外，实践条件环境、专业知识经验、评价激励引导能力、问题解决能力、实践兴趣动机、评价反思能力因素之间也存在着显著的相关关系。一方面表明实践能力构成的体系是一个特殊能力因素群，另一方面表明实践能力的形成、发展及其在实践活动中的作用发挥，不可避免地受到支持因素的影响与制约，因此它们之间都存在一定程度上的相关关系。这一点可以通过英国心理学家斯皮尔曼（C. Spearman）提出的"能力二因素说"进行解释：人的能力由一般能力因素与特殊能力因素两大群体构成，但二者并没有严格的界限，特殊能力因素之间存在相关影响，原因是特殊能力因素作用的发挥需要一般能力因素的参与，如人的认知、记忆、思维等一般智力性因素等，因此二者存在一定的相关关系是可以理解的。

（二）普通高中学生实践能力各构成成分的多元线性回归分析

一种现象通常是与多个因素相联系的，由两个或两个以上自变量的最优组合共同预测或估计因变量，需要进行多元线性回归分析。多元线性回归的理论模型的表达式为：

$$Y = \beta_0 + \beta_1 X_1 + \beta_2 X_2 + \beta_3 X_3 + \beta_4 X_4 \cdots$$

其中，Y 为效标变量，即要进行观察分析的目标变量；$X_1, X_2, X_3, X_4 \cdots$ 为自变量因子，在本书中代表影响实践能力水平的各种变量因子；$\beta_0, \beta_1, \beta_2, \beta_3, \beta_4 \cdots$ 为多元回归系数，它们反映了各自变量因子对总体的影响程度。

根据普通高中学生实践能力结构模型的特点，以及学生实践能力发展的支持系统条件的要求，本书将从学生实践能力的内部构成要素及其支持系统条件因素这两大方面进行多元线性回归分析。

从学生实践能力的内部构成要素的角度，以"情境性实践能力"（其中包含"问题解决能力""应用执行能力""评价反思能力"）、"基础性实践能力""专项性实践能力"为自变量，以"学生实践能力水平"为效标变量，建立多元线性回归模型，分析得到相关参数（见表 3-21 和图 3-5）。

第三章 高中物理实验课程实施中学生实践能力培养现状

表3-21 学生实践能力构成要素多元线性回归分析摘要

	B	标准误	Beta ( )	t值
(Constant)	0.187	0.046		4.100**
问题解决能力	0.226	0.012	0.328	18.402**
应用执行能力	0.167	0.010	0.255	16.393**
评价反思能力	0.136	0.009	0.212	14.660**
基础性实践能力	0.181	0.018	0.216	10.090**
专项性实践能力	0.198	0.016	0.23	12.131**

$R = 0.889$ $R^2 = 0.791$ 调整后的 $R^2 = 0.790$ $F = 941.406$**

注：* $P < 0.05$，** $P < 0.01$。

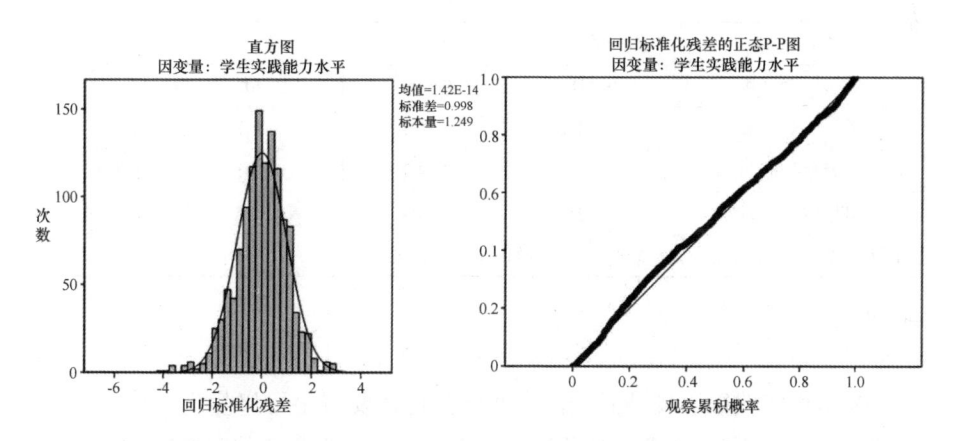

图3-5 学生实践能力构成要素的多元线性回归 P-P 图

从回归分析摘要表和 P-P 图中可以发现"问题解决能力""应用执行能力""评价反思能力""基础性实践能力""专项性实践能力"五个自变量与"学生实践能力水平"效标变量的多元相关系数为 0.889，多元相关系数的平方为 0.791，表示五个自变量共可解释"学生实践能力水平"变量 79.0% 的变异量。五个自变量的标准化回归系数均为正数，表示它们对"学生实践能力水平"效标变量的影响均为正向。从标准化回归系数来看，"问题解决能力""应用执行能力""评价反思能力""基础性实践能力""专项性实践能力"五个预测自变量的回归系数均达到显著性水平（$P < 0.01$），表示这五个预测变量对学生实践能力水平变量的变异解释力较大。

在五个显著回归系数的自变量中,"问题解决能力"与"应用执行能力"的 Beta 系数绝对值相对较大,表示这两个预测变量对普通高中学生实践能力具有较大影响。

(三)普通高中学生实践能力支持系统因素多元线性回归分析

从普通高中学生实践能力发展的支持系统条件因素角度,以"实践兴趣动机""专业知识经验""评价激励与引导""实践条件与环境"四个观测变量为自变量,以"学生实践能力水平"为效标变量,建立多元线性回归模型,得到相关参数(见表 3-22)。

表 3-22　　学生实践能力支持条件因素的多元线性回归分析摘要

	B	标准误	Beta	t 值
(Constant)	0.877	0.046		18.966**
实践兴趣动机	0.118	0.009	0.202	12.567**
专业知识经验	0.544	0.013	0.707	41.868**
评价激励与引导	0.053	0.009	0.101	5.728**
实践条件与环境	0.021	0.008	0.045	2.608**

$R = 0.842$　　$R^2 = 0.708$　　调整后的 $R^2 = 0.708$　　$F = 755.751$**

注:* $P < 0.05$,** $P < 0.01$。

从学生实践能力支持系统因素回归分析摘要表中可以发现"实践兴趣动机""专业知识经验""评价激励与引导""实践条件与环境"四个自变量与"学生实践能力水平"效标变量的多元相关系数为 0.842,多元相关系数的平方为 0.708,表示四个自变量共可解释"学生实践能力水平"变量 70.8%的变异量。四个自变量的标准化回归系数均为正数,表示它们对"学生实践能力水平"效标变量的影响均为正向。从标准化回归系数来看,"实践兴趣动机""专业知识经验""评价激励与引导""实践条件与环境"四个预测自变量的回归系数均达到显著性水平($P < 0.01$),表示这四个预测变量对学生实践能力水平变量的变异解释力较大。在这四个显著回归系数的自变量中,"专业知识经验""实践兴趣动机"的 Beta 系数绝对值相对较大,表示这两个预测变量对普通高中学生实践能力的发展具有较大影响。

第五节　普通高中物理实验课程实施存在的问题及成因

一　高中物理实验课程实施的整体现状不容乐观

调查发现，样本学校的高中物理实验课程实施整体现状不太理想，甚至没有达到《普通高中物理课程标准（2017年版　2020年修订）》的相关要求，如在一学期的物理实验教学中，学生从来都没有进实验室做过物理实验，也没有看过老师做演示实验。高中物理实验的开展主要依据物理教学进度而定，物理实验内容一般来自物理教科书。有的学校条件满足，基本上高中物理教材中所涉及的物理实验都能做，但是有时候为了"追赶"教学进度，一部分学生分组实验常常被教师用演示实验所代替，或者直接在黑板上"讲"实验，这样，部分高中物理教材中的物理实验是通过"讲授"来完成的。

普通高中物理实验课程实施现状之所以欠佳，主要是因为高考及其制约性。从目前的情况来看，并没有形成与新课程改革相匹配的高考制度，在新课改中所遇到的问题，归根结底总会指向考试评价这一瓶颈。高考对物理实验课程的制约性主要表现在三个方面：首先，在物理实验课程开设上，受"考什么实验就教什么实验"的影响。如此就导致物理实验课程开设不齐，部分演示实验、学生分组实验均流于形式；课时开不足，物理实验的课时难以得到保障，甚至学生大量的物理实验时间被占据用作知识的传授和习题的演练，高考的考试内容变相成为学生的必修内容。其次，高三年级基本不做实验，为了应对"高考"，很多学校在高一、高二就完成全部的教学内容，高三时间全部用来复习和突击备考，因此高三年级的物理实验课程设计显得毫无意义，且探究性学习的理念未能得到体现。最后，在以高考为主导的评价体制下，综合素质评价很难实施，学业水平测试反而成为学生的额外负担，学生学业水平测试与评价工作均由学校的老师兼任，这样的评价更多地流于形式，不能达到学业水平和能力水平测试的目的。

上述原因可在笔者和一位高中物理教师的访谈对话中得到佐证：

问：现在您所在学校高中物理选修模块的实验是怎样开展的？

答：现在（普通）高中各学科的教学都是瞄准高考去的，物理学科也是这样。高一完成物理必修模块的内容，必修模块的实验也是看高考要考啥内容；至于选修模块（物理实验），也是这样的，高考最近几年都考了哪些选修模块的物理实验内容，这届学生的高考可能要考哪些实验内容，那我们就教什么内容，等（高考的）考试说明公布后，我们就重点突击那些要考的实验，做不做都无所谓，关键是要给学生讲透彻，能记住物理实验的关键知识，考试中不丢分。高考不考的内容，我们基本就一笔带过不做实验了，节省时间让学生多做练习题。

问：那你们的高三年级还做物理实验吗？

答：高三还做啥实验呢？！我们在高一、高二年级就把高中所有的（物理）课程都讲完了，学生高三的一年时间全部用来复习和突击高考。如果有那做实验的时间，还不如让学生多做做题的效果好。

毋庸置疑，高考的"指挥棒"效应对普通高中物理实验课程实施在一定程度上存在限制作用。但从学生实践能力培养要求的角度看，物理实验的课程实施不能以人的主观意志为转移，需要制度的保障。普通高中物理实验课程实施正因缺乏制度层面的限制与保障，才会出现上述物理实验"可有可无"的现象。如果不在考试评价制度上取得突破，物理实验课程实施很难真正落实。建立普通物理实验课程实施的保障制度，已是迫在眉睫的事情了，只有这样，在物理实验中落实对学生实践能力和创新精神的培养才会成为可能。

二 普通高中物理实验中学生实践能力的差异性

笔者发现，在普通高中物理实验课程实施过程中，学生实践能力水平呈现出显著的性别差异和学校类别差异。

（一）普通高中物理实验中学生实践能力水平的性别差异及原因分析

从性别差异来看，男生的实践能力水平显著高于女生。这一现象的产生原因，与学生对物理实验课程的兴趣密切相关。笔者还发现，男生对普通高中物理实验的兴趣显著高于女生，兴趣动机是实践能力形成与发展的内部动力,学生不同的兴趣水平对其实践能力的发展会产生不同的影响,学生实践能力水平的性别差异现象能在一定程度上得到解释。本书的这一结果与已有相关研究较为一致,胡象岭等人经过对高中学生物理学习兴趣的调查发现,高中男生的物理学习兴趣高于女生;[①] 李长河等人经过对中学生学习兴趣的调查发现,在喜欢物理的学生中男生多于女生。[②] 造成这种差异的原因,可能与男女生各自的心理特点、物理思维特点以及物理学习的成败经验有关,也可能与高中男女学生的行为表现有关。

一位具有22年教龄的高中物理教师在与笔者的访谈中谈到男、女生在物理实验中出现差别是由于性格和行为表现的不同。他说道:

> 总的看来,物理实验中男、女学生表现是有差别的,主要有两方面的原因:一方面是男女学生"天性"差别,男生的胆子大,敢于去"玩弄"实验,而女生胆子要小些,或总是担心实验会出现什么问题。另一方面,女生总体上趋于安静,比较"听"话,属于"面子浅"的那种,比较在意老师的评价,而男生则要"厚颜"而且好动些。

高中男、女学生的物理实验兴趣差异乃至物理学习的成绩差异,在高中物理教学中是客观存在的事实。我们在物理教学实践中应尊重这种差异,同时也要克服由于学生性别差异而产生的不利影响,如增强女学生的物理实验信心,适当保护她们的积极性等。除性别差异外,学生的个体差异,不同学生所具有的不同的能力发展基础,我们在物理实验课程设计与实施环节中需要充分考虑到这些因素。

(二)普通高中物理实验中学生实践能力水平的学校差异及原因分析

普通高中物理实验课程实施中学生实践能力水平,存在一定程度的学校类别差异。省级示范性中学、市级示范性中学和一般中学的学生实践能力水平有显著差异,且省级示范性中学和市级示范性中学学生实践能力水平要显著高于一般中学学生,而省级示范性中学学生实践能力水平要略高

---

① 胡象岭、杨昭宁、高光珍:《曲阜市高中学生物理学习兴趣调查》,《课程·教材·教法》2010年第4期。
② 李长河、张克东、何大光:《重庆市中学生学习兴趣调查研究》,《重庆师范大学学报》(哲学社会科学版)1982年第2期。

于市级示范性中学学生实践能力水平，但差异不显著。

从学生实践能力发展的支持系统条件来看，实践环境与条件是学生实践能力发展的重要保障。本书通过调查发现，省级示范性中学、市级示范性中学高中物理实验条件要显著优于一般中学的高中物理实验条件，但省级示范性中学与市级示范性中学的高中物理实验条件水平差异不显著。

关于出现这种现象的原因，通过对教师进行深入访谈得知：一是省级示范性中学与市级示范性中学用于高中物理实验设备器材的购置、维修等的经费，相对于一般中学而言要充裕；二是无论省级示范性中学还是市级示范性中学，在评选"示范性中学"时，教育管理部门对学校的物理实验室硬件设施条件均有配置的标准要求，并在入选"示范性中学"后，得到相关部门后续的经费支持。而一般中学获得的经费支持则非常少，尤其是在物理实验器材、用品及时更新和维护方面更为缺乏。

一位一般中学的物理教师在与笔者的访谈中谈道：

> 我们学校是一般中学，学校每年从政府部门获得的经费支持本来就少，用于高中物理实验器材设备的维护开支更是少之又少，可以说基本没有。虽然实施高中物理新课程多年，但我们学校高中物理实验室的器材绝大部分还是新课改以前的，而且很多器材损毁较严重，有的年久失修根本无法再用，所以高中物理课程中的很多物理实验，我们学校是根本没法做的，只有通过"讲实验"的方式进行教学了。

因此，要解决这样的问题，必要的经费投入是基础性保障。在经费投入方面需要解决两方面的问题：一是用于高中物理实验室硬件设施建设和实验设备的采购经费，二是用于物理实验设备、器材的更新与日常维护的经费。总之，为学生创造良好的物理实验条件和环境，是高中物理实验课程实施的前提，是培养具有创新精神和实践能力人才不可或缺的基础。

三 高中物理实验中学生实践能力未得到显著提升

调查发现，在高中物理实验课程实施过程中，学生的应用与创新不足，实践能力未得到显著提升。在当前普通高中物理实验课程实施环节，"菜谱式"（Cookbook）实验的现象较为普遍，即学生仅仅是机械复制书本上的实验步骤或重复老师所演示的实验过程，就像不会烹饪的人机械地照着菜谱上罗列的步骤亦步亦趋地烹饪一样。在这样的实验中，学生通常机械性地复制老师所演示的实验过程，他们并没有理解各个物理实验步骤及实验数据的真正意义，不能在物理实验中将自己学习的间接经验与自己的直接经验有效融合起来，不能将新的问题情境中类似的方法、技巧迁移应用于分析和解决问题。在这样的高中物理实验中，学生学到的"物理"仅仅是书本上的"物理"，不是生活中的"物理"，也不是能灵活应用的"物理"。

从学生实践能力形成与发展的支持因素来看，在教学"利益"的驱使下，实践条件环境、评价激励引导、动机兴趣等均和学生实践能力形成与发展的原则要求背道而驰，学生的情境应用能力、问题解决能力、执行实施能力等主要实践能力的构成要素得不到有效提升，学生的实践能力不能得到有效培养。

综上所述，当前普通高中物理实验课程实施仍然是我国普通高中物理教学中的一个薄弱环节，这种"薄弱"主要表现在两个方面：其一，物理实验课程实施的条件性资源缺失，如部分学校物理实验基础设施陈旧残缺，物理实验无法开展，物理实验形同虚设；其二，教师的物理实验教学理念缺失，如学校具备相应的物理实验条件，但物理实验没有开展，部分物理教师对高中物理实验的教学通常采取"口述式"讲授，即"黑板上实验"，目的是将物理实验的时间节约出来，留作他用，抑或是能开展物理实验教学的学校，学生在物理实验中仅仅照搬教师所讲的实验步骤，机械性地模仿物理实验，学生的实践能力与创新精神培养现状，与《普通高中物理课程标准（2017年版 2020年修订）》（下称"课程标准"）的要求还相差甚远。实验教学的现状与它在物理教学中应有的地位仍然很不相称。造成这种现状的原因有很多，除了考试制度的局限和不少地区的学校实验设备严重不足等客观原因外，尚有不少中学物理教师或实验人员不能适应实验教学的要求，无论在实验技能还是知识储备方面都有待进一步提高。

从当前普通高中物理课程所涉及的物理实验内容来看，尽管"课程标准"提出的物理学科核心素养主要包括物理观念、科学思维、科学探究、科学态度与责任四方面，但在实施的过程中，学校仍然强调和重视知识的获得，其他环节基本上是服务于掌握知识这一目标的，在知识的应用和能力的有效提升方面还比较欠缺。在普通高中物理实验课程实施过程中，学生的主体性尚未得到充分发挥，物理实验中常常是学生机械性地模仿教师，亦步亦趋地进行实验，学生的实践能力、科学精神与科学思维都未能得到充分的培养，普通高中学生的实践能力也未能得到有效提升。在普通高中物理实验的评价中，笔试、实验报告反馈等是主要评价方式，相对较单一，重知识、轻应用实践的倾向突出，选拔性升学考试评价对普通高中物理实验课程内容的选取、评价导向的影响极其明显。

　　要改变普通高中物理实验课程实施中学生实践能力培养不到位的现状，笔者认为，至少需要在两方面取得突破：一是要对原有物理实验课程本身进行变革和建构，使之符合学生实践能力内在结构完善与发展的需要；二是要完善普通高中物理课程实施、评价反馈的制度与条件。前者是物理实验课程的本体，是前提与基础，后者是物理实验课程实施的保障。因此，基于学生实践能力发展的普通高中物理实验课程变革，既必要又迫切。普通高中物理实验课程如何设计才能满足学生实践能力与创新意识培养的需要？结合前文对普通高中学生实践能力结构要素的研究，针对学生实践能力结构要素和实践能力形成发展的支持条件，下文将通过对物理实验课程促进学生实践能力发展的案例研究，为基于学生实践能力培养的高中物理实验课程变革奠定基础。

第四章

促进实践能力提升的物理
实验课程案例分析

案例是包含问题或疑难情境在内的真实发生的典型性事件。本章主要以普通高中学生为研究对象，以案例形式对观察的研究对象和访谈资料加以呈现，以及通过对资料的分析评议，展现与揭示在物理实验课程实施中普通高中学生的实践能力表现、提升与发展过程。案例中的访谈资料采用研究对象的个人陈述，并尽量使用他们的"本土概念"，在分析评议中则包含笔者个人的体会和感悟，是对研究对象形成的认识。之所以通过这样的方式呈现研究过程是因为：第一，访谈中学生以自己的视角、用自己认为有意义的语言描述物理实验中他们的所感、所思、所悟，以深度访谈的形式记录他们实践能力如何提高，尽力展现学生实践能力提升与发展的过程；第二，通过对研究对象案例事实的分析和总结，归纳物理实验课程及其实施活动促进普通高中学生实践能力发展的条件、影响因素等问题，如什么样的物理实验课程能促进学生实践能力的发展？不同的物理实验课程能促进学生实践能力哪些方面的发展？这应当是本章研究的主要收获。

为探寻普通高中物理实验课程对学生实践能力的促进作用，本章研究以演示实验（课堂上"机械能守恒定律的应用"）、分组实验（用打点计时器测速度）、课外综合实践活动（制作"微动力发电机"的创新实践）中的物理实验为案例，旨在探寻不同类型的物理实验课程对学生实践能力发展与提升的不同侧重方面。与此同时，从普通高中学生实践能力的影响因素着手，深入物理实验课程与教学活动之中，直面学生在物理实验实践过程中的各种问题，着重分析在普通高中物理实验课程实施过程中，课堂（或活动现场）都发生了什么？学生在物理实验中是如何解决问题的？学生实践能力在活动中是如何表现出来的？物理实验课程是如何为学生实践能力提升提供支持的？探讨物理实验课程对普通高中学生实践能力培养与发展的内在规律。

第一节　眼见为"实"：实验的桥梁作用
——例析"机械能守恒定律"习题教学

【案例背景】

吴老师是一所普通高中的物理教师，教龄四年，在本学期担任高一年级三个普通班的物理教学工作。普通班学生的基础普遍较弱，他在最近的一节习题课教学中遇到了困难。在高中物理教学中，物理习题课通常被认为是仅让学生"做题"的课，目的是让学生学会将物理概念和规律应用于已知条件，并能熟练解答问题，因此，物理习题课基本上是不做物理实验的。

【问题的产生】

从吴老师在前两个班进行的《机械能守恒定律的应用》习题教学的实际效果看，学生普遍反映"听不懂"，他们的课后作业正确率不足10%，用吴老师的话说就是"一塌糊涂，非常糟糕"。吴老师认为自己已经讲得非常清楚了，可为什么学生还是听不太懂呢？这个问题一直困扰着吴老师。而且第二天他将要为（5）班的学生上同样的习题课，如果继续照原来的讲授方法讲，那么，学生可能还是听不懂，不会做题。有没有更好的办法呢？

【问题解决的过程记录】

经过一番思索后，吴老师决定尝试应用物理实验来进行《机械能守恒定律的应用》习题课教学，其设计的教学流程是"观察网球独自下落后反弹的情况→观察排球独自下落后反弹的情况→观察网球、排球一起下落后反弹的情况→分析网球、排球一起下落、反弹的过程→抽象出网球、排球一起下落、反弹的物理过程"。

吴老师拿出一个排球，说："这是一个排球。我将让排球从距离桌面的某个高度自由下落，请同学们预测一下排球上升的最大高度。能说一下你做出这种预测的理由吗？"

生："会比原来释放的高度低……因为空气阻力消耗了部分机械能……"

在演示释放排球、排球下落再反弹的过程后，吴老师说："同学们观察到的结果与预测的一样，正是能量守恒原理，我们预测到排球反弹上升的高度会低于释放的高度，这说明知识可以让人预测事情发展的过程。"

接着，吴老师又拿出一个网球，说："这是一个网球，它不仅比排球小，还比排球轻。让网球也从距离桌面的某个高度自由下落，网球下落后反弹的高度也会比初始释放的高度低，请同学们观察。"

吴老师演示释放网球、网球下落再反弹的过程，目的是让学生开始相信符合规律的事情，不管重复多少次，其发展过程都是一样的。而学生则以为，无论是排球还是网球，单独从高处自由下落，都是做自由落体运动，所以两个球的运动状态也应该完全一样，但是接下来发生的物理现象却不是这样。

吴老师再一次提醒学生们注意，"现在我将网球放在排球的正上方，让两个球紧靠着自由下落。请同学们预测一下网球与排球上升的高度，并说明你做出这一预测的理由。"

学生们异口同声地说："还是比原来释放的高度低……"

"现在请同学们观察。"吴老师开始演示网球和排球挨着同时释放、自由下落的过程。只见网球与排球掉落后，网球反弹上升的高度大大高于释放时的高度。

"咦?!……这是为什么呢？"学生们立即发出一阵质疑的哗然。

的确，吴老师的实验现象和学生们预测的结果是矛盾的。笔者瞬间即明白了吴老师为什么要在习题课上反复做实验的用意了，那就是制造学生视觉与思维的"矛盾"。网球和排球在竖直相切一起下落时，网球弹起后上升的高度比它单独下落弹起的高度还要高，这是"违背"能量守恒定律的?这个问题的难度比笔者先前预想的难度要大很多,学生能不能正确解答呢?

"网球上升的高度为什么会出现这样的情况?网球的机械能不守恒了?"吴老师追问道。"请同学再观察一遍,这次观察时还要注意排球反弹的高度。"(再次演示)

"排球反弹的高度没有独自释放时那么高了……"有细心的学生观察到。

"对,同学们发现在网球上升的高度大大高于释放时的高度的同时,排球反弹上升的高度却小于独自释放时反弹的高度。这说明什么呢?"吴老师补充道,"这说明了排球的部分能量传递给了网球。你能描述一下能量传递的过程吗?"

学生们开始跃跃欲试地解释,但是几乎没有人能够完全清楚地表达。吴老师见学生处在"愤悱"状态,便在黑板上画出了网球与排球下落反弹过程的分析图(见图4-1),并要求学生以小组为单位,依次选择分析每个状态下的网球和排球的动能、势能的表达式。

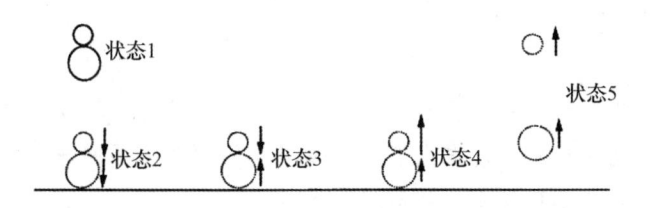

图4-1 网球与排球下落实验过程中关键状态示意

吴老师走下讲台,开始在学生中间走动巡视,查看学生在稿纸上进行的分析是否正确。几分钟后,吴老师回到讲台前,开始指导学生分析整个过程。讲解的过程分为如下四个步骤。

第一个过程是从开始释放到排球刚要碰到桌面(从状态1到状态2)。在这个过程中,排球和网球都是自由下落的。

第二个过程是排球与桌面的相撞的过程。但排球与桌面相撞时,网球与排球间的碰撞相对排球与桌面相撞要经历更长的时间,因为两个球都发生了形变(从状态2到状态3)。在这个过程中排球将改变运动方向，但网球的运动方向不变。

第三个过程是网球与排球之间的碰撞（从状态3到状态4）。因为排球的质量大于网球的质量，所以碰撞后网球肯定会以更大的速度反弹，而排球反弹的速度将变小。

第四个过程是网球和排球的反弹过程（从状态4到状态5）。因为网球反弹速度更大，而排球的反弹速度将变小，所以网球上升的高度要高于释放时的高度，同时排球反弹上升的高度却比独自释放时反弹的高度要小。

"我们能求出网球反弹的最大高度吗？如何求出？"吴老师提议说，"因为要求网球反弹的最大高度，同时空气阻力相对重力较小，排球与桌面、网球和排球的碰撞时间很短，所以我们可以抽象出这样一种情景，即不计空气阻力的作用，不计排球与桌面、网球和排球碰撞中能量的损失。在这种情景下，网球反弹的最大高度是多少呢？"

吴老师随即给出了网球的质量为 $m = 80g$，排球的质量为 $M = 240g$，初始下降时排球下边沿距桌面的高度为 $h = 1.5m$。

教室一度很安静，学生们开始在自己的稿纸上不停地画图分析，但吴老师在巡视的过程中发现，许多学生仍然束手无策，一动不动地盯着黑板上的过程图看。很明显，这道题目把大家都难住了！教室里很沉默，这时吴老师的目光落在一名女学生陈莉身上（"陈莉"为化名，后来得知她是这个班的物理学科代表①），这名学生正一手按着草稿纸，另一手拿着笔杆，嘴里还不停地咬着笔帽，显出一副沉思但又有些着急的神情，草稿纸上还划掉了好几处列出的计算公式。

吴老师俯下身，有些出乎意料地问道："陈莉，这道题，怎么连你都不会做？"

陈莉："老师，网球和排球的各个过程我是看懂了，但就是不知道怎么列方程计算"，陈莉回答说，"我能不能自己再实验下网球和排球的下落过程呀？"

---

① 学科代表，又称"科代表"，一般由这个学科学习成绩最好的学生担任。

"可以!"吴老师将刚才实验用到的网球和排球递给了陈莉,并简单交代了相关要求。陈莉接过网球和排球,开始了演示实验。吴老师提醒道:"你要注意分析在整个过程中,影响网球上升的最大高度的主要因素。"

陈莉试着演示了好几次实验后,她的确发现,网球在排球上方一起下落反弹后上升的高度比网球单独下落反弹上升的高度要高,而且高得多。

根据各个过程的受力情况,陈莉在稿纸上列出了相应的方程及分析过程:

第一个过程:由于球只受重力作用,满足机械能守恒定律。设球落地前的速度为 v_0,则

$$(m + M)gh = \frac{1}{2}(m + M)v_0^2$$

第二个过程:因为不计能量损失,所以排球在与桌面相撞后以原速反弹。

第三个过程:网球在与排球的碰撞过程中其内力远大于外力,满足动量守恒。若竖直向上的方向为正,则

$$Mv_0 - mv_0 = Mv_1 + mv_2$$

同时,不计网球和排球碰撞中能量的损失,则

$$\frac{1}{2}Mv_0^2 + \frac{1}{2}mv_0^2 = \frac{1}{2}Mv_1^2 + \frac{1}{2}mv_2^2$$

第四个过程:网球的反弹过程只受重力作用,满足机械能守恒定律,即

$$mgH = \frac{1}{2}mv_2^2$$

代入,解得网球反弹的最大高度 $H = 6.0 \text{ m}$,大于初始下落高度 1.5m。

陈莉终于正确解答了这个问题,而班里的其他学生通过亲自观察实验,也陆续得出了正确答案。

吴老师发现,用物理实验来讲解物理习题,效果良好,他用同样的方法又对(3)班、(4)班重新进行了该习题的讲解,也取得了良好的效果。

第四章　促进实践能力提升的物理实验课程案例分析

【基于学生问题解决能力的分析】

吴老师所任教的三个普通班学生的基础知识与能力水平是相当的。在前面两个班的习题课教学失败后，吴老师选择了一种在习题教学中引入物理实验的新方法。从学生由不懂到后来的理解，从教学的效果来看，这种方法所取得的效果是不错的。

为了解陈莉在解答习题的过程中物理实验对她的作用，笔者在课后对陈莉作了进一步访谈。

问：陈莉同学，在《机械能守恒定律的应用》习题课上，你在亲自做实验前，遇到的主要困难是什么？

答：主要困难是对这个运动过程抽象不出来，建立不了我能够理解的物理模型，我不知道网球和排球之间的作用情况是怎么样的。

问：吴老师在黑板上给你们呈现的过程图，你能看懂吗？

答：能看懂一些，但是那个（图）太抽象了，我还是无从下手。

问：那通过你亲自演示这个物理实验，你得到了什么呢？

答：我感悟到了网球和排球之间的作用过程。

问：你说的"感悟"是指什么？为什么是"感悟"，而不是"看到"？

答：先是看到的，再是体会到的，能帮助我把黑板上画的抽象的过程变为直观看到的现象，我就容易分析问题了。

问：如果你不亲自演示这个实验，你还能列方程解决这个问题吗？

答：能是能，但可能要花更长的时间。（物理）实验给我的印象要直观得多。……

【案例分析】

本案例说明物理实验能帮助学生对抽象化的物理问题进行深入理解和分析，物理实验是学生解决物理问题的"桥梁"。从普通高中学生实践能力结构模型中问题解决能力的构成来看，问题解决能力主要包含问题识别能力、信息搜索能力、匹配分析能力和方案决策能力。物理实验能帮助学生快速认识和提取问题模型，为问题的匹配分析提供感性、具化的基础，能激活学生思维,迅速寻找问题解决的途径和对策。因此,基于这个角度,物理实验有助于学生情境实践能力中问题解决能力素养的培养,从而促进学生实践能力的整体提高。

第二节 "混乱"的背后:兴趣助力实践能力发展
——例析"用打点计时器测速度"实验教学过程

【案例背景】

韩老师是一所省级示范性高中的物理教师,也是笔者的合作者,他所在的学校物理实验设备配置比较齐全,能满足当前高中物理教学中绝大部分物理实验教学的条件要求。但是,他很少在实验室让学生做分组实验。因为在实验室里进行学生分组物理实验,使韩老师颇感烦恼:"实验课上学生特别难管,学生一进实验室就不'听话'了,那些'熊孩子'到处乱动实验仪器,特别容易损坏实验设备,而且学生做了实验跟没做实验的效果一样,他们仍然什么都不会,还浪费时间……"这个"用打点计时器测速度"实验是高一年级上学期的一节物理实验课,目的是让学生掌握常用打点计时器的用法,为下一节"研究自由落体运动规律"的实验做铺垫。

【问题解决过程】

作为课堂观察者,笔者在课前两分钟就到了实验室,并坐在了最后一排靠右角落的两名学生的旁边,这一小组被确定为这一节课课堂观察的重点对象:马斌(化名)同学,男,大眼睛,穿一身红白相间的校服,显得很机灵;秦红(化名)同学,女,稍胖,总有点羞涩的样子,看上去文静可爱。

刚一上课,韩老师在实验室的黑板前开始了对实验仪器和实验步骤的相关介绍。坐在实验室最后一排靠右角落的马斌同学,已经迫不及待地开始为电磁打点计时器从LLA103型物理综合实验台的电源输出端连接电源线。这时,原本还注意着老师的一举一动的同桌秦红同学,也索性加入进来,她用一只手帮着马斌稳住电磁打点计时器,另一只手帮忙递送导线。很快，电源线连好了，马斌搓了搓手，兴致勃勃地打开实验台的总电源开关，电磁打点计时器却没有反应。马斌开始对实验台上的电源开关、电压调节旋钮进行试探性旋转操作，但是无论他怎么操作，电磁打点计时器依然不工作。他尝试性地拧遍了实验台上的所有旋钮后，结果发现实验台的电源还没有通电。为了安全起见，老师一般在讲完实验步骤后才会给实验台通电。马斌无奈地摇了摇头，嘟哝了一句"怎么还不开电？"等待之余，马斌无意中发现秦红手中拿着另一种打点计时器——电火花打点计时器，他迅速夺过同桌手中的电火花打点计时器，又开始研究起来。这时，周围的几组同学发现马斌已经连接好了电磁打点计时器，也都纷纷开始效仿起来……

马斌同学十分积极主动，而且对物理实验器材很好奇，在实验台上已经迫不及待地"大干起来"。笔者推测这就是韩老师所说的实验室里"难管的学生"那一类吧，观察到这里，笔者在观察记录本上写下了这样几个问题：马斌同学的"难管"仅仅是他不听老师讲么？他为什么这么着急连接电源线？为什么不能等韩老师讲完后再做？是兴趣所驱还是另有"图谋"？笔者带着这些问题继续观察。

韩老师介绍完实验要求后，接通了实验台的总电源。马斌兴高采烈地打开实验台上的电源，原本期望听到的电磁打点计时器工作的声音却仍然没有听到。马斌感觉有些意外，不禁皱了皱眉，大眼睛不停地眨，同桌的秦红更是在其他组同学的嘲笑声中感觉大失面子，埋怨马斌说："都是因为你（的错），不听老师讲，这下好了，不会做了。"因为韩老师规定，最先完成实验的小组会有"优秀小组"称号的奖励。在同桌冷语的鞭策下，马斌明显更加着急了，他看了看还在教室前排忙碌地指导着实验的韩老师。

在实验中学生遇到问题，一般都会在第一时间举手请教老师，以寻求帮助。笔者同样以为马斌也会举手示意向老师求助，但是他却没有这样做，这有点出乎笔者的意料，马斌开始重新检查电路连接，"顺藤摸瓜"

式地排查起来。

很快,马斌似乎发现了什么,只见他断开实验台上的电源开关,将电磁打点计时器的接线接到了 LLA103 型物理综合实验台的另一组电源输出端上,秦红在旁边一直盯着看,偶尔帮忙扶着打点计时器,但她似乎不明白同桌为什么这么做。马斌拨通实验台的电源开关,期待打点计时器能如愿工作,但是,只能听到打点计时器微弱的电鸣声,却丝毫不见其进行打点工作。眼看其他组同学,已经打出了很多纸带了,而自己小组的打点计时器却迟迟不能工作,秦红早已耐不住失落的情绪,举手示意,准备向韩老师求助。马斌发现同桌举起的手,立即拉下同桌举高的手臂,说:"别闹了,你要干吗?不要叫老师,我自己解决。"话音刚落,马斌开始尝试性地挨个旋转起 LLA103 型物理综合实验台上的一排旋钮(这些旋钮按照先后旋转的顺序依次是直流电压表头接线柱、交流电压表头接线柱、直流电压输出调节旋钮、交流电压调节旋钮)。他在旋转直流电压表头接线柱后,又旋转了交流电压表头的接线柱、直流电压输出调节旋钮和交流电压输出调节旋钮。在最后旋转交流电压输出调节旋钮时,电磁打点计时器开始"啪啪"地工作起来……

【深度访谈】

在做物理实验的过程中,马斌遇到障碍,期望能通过自己的努力去解决,同组的秦红同学重集体荣誉和自尊,希望通过请教老师早些解决问题。这是两种截然不同的态度,也直接反映了他们参与物理实验活动的积极主动性。马斌同学希望独自解决问题是因为他有足够的自信,还是因为他喜欢科学探究?秦红同学希望通过老师来解决问题,又是因为什么?为了弄清楚这些问题,课后笔者与马斌、秦红两位同学及韩老师分别进行了深度访谈。

问:马斌同学,你坐在实验室最后一排,是你自己选择的,还是你进实验室没有位置只能坐在最后呢?

马斌:我是第一个进实验室的人,是我自己选择坐最后一排靠右角落里的。

问：为什么要这样选择？

马斌：物理实验课，是很好玩的，最后一排靠角落，离老师远，我可以自由地操弄实验仪器，尽情"玩"实验，即使做错了也不怕！老师看不见，也不会批评我！

问：那你喜欢物理实验吗？

马斌：嗯，非常喜欢！（毫不犹豫地说）

问：老师讲物理实验要求的时候，你为什么没有听呢？

马斌：开始我很好奇，只顾着看（电磁）打点计时器的结构了，没心思听老师讲。再说老师讲的我课前已经清楚了，再听下去没有意思。

问：当老师接通总电源时，你连接好的打点计时器为什么不工作？

马斌：（手摸着后脑勺，笑了笑）呵呵，我那是把电源接错了，我接到直流电上了，打点计时器需要交流电（才能工作）的。我在梳理连线的时候发现我接到直流端上了。

问：后面你换过接线端后，打点计时器为什么还是不工作？你知道是什么原因吗？

马斌：开始我也不知道，不过到最后才知道是（交流）电压不够，带动不了电磁打点计时器，它的工作电压是6V，而当时只有1.5V。

问：那你为什么要换个旋转那些旋钮？

马斌：主要是当时有点慌乱，我不知道哪个旋钮能对交流电压输出起调节作用，因为各个旋钮下面的字（使用久了）都被磨掉了，所以只有挨个试一试才知道。

问：当时有没有想过用电压表测量下打点计时器两端的电压值？

马斌：没有，我当时就想着让打点计时器先工作，因为打点计时器有小的电鸣声，说明电是通的，但可能电压不够或者可能接的是直流电。

问：这些问题，你是怎么知道的？

马斌：我在上实验课之前，就阅读过实验的（相关）要求知识，我就知道如果电磁打点计时器是好的（未损坏的），它不工作，主要是不通电或者电压低，我就是按照这个思路去排查问题的。

问：物理实验过程中出现了问题，为什么不第一时间找老师解决呢？

马斌：大问题可以找老师，小问题得自己解决。一个人如果一遇到问题就找老师，会被别人瞧不起的（看了下旁边的秦红同学），我是男生，我觉得男子汉要能主动担当（自豪地说）。还有，如果真去找老师，老师可能会批评我实验前没有认真听他讲。

马斌在回答"'大问题'是指什么问题"时说，大问题就是自己解决不了的问题，比如实验仪器坏了、不安全了，或者对那个实验若真的一点都不懂、不会的时候，自己就会向老师求助。

马斌同学对物理实验非常感兴趣，而且做物理实验的方式是"离老师远""尽情'玩'"和"试误"。从结果来看，他虽然没有听老师的实验前讲解，但也完成了实验任务，解决了实验中遇到的实际问题。解决这些问题的信心正是来源于他课前对相关实验操作知识的储备和深度理解。相对于马斌，秦红同学在实验中则表现得"安静"了许多，甚至充满了"埋怨"，为了探寻其原因，笔者对秦红同学进行了访谈。

问：秦红同学，在刚才做实验的过程中，你一直在看，为什么不做呢？

秦红：有马斌做，我看着就行了。

问：你喜欢物理实验吗？

秦红：嗯……喜欢（迟疑地说）。（声音突然变得很小）我喜欢（物理）实验课，因为……我可以放松，什么都不用做。

问：你为什么选择坐到最后一排呢？

秦红：我坐在最后一排靠角落位置，就是怕老师看到我什么都不做而批评我，我想离远点躲起来。

问：刚才的物理实验原理和步骤，你理解吗？

秦红：我……我不太明白，我物理学得不好。

问：那你想弄明白吗？

秦红：我也想，可能是太笨了，（指着马斌）他给我讲了好几遍我都不太明白，尤其是那个在纸带上打点的速度分析问题。

问：你刚才准备举手找老师就是为了弄清楚这个问题吗？

秦红：最开始倒不是因为这个，我是怕我们小组的实验进度比其他组落后，想找老师帮忙。（又迅速补充道）如果老师能帮我弄清楚我最头痛的问题，那最好了。不过，我怕老师会说我连这么简单的问题都不懂……（羞涩地笑了笑）

无疑，秦红同学在物理实验中表现更多的是"胆怯"，是因为学习不好而产生的自卑心理，影响了她与老师、同学之间的正常交流。对问题不能真正理解，因而缺乏对问题解决的专业性知识，对物理实验的兴趣不高，也使得她不愿意做实验。因此，秦红同学的实践能力表现要逊于马斌，而且秦红的实践能力发展也要缓慢很多。

就马斌和秦红两位同学在物理实验中的表现情况，笔者和韩老师进行了深入的讨论。韩老师认为，物理实验中学生坐座位是自由选择组合的，对学生选择坐最后一排靠角落的原因，他的确没有想那么多，一般会认为坐在最后排的学生是因为学习不好产生了自卑而远离老师，但没想到马斌、秦红同学这次对他的"躲避"竟有如此丰富的含义。

问：韩老师，您在上物理实验课时，为什么没有到最后排的同学中去指导呢？

答：我的确没有关注到最后排同学做实验的情况，因为前边的同学一直在问我问题。我以为学生如果有问题，他们会举手的。

问：不举手是不是就意味着没问题呢？

答：这个问题我倒没有很好地想过。这方面我觉得对学生做实验的指导不周，没有顾及那些有问题但又没有举手的同学。比如秦红就是因为对实验不理解，所以消极地参与实验；而马斌则属于对实验感兴趣而且很主动，但由于缺乏科学的操作知识和方法，在解决实验问题的过程中出现了无序与无效的操作。他们都是需要及时指导的。

问：如果他们找您问问题，您会批评他们实验前没认真听讲吗？

答：这个倒不会，学生问问题说明他们已经存在疑问了。有时候，学生对同一个问题问了很多遍，我可能会有些情绪上的不快，有时会"玩笑性"地说"笨啊"什么之类的，但这些都是为了缓和学生问问题时的紧张气氛。

问：您现在对"实验课上学生难管"怎么看呢？

答：我现在觉得我以前的这种想法是不妥的，没有从学生主体的角度理解他们。在实验课上，学生的确好动，难于像平常课堂上那样管控，但是为什么要管控他们呢？像马斌学生那样自己动脑去探索问题、解决问题，不正是现在提倡的"科学探究"吗？从学生的创新意识和实践能力培养的角度，这样的"难管"，哪怕是损坏了几件物理（实验）仪器，也是值得的，但这里面最重要的是保证他们的安全。

问：在您没有及时指导的情况下，部分学生也能解决实验中的问题，您觉得影响他们成功排除故障、解决问题的主要因素是什么？

答：主要的因素，我觉得是主动参与的兴趣和深度理解所涉及的实验知识。就像马斌同学那样，即使在实验中出现了问题，他也能自己一步一步地分析解决。而且在前面的实验中，我们实验室的仪器比较老旧，上面很多字迹已经脱落了，所以才导致马斌尝试性地"试误"，去找电流调节端与电压调节端，花了不少时间，从而影响了问题解决的效率。

接下来，韩老师对"深度理解的知识是什么"的问题作了进一步阐述，他认为，深度理解的知识，一方面包括学生自己体验过的解决问题的成功经验，另一方面则包括所学习的具有指导性作用的操作类知识，它能明确指导学生如何灵活应用与操作，进而提高学生问题解决能力和操作能力，增强创新意识和实践能力。

【案例分析讨论】

从马斌、秦红在物理实验中各自的表现来看，马斌因兴趣较高、主动参与物理实验，且通过不断尝试，解决了物理实验中所遇到的问题，其实践能力表现水平要高于秦红的实践能力表现水平（见表4–1）。

表4-1　　　　"打点计时器测速"实验中学生的表现情况

序号	物理实验中的表现	对应实践能力要素或支持系统	马斌同学符合程度	秦红同学符合程度
1	非常感兴趣	实践动机	较为符合	不太符合
2	知道原理	专业知识经验		
3	解决故障	情境性实践能力		
4	主动参与	实践活动		
5	探究与"试误"	情境性实践能力		
6	认知、思考、观察等	基础性实践能力		
7	实验仪器使用	专项性实践能力		
学生实践能力表现水平			较强	较弱

由表4-1可知，对马斌、秦红两名同学在"打点计时器测速"的物理实验中的不同表现，马斌同学对物理实验非常感兴趣（较强的实践动机），通过认知、观察、思考（基础性实践能力），在物理实验过程中多次"试误"，最终解决故障（情境性实践能力中的问题解决能力、应用执行能力、自我反思能力等），原因是他已深度掌握"打点计时器"的实验知识（专项性实践能力及知识经验基础），且主动参与实验（实践活动载体）。与之相反，秦红同学在实验中实践能力表现与提升程度均逊于马斌同学。因此，通过主动参与物理实验，并在专业知识基础、主动参与实践活动、实践条件等支持系统各因素的支持下，可以有效促进学生实践能力中的基础实践能力、专项性实践能力、情境性实践能力的提升。

第三节 "步步为营"：实践能力的进阶发展
——例析制作"微动力发电机"的科技创新之旅

【引言】

教育只有在具有特定情景、整体关联的活动背景下引发学生去建构关于外部世界的主观认识时，才是积极而有意义的，学生的能力发展才是深度而又全面的。正因如此，在新一轮基础教育课程实施中，增设了研究性学习、综合实践活动等进一步发展学生实践能力与科学创新精神教学内容。借助特定的教育环境，每项活动都确立了一个综合教育的主体，依次递进，从而形成一个完整的自我教育、富有弹性的教育空间，既能统整各项教育内容，又能唤醒已有学科知识经验的活动内容，让学生直面现实生活，使其知识的获得、能力的增长在一个自然、快乐的过程中完成。

【活动内容与目标】

基于上述理念，为培养学生科学创新精神和科技实践能力，L中学每年都要为高一、高二年级学生举办一次为期一个月的"科技实践月"活动，它是L中学开展的一项科技特色活动，即在一个月内，高一、高二年级学生在课外活动时间自愿参与校本科技实践活动，通过自选或给定的科技实践课题，完成相应的研究任务或相应的科技产品制作，以提高学生科技创新实践能力。学校会对优秀作品给予奖励。

【活动要求】

张老师是省级示范性高中L中学的一名高中物理教师，是兼任该校学生课外科技创新实践的指导老师，也是笔者在L中学的合作者。在这次"科技实践月"中，张老师给学生布置了一项实践任务：制作一台"简易清洁能源发电机"，要求利用生活中最简单的材料，成本越低越好，实现功能越丰富越好。之所以布置这样的题目，一是因为学生刚刚学完高中物理"电磁感应"这一章的内容，二是要培育学生低碳环保节约能源的意识。笔者在征得张老师的同意后，以"助理指导员"身份参与到学生科技创新实践活动中，进行了较长时间的跟踪观察。

【活动过程记录】

（一）"分组"的那些事

这是一个星期四下午课外活动时间，也是进入学校一年一度的"科技实践月"的第一天，笔者来到L中学的"科技创新实践活动室"（下称"活动室"），早已在此忙碌的张老师，正在给学生分发本次科技创新实践活动所需的材料物品。

张老师一边发物品一边向学生们解释说："同学们，首先感谢大家这么踊跃地参与学校的'科技实践月'，但是没想到参与的人数这么多，今天只为我们班同学准备了20套'简易清洁能源发电机'所需要的物品和材料,材料不够,希望大家多以小组的形式进行。"

很快,为"简易清洁能源发电机"准备的物品已经分发完了。张老师集合在场的所有学生,进行了简单介绍并讲了注意事项要求。

"大家现在领到的这些物品,是你们完成科技实践任务中会用到的一些关键性材料,大家一定不能损坏,千万不要拆解其内部结构。"张老师指着一个学生手中的电动机(见图4-2)说:"比如这个直流电动机,它是永磁直流电动机的一种,电流过大容易烧坏,所以大家千万要小心。永磁直流电动机,也可作为直流发电机使用,现在需要大家结合清洁能源如风能、水能的发电原理,自行设计、安装、调试和改进,如果在大家设计与制作的过程中还需要用到其他材料和物品,我们'科技创新活动室'尽量为大家提供。当然,有些物品我们这里可能没有,需要大家自己想办法……"

图4-2 L中学科技实践活动所用永磁直流电动机

在这些器材中,主要物品是那个沉甸甸的直流电动机,显然是经过张老师精心准备的。L中学为学生实践活动提供的环境、条件是相当不错的。学校的科技创新实践活动已经初步制度化了,能够确保科技创新活动一年一次地正常开展。现场无论是排队准备领取物品的学生,还是已经领取了物品的学生,都抑制不住心中的兴奋,脸上溢满了喜悦之情,敞亮的活动室变得异常热闹。可以看得出,学生对学校的这项科技创新实践活动非常喜爱,参与的热情极高,就连张老师也感到意外,他准备的器材已经"供不应求"。

就在张老师还在向大家强调注意事项的时候，从活动室的一个角落里传来一阵"嗡嗡嗡……"的声音，虽然声音不大，但是敏锐的张老师还是很快就察觉到了，一个男学生独自坐在活动室工具台的角落里似乎正操作着什么，只见工具台上的电烙铁还冒着腾腾的热气。

"宋佳琪（化名），你在干什么？"张老师快步如飞地走过去并问道。

"老师，我在调试直流电动机。"

"你为什么不听我介绍完再做？损坏了怎么办？"张老师有些着急地说。

"老师，不会的！我一边仔细听着您讲，一边焊接好电动机的导线，接通电路，正准备测试用这个电动机发电的一些性能参数。"宋佳琪努力向张老师解释道。

张老师仔细查看后发现并无大碍，终于松了一口气。

这个名为"宋佳琪"的男学生，迅速引起了笔者的注意，他似乎也是"不那么听话"的学生，笔者打算着重观察宋佳琪在科技创新实践中的表现。从张老师处得知，宋佳琪是班里的活跃分子，在去年学校的"科技实践月"中取得过不错的成绩。他也是这次"科技实践月"唯一的只有一个组员的小组。

就在同学们领完物品准备离开的时候，活动室里又来了两名女同学，高个子女生叫杨娟（化名），小个子女生叫雷璐（化名），她俩本打算组队参加"科技实践月"活动，但得知张老师今天准备的物品和材料都被领完时，显得十分失落，正要离去时，她俩被张老师一句话提醒了："宋佳琪目前是一个人一个组，你们若有兴趣就和宋佳琪一组吧！"

"好的，老师！"杨娟和雷璐异口同声地说，她俩兴冲冲地向还在一旁测试的宋佳琪跑过去。

"嗨！……"两位女同学热情地打招呼。

宋佳琪没出声，好像什么都没看见的样子，继续着自己的测试。

"宋佳琪，我们来啦！"雷璐继续道。

"呃。"宋佳琪应了一声,继续埋头做着自己的事。

就在这时,张老师走了过来,对宋佳琪说:"你是一个人一个小组,我们的物品器材很有限,现在来了两个同学加入你的小组。"

"好的,老师。"宋佳琪答应道,然后起身向两位女同学点头示意,表示欢迎入队。随后他们一起对永磁直流电动机进行性能检测。

很明显,最初宋佳琪很不欢迎两位女生的加入,接受两位新成员,是迫于指导老师的安排。别的小组都是由几个人组成的,而宋佳琪只想一个人一组,这种反差令笔者很是不解。这是为什么?笔者在当天课外活动结束后对宋佳琪进行了访谈。

问:"宋佳琪同学,你这小组最初怎么只有你一个人呢?"
答:"我觉得我一个人就可以,人多了不好(做事)。"
问:"为什么这么认为?不是说'人多力量大'吗?"
答:"我去年也参加了学校的'科技实践月'活动,我的队友什么都不做,全是我一个人做的,所以我觉得还不如我一个人一个小组好!"
问:"如果遇到得力的同学,你想和他们组队吗?"
答:"嗯,想的。"
问:"那后来的两位女同学,你不欢迎她们吗?"
答:"呃…"(犹豫了一下),"她们都是女生,可能不太会做(科技实践任务)。"
问:"你是不是觉得女生动手能力都比男生要差?"
答:"也不全是,比如今天我们组来的那个雷璐,电烙铁、万用表都使用得很好。"
问:"你对刚才领到的直流电动机进行测试的情况怎么样?"
答:"对这个永磁直流电动机进行发电的初步性能测试,已经完成了,得到了一些数据。"说完,宋佳琪拿过一张记录得满满的表格递给笔者,上面记录着电机转速与对应产生的电压值。
问:"你们得到的这些数据有什么用途?"
答:"这些性能参数主要是为我们下一步设计方案做参考,我们想设计一个风力发电机,但是不知道要多大的风才能驱动这个电机发电,而且我们也不知道不同电机的转速能发出多大功率的电。"

问:"张老师要求你们第一步都要做电机的性能测试吗?"

答:"不是,这完全是我自己想到的,因为这是我从去年的'科技实践月'活动中吸取的经验:'心中有数,做事不慌'。张老师只给我们提供基本的材料物品,其余的都是自己做。"

宋佳琪小组最初只有他自己一人,不愿意与他人为伍,原因是他担心组员不能帮到自己,而且他有过参加科技创新实践的经历,也有足够的自信:自己一个人能行。由于这次科技实践的任务是一个全新的项目,他刚拿到准备器材时,就立即对其关键器件永磁直流电动机进行性能测试,独自搜集直流电动机的发电参数,为后续设计、制作奠定基础。有计划、有主见、有思考,真有点"小科学家"的范儿。笔者很期待宋佳琪小组能设计出一件出色的作品。

(二) 不断改进的尝试

在第二天下午同样的课外活动时间里,宋佳琪和其他两名队友早早来到活动室。按照规定,所有参加"科技实践月"活动的学生,都要以小组为单位向指导老师递交本组科技实践的设计方案,方案可行,才可以继续深入开展下去。各小组递交了设计方案,有的是制作"水力发电机",也有的是制作"手摇发电机",等等。笔者比较关注宋佳琪小组制作"风力发电机"的方案(见图4-3)。这个方案是在直流电机转轴上加装一个废旧电风扇叶轮,将直流电机两端的引线通过开关后接在一个灯泡上。张老师认为,这个方案从原理上讲是可行的,但可能会遇到很多实际的问题,他建议宋佳琪小组先做个试验看看效果,再慢慢改善。

宋佳琪在组员的协助下,迅速按照他们设计的原始方案安装好了电机叶轮和灯泡连线。然后,他们兴致勃勃地将安装好的"风力发电机"拿到活动室外,准备在有风的地方测试风力发电的效果,他们的行动引来了许多同学的驻足观望。但今天似乎"天公并不作美",活动室外风很小,且时有时无,他们的"风力发电机"叶轮在微风中丝

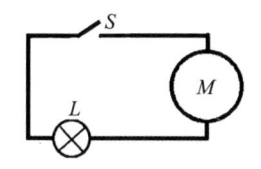

图 4-3　初步设计的"风力发电机"电路图

毫不动，用来检验发电效果的灯泡始终没有点亮。宋佳琪小组的三个人都沉默了，停下来一起找原因。不一会儿，他们将灯泡取下来，用一颗 LED 小灯珠代替，用焊锡将其接入电路后，继续将电机叶轮置于活动室走廊的栏杆外，风仍然时有时无，迎面一阵微风拂过，叶轮沿逆时针方向缓慢地转动起来，这时 LED 小灯珠也开始发出白光，在一旁围观的同学顿时喝起了彩。

"成功了，成功了，发电机终于可以发电了。"举着"风力发电机"的高个子女生杨娟对同组的雷璐说。

"这（离成功）还早着呢！"宋佳琪在旁边冷静地说。

这时一阵较大的风从"风力发电机"的背面吹过来，叶轮先是停止转动，再反向按顺时针方向转动起来，而且越转越快，但 LED 灯珠熄灭了，再也没有亮起来。

"看！LED 灯不亮了！"雷璐急切地说。

"快！快停下来！"宋佳琪示意杨娟让"风力发电机"的叶轮停止转动。

"是不是电流过大烧坏了？"雷璐问。

"啊？！不会吧？"杨娟有些急了，一边念叨着一边收回"风力发电机"。

"不应该啊，我是根据昨天的测试参数选定的 LED 灯珠呢！"宋佳琪说，"今天的风力还不算大，发出的电（电压）应该没有超过 LED 灯的额定值。"

在收回"风力发电机"的过程中，LED 灯突然闪亮了一下。原来是杨娟无意中的一个动作，让叶轮向逆时针方向转动了一下。

"哈哈！你们别担心，我知道原因了！"宋佳琪会心地笑了笑，安慰同组的两位女同学说。小组三人拿着"风力发电机"回到活动室，开始探讨"风力发电机"存在的问题。

宋佳琪小组选择用 LED 灯来减小发电机的负载功率，但是 LED 灯是一种发光二极管，要求电流的单向性，即只有接入 LED 灯的正负极规定的电流流向，LED 灯才会发光，反之则不发光。宋佳琪也想到了这点，这在笔者与他的交流对话中可以体现出来。

问："宋佳琪，你们的原始设计方案中用的是白炽小灯泡，为什么后来要用 LED 灯代替？"

答："白炽小灯泡的耗电功率较大，导致我们的'风力发电机'的负荷就比较大，而 LED 小灯珠能耗低，大大降低了发电机的负荷。"

问："你刚才向同组同学说'你知道原因了'，是什么呢？"

答："LED 灯珠，它本身就是发光二极管，二极管是单向导电的。我们用的是直流电机，用它来发电，发出的电是直流电，它有正负极性，而且正负极性是由直流发电机的转动方向决定的。"宋佳琪进一步向笔者解释道："比如风从正面吹来，发电机的叶轮呈逆时针方向转动，发出的电流正好满足 LED 发光二极管工作时的电流方向要求，所以 LED 灯珠发光；相反地，风从反面吹来，发电机叶轮呈顺时针转动，发出的电流方向与 LED 的工作所需电流方向相反，LED 就不发光了！"

问："你是怎么知道这些知识的？"

答："这些（知识）有的是我去年参加'科技实践月'活动的经验，有的是在物理课堂外我学习到的。"

问："那你打算怎样解决这个问题？"

答："我正在想办法解决，要让'风力发电机'的叶轮无论向哪个方向转动，它发电的极性都能满足 LED 灯工作电压的要求。但是，我现在还没有想到具体怎么做。"说完，他匆忙回到小组中去继续讨论。

宋佳琪、杨娟、雷璐三人开了自小组成立以来第一次比较"正式"的讨论会，讨论的内容就是解决 LED 灯不亮的问题。宋佳琪把刚才 LED 灯不亮的原因向其他两人作了说明，让大家都帮着想办法。他们在讨论过程中涉及三套解决方案：

第一套方案：不加装任何电路元件，风从哪里吹就将"风力发电机"朝向哪里，全过程由拿着"风力发电机"的人来判断和调整。这套方案被迅速否决掉了，因为最终的制作成品在评比时都要固定在展示台上，根本没人判断风向，所以不可行。

第二套方案：在"风力发电机"输出端加装一个极性换向开关（极性换向开关，常用在控制直流电动机正转与反转的电路中，在小型电动玩具车上经常可以见到）。当风从反面吹来时，就拨动极性开关，让电机发出的电及时改变极性，这个过程还是要由人来操作。这套方案虽然能解决部分问题，但立即受到质疑：还是需要人操作，不现实。

第三套方案：在"风力发电机"输出端加装一个微型单片机控制模块，通过事先设定好程序让模块根据电机输出的电压、电流特性自动调整输出适合LED灯珠工作的电压和电流。这套方案被提出来后，有两人赞同，一人反对。持赞同态度的是两位女生，原因是这是目前他们能找到的最适合的解决方案，而且杨娟在去年的"科技实践月"活动中用过单片机模块；持反对态度的是宋佳琪，理由是单片机模块本身需要耗电，需要为单片机控制模块额外加装电源，从能耗的角度看，这套方案不是最理想的，但又没有找到更好的解决方案，因此第三套方案成为他们暂时保留的方案。

接下来，宋佳琪小组三人各有分工。杨娟去通用技术实验室指导老师梁老师处寻找适合的单片机模块，雷璐与宋佳琪两人来到活动室的"网络查询角"，将他们的问题通过电脑上网搜索，寻找更好的解决方案。不一会儿，在一个电子工艺的网站上，他们找到了一些线索：首先，明白了这种将不同方向输出的电流调整到某一固定方向的电流的过程，叫作"整流"；其次，要实现"整流"，可以利用二极管对电流的单向导通和逆向截断的特性，用四个二极管组合连接的方法实现"整流"，而且不需要额外供电。

"这个好，这个好！"宋佳琪掩饰不住内心的激动，连连叫好。

这时，杨娟从通用技术实验室的指导老师梁老师处返回来了，虽然她没有带回适合的单片机模块，却带回了一个好消息：梁老师建议他们在这个方案中不用单片机模块,而用"桥式整流"的方法,更重要的是,杨娟在梁老师处还带回了"桥式整流"要用到的四个二极管。听到杨娟带回的消息,在电脑旁的雷璐与宋佳琪相视而笑,说道:"果然是英雄所见略同!噢耶!"三个人脸上都笑开了花。说做就做,三人开始为他们的"风力发电机"重新设计电路图(见图4-4)。

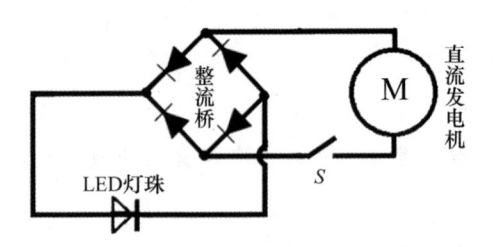

图4-4 改进设计的"风力发电机"电路

回到活动室的"工具角",宋佳琪接通焊锡架上电烙铁的电源,按照网络查询到"桥式整流"的接线方法,将杨娟带回来的四个二极管小心翼翼地焊接起来,按照重新设计的电路图,将"风力发电机"组装好。

随着电烙铁头在松香盒里发出的"嗞嗞"声,一团团白雾泛起,在宋佳琪小心翼翼的操作下,最后一处焊点"完美收工",重新改进的"风力发电机"终于完成了。宋佳琪和两位女同学都迫不及待地用手转动电机叶轮,无论是顺时针转动还是逆时针转动,LED灯珠都能亮起来。

宋佳琪小组设计方案的每一次改动,都是为了解决新出现的问题。他们将灯泡换成LED灯珠以降低电路负载功率,笔者认为,作为普通高中学生,能考虑到这一点,是可以理解的。但他们为电路增加"整流桥"电路模块装置,这是笔者没有预料到的,因为其知识远远超出了我国现行高中物理教学要求的范围,属于本科电子工程技术或高职院校机电专业的学习内容,对于普通高中学生来说,那是"超纲"内容。但是,宋佳琪小组想到了,而且做到了。这或许就是物理实验课程及其活动的极大魅力——

"科学无止境，永攀高峰"的写照。这也说明了一个事实，普通高中学生带着问题去学习大学本科的一些内容，是完全可以的，也是可行的。笔者不得不用"兴趣所致，金石为开"来形容他们。接下来宋佳琪小组又会遇到什么问题？笔者继续跟随观察。

宋佳琪小组三人将"风力发电机"兴高采烈地拿到操场上，找到了一处有风的位置，开始试验起来……

"看，顺风和逆风都可以发电了！"杨娟拿着"风力发电机"惊喜地叫道。

"嗯，你要小心啊！"宋佳琪提醒杨娟，要注意安全，尤其是"风力发电机"的安全。

雷璐在一旁没有说话，她还在不停地观察。"你们看，好像是风力不够（大）！""LED 灯不是很亮啊！"雷璐突然说道。

"是啊！"杨娟也意识到这个问题。

"这样发出的电，是很小的，实用性不强。"宋佳琪说道，"我最初测试时发现电机转速在 1000 转每分钟时空载电压可以达到 40（伏），我正计划用发出的电给手机充电呢！"

"可以用来给手机充电吗？"杨娟问道。

"是的，完全可以。"宋佳琪解释说，"这个电机用来发电的最大功率是 20W，给手机充电的电压是 5V，最大电流可以达到 3A 以上，按道理是完全可以充电的，甚至平板电脑都可以！"

"那得要多大的风才能驱动电机获得那样（功率）的电？"雷璐对这个问题似乎也很感兴趣。

"风，我不知道具体需要多大，但是现在这样的微风肯定是不行的！"宋佳琪说。

"我们可不可以不用风来驱动？"雷璐灵机一动说。

"用水做动力吗？"杨娟问。

"水做动力也不方便啊，要给手机现场充电呢！"宋佳琪补充说。

"要不，我们用手摇动来代替转动？"

"可以啊！"雷璐和杨娟几乎异口同声地说道。

为了使发电机发电具有更强的实用性，三人商量着准备将"风力发电机"改装成"手摇发电机"。他们回到活动室,找到了一个适合做摇柄的铅笔转笔刀手柄。接下来,他们没有对电路做任何改动,只是准备将电机的叶轮换成摇柄,在卸下原来的"风力发电机"的叶轮时,宋佳琪用手来回正反交替地拧动电机转轴,只见 LED 灯珠随着正反方向的交替拧动一闪一闪地亮了起来,而且交替拧动的速率越高,LED 灯珠闪烁的亮度就越强。

发现了这一现象后,宋佳琪建议说:"我们干脆做成'步行发电机'吧!"

"什么步行发电机?要怎么做?"雷璐好奇地问。

"'步行发电机'就是利用人的步行运动来发电。我们现在的'发电机'转轴都不需要完整的转动就可以发出电了,主要是因为我们加装了'桥式整流'装置。"宋佳琪进一步解释说,"人的步行动作就是两腿交替往复运动的,如果把这种来回交替运动传给我们电机的转轴,我们就可以实现'步行发电'啦!"

"那太好了!'步行发电机'影响我们追求的实用性吗?"杨娟继续追问。

"它一定会增强实用性!它不但可以在人行走时用来给手机充电,还可以在夜间行走时提供持续照明呢!"宋佳琪满怀信心地说。

还没来得及进一步实施,下午的课外活动时间就要结束了,宋佳琪小组三人显然意犹未尽。他们将做"步行发电机"的想法告诉了张老师,张老师很支持,也很期待接下来他们的行动,并表示愿意为他们提供制作"步行发电机"的转轴和步行传动装置的必要材料。

宋佳琪小组的设计方案一改再改,而且充满了不确定性,这是作为指导老师的张老师预料之中但又始料未及的,虽然知道他们可能会改动最初的设计方案,但没有想到会改动得这么频繁,改动幅度这么大,而且每一次改动都是比较大的挑战。就当前宋佳琪小组"步行发电机"的设计方案及其可操作性,笔者访谈了指导老师张老师。

问:"张老师,宋佳琪小组的'步行发电机'方案您觉得怎么样?可行吗?"

答:"从宋佳琪的描述来看,我认为是可行的,而且很可能会实现,但现在的难点在于他们要做一个与'步行发电机'转轴匹配的人的步行传动装置,这对他们的挑战很大!"

问:"他们最初设计的方案是做'风力发电机',现在要改做'步行发电机'了,他们做这样的改变在你的预料之中吗?"

答:"说真的,我还真没预料到他们会这么做!他们做'风力发电机'测试的时候我一直悄悄地关注着他们,我还以为在解决风力不够的问题上,他们会在叶轮的尺寸上下功夫以增加风力的作用面积呢!"

问:"那为什么他们没有这么做?"

答:(笑着说)"这群孩子还真喜欢动脑筋!他们知道增加叶轮尺寸也解决不了实质性问题,因为还得依靠风力,风力时大时小,我们无法保证一个需要的恒力,所以实用性就大大降低了,所以他们放弃了在叶轮上面下功夫。"

问:"学校的'科技实践月'对学生实践活动的最终制作品有具体规定和要求吗?"

答:"对制作品本身没有具体的要求,当然最基本的要求就是内容要积极健康、要安全。但对参与评奖的科技制作品的要求是有新意,要能体现学生学以致用的能力。学校举办'科技实践月'活动的初衷就是让学生主动参与科技实践活动,让他们先'玩起来'!至于能做多少科技小制作、小发明,那是因人而异的。"

问:"目前宋佳琪小组的科技制作品是否达到学校评奖要求呢?"

答:"就目前来看,他们通过网上自学找到了'桥式整流'的方法,也将这种方法实际地应用到了他们的直流发电作品中。我们知道,这类(桥式整流)知识,是在高等职业院校机电类专业或者理工科大学本科阶段才会专门讲授的,普通高中物理对这些内容是不做要求的。所以对宋佳琪他们来讲,他们提前学到了而且应用上了,也算是对科技知识的一种创新实践应用,具备一定的新意,所以他们的科技制作品已经具备评奖的条件了!"

问:"那您会告诉他们可以参与评奖了吗?"

答:"不会,至少现在还不会!宋佳琪他们还有潜力解决后面更具挑战性的问题,我是不会让他们错过继续锻炼动手实践的机会的!我期待他们后面更好的表现!"

从目前看来,物理科技创新实践这样的活动对学生实践能力和创新意识的培养与提升,是一个非常有效的途径。在回答笔者接下来的提问"学校为什么不能长期开展科技实践活动,而是一年只开展一个月"时,张老师说主要有两个方面的原因:一是如果长期开展下去会严重影响正常的教学秩序,毕竟他们还面临着升学考试的压力;二是学校目前在这方面的支持条件还很有限,物质的支持、师资的支持等都十分紧缺。可见,在目前学校教育中大量开展类似的物理科技创新实践活动,还有很多限制因素,如考试选拔、资源条件等对培养学生实践能力与创新意识具有一定程度的限制性。

(三)"微动力发电机"的完善

"科技实践月"已过去了一个多星期,L中学的"科技创新实践活动室"依旧热闹非凡。张老师正在调试一个电路模块,后来得知,那是张老师利用一个周末时间专门为宋佳琪小组准备的"5V 直流稳压模块",这是一个能将 5~36V 直流电压稳定在 5V 充电电路上的模块元件。张老师告诉笔者他这样做的目的:由于要涉及给手机充电,如果电压过高,手机电池可能会有爆炸的危险,出于安全的考虑,他专门为宋佳琪小组制备了这个稳压电路模块。可以看得出,张老师一直默默地关注着宋佳琪小组"步行发电机"的制作进展,也一直牵挂着学生们在科技实践活动中的人身安全。

宋佳琪拿着他们的"步行发电机"兴冲冲地跑到活动室,同组的两名女同学雷璐和杨娟也随后跟了进来,他们是来找张老师解决一个问题的:在将电机转轴朝正反方向交替拧动时,LED 灯总是一闪一闪的,不能持续亮起来。张老师接过"步行发电机"仔细看了看,经过一周,在"步行发电机"外观上明显多了两条"腿"。那是宋佳琪为"步行发电机"接上了两条直径为 3mm、长约 60cm 的铁丝"腿"(见图 4-5),一条固定在电机的外壳上,另一条则固定在电机的转轴上;两条铁丝"腿"的末端都被弯成了一个圆环状,用来将其固定到人行

第四章 促进实践能力提升的物理实验课程案例分析   167

走时的两条腿上，将人步行运动的能量传递给电机从而发电。

图 4–5 "步行发电机"安装摇臂位置示意

还没等张老师看完，宋佳琪就迫不及待地要为大家演示，他接过张老师手中的"步行发电机"，自己"戴"上"步行发电机"的两条"腿"，开始行走起来，动作酷似机器人，随着他行走时带动铁丝交替拧动电机转轴，"步行发电机"上的 LED 灯闪烁起来，赢得在场同学的一阵欢呼。

张老师看完宋佳琪的演示后，问道："你们的'步行发电机'发电会使 LED 灯不停地闪烁，你知道为什么吗？"

"张老师，我觉得可能是运动的力不均匀吧！"宋佳琪回答说。

"那你们为什么不做成'手摇发电机'呢？"张老师继续问道。

"这次活动中有很多小组的同学都选择做'手摇发电机'，我们小组觉得没多大新意，所以就放弃了。"宋佳琪说。

接下来，张老师为宋佳琪解释 LED 灯闪烁的原因：人的步行运动引起的电机转轴正反方向交替运动不是匀速的，导致电机内部线圈非均匀地做切割磁感线运动，所以发出的电流大小也就不均匀，因此，LED 灯就表现出一闪一闪的现象。张老师还给了这个问题的解决方法：在不改变当前电机结构的情况下，在"步行发电机"输出端加装一个大容量的电容即可；如果要实现给手机充电，还需要加装 5V 稳压电路。

宋佳琪听完后不禁皱了皱眉头，就在他为稳压电路模块和大容量电容发愁时,张老师拿出了特意为他们准备的5V稳压电路模块和1只10000uF的大容量电容,还叮嘱了相关的安装方法。对张老师的"雪中送炭",宋佳琪和同组的同学们简直喜出望外,乐得合不拢嘴,他们按照张老师的提示开始进一步完善"步行发电手机充电装置"的电路图(见图4-6),并按照设计电路图焊接组装好。就这样,"步行发电机手机充电装置"在经历了大约一个星期的时间后,终于制作完成了。宋佳琪拿着他们新鲜出炉的"宝贝",迫不及待地为同学们展示起来。……

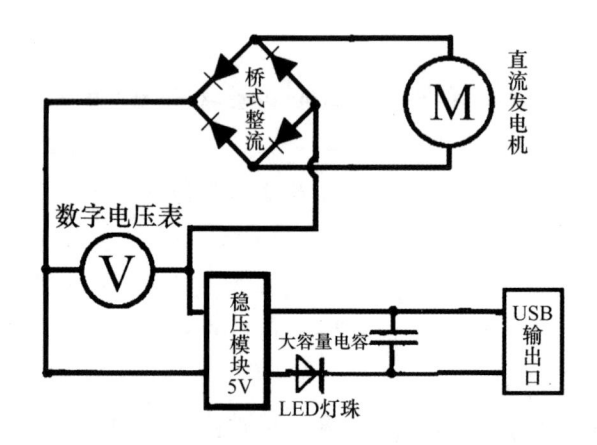

图4-6 "步行发电手机充电装置"电路图

L中学的学生"科技实践月"活动仍然在继续……

由于笔者研究时间和条件方面的限制,不能再继续跟踪考察宋佳琪小组科技制作作品的后续改进情况。几周后,指导老师张老师来电告知笔者,宋佳琪小组在接下来的时间里又对"步行发电手机充电装置"的人体"穿戴"部分进行了优化和改良,使人在步行时使用的舒适性、安全性大幅提升,而且该作品获得了学校本年度"科技实践月"活动"一等奖",还筹备参加全国中学生科技创新作品大赛,笔者听闻,甚感欣慰。

【学生收获与成长】

为了解宋佳琪在整个科技实践过程中的成长与收获,在L中学的"科技实践月"结束后,笔者专程对宋佳琪同学进行了深度电话访谈。

第四章 促进实践能力提升的物理实验课程案例分析

问：宋佳琪同学，你最初是打算以你一个人为小组，你觉得你能独自完成这项活动吗？

答：如果让我一个人做，肯定得花更长的时间，还不一定能做得出来。你看我们组的设计方案都经过了三四次大的调整、修改，有时候真的是计划远远没有变化快，而且我们组的雷璐、杨娟给了我很大帮助，尤其是在解决那个"整流桥"电路的问题上，雷璐可以算作我们组的"大功臣"呢！是她找到这样的解决方法的。我觉得合作还是很重要的，特别是和有才干的人合作，省时、省力、省心，太有必要了！

问：在整个"步行发电手机充电装置"的研制过程中，你觉得最大的收获是什么？

答：最大的收获就是学会了很多书本上学不到的东西！

问：可以举个例吗？

答：比如在参加这个实践活动之前，我是不懂什么"整流"电路的，也不知道四根二极管的组合有这么大的作用，现在我学会了电路设计，学会了对它们的焊接组装，学会了将直流电动机改做发电机的整个过程。这些都是（高中物理）课本中没有的，都是通过科技实践活动中我们一起上网查询和自己摸索学到的，而且我一辈子都不会忘记它！

问：你觉得哪些因素对你收获成功影响最大？

答：首先是要有兴趣，兴趣是促使我研究和学习的动力，而且在科技实践活动中我的兴趣越来越浓，有时候为解决一个问题甚至都不想吃饭、不想睡觉。其次是要有相关的应用知识基础，没有这个基础在碰到问题时往往会束手无策，包括我们上网查询的那些知识都是应用性的知识，如果没有知识基础，我们也无法应用查询来的知识；最后的方面其实是相当重要的，那就是学校为我们提供了像"科技实践月"这样的平台条件，而且还有像张老师这样优秀的老师给我们指导，这一切都是能把我们的想法和设计实现出来的前提条件。如果我们有想法但又没有实现的机会，也没有实现想法的物质条件，那我们也只能成天"乖乖地"待在教室里像收音机似的听老师"滔滔不绝地"讲下去了。

【基于学生实践能力的要素分析】

宋佳琪及其队友参加物理实验的科技创新实践活动,创造性地解决了科技制作的许多技术性难题。这些难题所涉及的知识范围已经远远超出了当前高中学生所学,但是他们通过自主学习实现了对问题的圆满解决。同时,通过小组协作,宋佳琪已经认识到团队合作的重要性和优越性,改变了之前对小组合作不信任的看法;他在科技创新实践活动中收获很大,学到了很多新知识,会做电路设计,会用万用表检测故障,会使用电烙铁简单地焊接电路元件,会用"整流桥电路"制作发电机等。从学生实践能力结构来看,上述表现涉及实践能力的主要构成要素——专项性实践能力、情境性实践能力的主要方面(见表4-2)。宋佳琪总结中的"兴趣""应用知识基础""支持条件""师资"等涉及学生实践能力发展支持系统的主要因素如兴趣动机、专业知识与经验、实践环境与条件等(见表4-3)。

表4-2　　物理实验课程活动对学生实践能力培养的案例分析

序号	物理科技实践活动中的表现	涉及实践能力要素	涉及实践能力层次
1	认知、观察、思考、运动等	认知能力、观察能力、思维能力、肢体活动能力	基础性实践能力
2	学习到"整流桥"知识	专业知识获取能力	专项性实践能力
3	能使用万用表、电烙铁等	专业工具使用能力	专项性实践能力
4	能改进有缺点的设计	问题解决能力、反思能力等	情境性实践能力
5	能将设计的电路图进行实物化安装	应用执行能力	情境性实践能力
6	能分工与合作完成任务	交流协作能力	情境性实践能力

上述案例表明,物理实验课程及其活动对学生实践能力结构中的主要能力因素具有良好的促进作用。物理实验课程及其活动,对培养学生问题解决能力、交流协作能力、应用执行能力等情境性实践能力,以及专业知识获取能力、专业工具使用能力的专项性实践能力,都具有良好的促进作用。如上述案例中学生对关键问题的解决,例如他们发现问题、分析问题、制定对策等行为,是情境性实践能力中问题解决能力的作用表现;学生通过多媒体手段搜索解决问题的关键知识,这是专项性实践能力中知识获取能力的表现;使用专业工具如万用表、电烙铁等测试与组装电路,这

些是与专项性实践能力中的专业工具使用能力、情境性实践能力中的操作创制能力的作用紧密相关的。在整个物理实验课程及其活动过程中，学生认知、观察、思维等基础性实践能力因素也得到了锻炼和发展。

表4-3　科技创新活动案例涉及学生实践能力发展的条件因素

	物理科技创新活动 涉及的因素	对应的实践能力 发展的影响因素	对实践能力 发展的作用
1	非常感兴趣	实践动机、需要	发展的动力
2	电子元器件的特性与功能	已有专业知识经验	发展的基础
3	学校支持（物资、师资）	实践条件与环境	发展的保障
4	"科技实践月"活动	实践活动平台	发展的载体
5	指导老师的提醒和引导	评价激励指导	发展的促进

上述案例中物理科技活动所涉及的因素分别与学生实践能力发展的支持条件因素相互映衬。普通高中物理实验课程及其活动促进学生实践能力的提升，是基于一定条件的，即物理实验课程及其活动要满足学生实践能力发展的支持系统各因素的要求。如学生的兴趣，是影响学生实践能力发展的最为明显的非智力因素，学生兴趣高低程度直接影响其在物理实验中的问题解决能力、执行应用能力、协作交流能力等作用的发挥。此外，物理实验课程及其活动包含学生实践能力发展所需的条件与环境。例如通过物理科技创新实践活动，学校提供的条件性物质资源、师资力量以及学生实践的平台，都是学生实践能力发展必不可缺的条件性资源。如果没有学校的条件性教育资源的支持，普通高中学生的实践能力培养可能仅仅是一个"符号"层面的概念，很难在实践层面得到真正落实。

第四节　案例小结："真物理·悟真理·践行动"
——促进学生实践能力发展的有机循环路径

物理实验课程如何有效促进学生实践能力的发展？对此本书第二章已有相关理论探讨。但现实中如何在物理实验课程实施中切实促进学生实践能力的发展？本章前三节的案例内容分别从不同侧面和程度上反映出物理实验课程能促进学生实践能力相关因素的发展。结合本书第一章中提出的普通高中学生实践能力发展的条件机制，第三章物理实验课程实施过程中实践能力培养的现状与问题，以及本章的案例分析，笔者尝试提出通过物理实验课程促进学生实践能力提升的"真物理·悟真理·践行动"的有机循环路径。

一 "真物理·悟真理·践行动"有机循环路径释义

关于物理学知识的结构特征，美国哈佛大学著名物理学教授杰拉德·霍尔顿（Gerald Holton）曾提出物理学的任何一部分基本内容的结构及其发展都可以分解为三种因素或三个坐标[①]：X——物理实验（事实）、Y——物理思想（逻辑、方法论等）、Z——数学（表达形式或计量公式），即"物理学三维结构模型"。该结构模型空间的点（X、Y、Z）与某一物理概念相对应，相关两点的连线与某一物理规律相对应（见图4-7）。

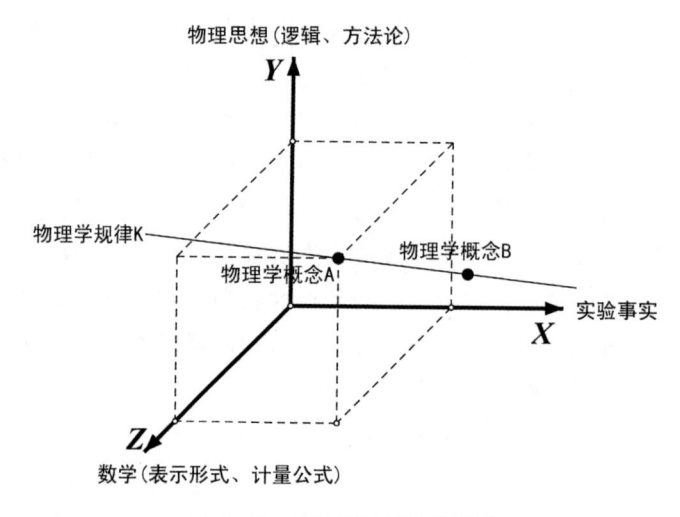

图4-7 物理学三维结构模型

因此，物理教学中教师要尽可能引导学生通过对物理实验（事实）、物理思想（逻辑、方法论等）、数学（表达形式或计量公式）三方面的建

[①] [美]霍尔顿：《物理科学的概念与理论导论》（上册），人民教育出版社1983年版，第323—325页。

构，引领和帮助学生深度理解和牢固掌握物理知识，灵活迁移应用，实现触类旁通。这也在一定程度上为"真物理·悟真理·践行动"路径的释义和理解提供了参考。

"真物理"，简言之，即在物理教学中教师应尽可能为学生提供直观的物理现象或物理事实，学生能观察到的客观的、真实的物理现象或事实。"真物理"要求教师通过切实开展物理实验来多角度地呈现物理现象，使物理原理直观化、感性化，为学生学习物理提供直接的感性经验，这是学生深入学习和掌握物理原理、规律的前提基础。当然，"真物理"也要求教师在学生尚未建立对客观物理现象的感性认识之前，杜绝"黑板"实验、"唇上"实验等。

"悟真理"，即学生通过物理现象或物理事实，体悟物理现象或事实的本质及其物理意义，掌握物理科学思维方法，理解物理原理规律及其数学表达等。"悟真理"的重要性体现出物理学知识生成的一个基本途径，就是观察与科学思维相结合，学物理不能止于感知，要以理解基础上的感悟以及应用来收尾，一个完整的感悟过程有助于学生科学素养的提升。[①] 同时，"悟真理"促进学生建构正确的价值观、世界观，崇尚科学精神，激发爱国主义情怀，增强民族自豪感和文化自信等，持续深入发挥物理学科育人的价值作用。显然，"真物理"为"悟真理"提供了直接的感性经验，而"悟真理"是对"真物理"的进一步认识和升华。

"践行动"，则是从学生"学以致用"角度，体现物理知识、技能在新情境中的迁移应用，反思所学所识，调整自己的认知结构，完善自己的经验系统。"践行动"环节既是对"悟真理"环节中学生建构的物理知识系统的实践检验，也促进了学生的"学以致用"与"应用创新"，为下一步探索"真物理"奠定基础。

综上所述，"真物理·悟真理·践行动"有机循环路径作为一个循序渐进、螺旋式递进的有机循环，深刻体现出学生在物理学习中学、思、行三方面的循环递进关系，其各要素相互联系、相互促进，成为不可分割的有机整体（如图4-8）。

[①] 任炜东、卢慕稚、续佩君：《感悟与同行：中学物理教学的有效途径》，《课程·教材·教法》2015年第35卷第12期。

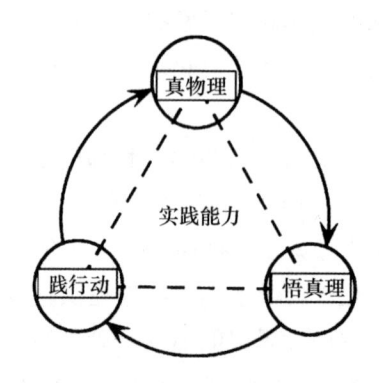

图 4-8 "真物理·悟真理·践行动"的有机循环路径

二 "真物理·悟真理·践行动"有机循环路径的育人功能

"真物理·悟真理·践行动"的有机循环路径，除揭示了物理学习中的学、思、行的相互联系及其作用外，还直接反映了"实践—认识—再实践—再认识"的认识与实践的辩证关系。毛泽东在《实践论》中指出："实践、认识、再实践、再认识，这种形式，循环往复以至无穷，而实践和认识之每一循环的内容，都比较地进到了高一级的程度。"[①] 更进一步讲，"真物理·悟真理·践行动"强调从真实客观的物理现象事实中构建物理知识经验，在"真物理""悟真理"环节学生将间接物理知识经验转为直接经验系统，构成实践能力的发展基础；在"践行动"环节，学生在新的实践情境中实现实践能力各能力要素作用的协同发挥，实现实践能力发展的又一次飞跃。因此，"真物理·悟真理·践行动"的有机循环，不仅促进实践能力的提升，同时也促进了物理学科核心素养的培养，相关分析见表 4-4 所示。

表 4-4　　循环路径对实践能力、物理学科核心素养的作用

环节	促进实践能力的要素或发展条件	培育物理学科核心素养的要素
"真物理"	基础性实践能力因素（实践动机兴趣、观察、思考等）	物理观念、科学思维、科学探究

[①]《毛泽东选集》（第1卷），人民出版社1991年版，第296—297页。

续表

环节	促进实践能力的要素或发展条件	培育物理学科核心素养的要素
"悟真理"	专项实践能力因素（专业知识经验、专项技能）	物理观念、科学思维、科学探究、科学态度与责任
"践行动"	情境实践能力因素（问题解决、应用执行、评价反思）、实践条件与环境、实践活动平台、评价激励等	物理观念、科学思维、科学探究、科学态度与责任

物理实验课程及其相关的科学实践活动，从不同程度、不同层次上促进了学生实践能力的提高。从普通高中学生实践能力支持系统的各要素来看，物理实验课程以学生的兴趣为基础，注重学生的主动参与和实践任务活动体验。物理实验课程对学生的实践能力构成要素中专业知识获取能力、迁移应用能力、问题解决能力、交流协作能力等的促进作用明显。本书提出的"真物理·悟真理·践行动"的有机循环路径，既涵盖学生实践能力发展的关键要素与条件要素，又为物理学科核心素养培养的有效途径提供了新的方法论视角。

第五章

基于学生实践能力培养的高中物理实验课程变革

在普通高中人才培养模式变革与创新中,课程体系建设是最为基本的载体与突破口。课程变革与建构是在确保国家、地方、学校三级课程管理体制、国家课程设置、学生发展目标的前提下,对国家、地方课程进行适当整合、开发与重组,使得课程实施效果更为良好。

本书在前文一系列相关研究的基础上,尝试从课程要素的视角建构促进普通高中学生实践能力发展的物理实验课程体系。为充分发挥物理实验课程在培养学生实践能力与创新精神方面的重要作用,增强物理实验课程的适切性,物理实验课程变革要处理好发展性与系统性、兴趣性与主动性、直接经验与间接经验、时代性与基础性、学术性与政策性几对关系,落实立德树人根本任务的要求,实现以学生核心素养提升为目标,在原有普通高中物理实验课程的基础上,以变革课程目标、课程内容、课程实施方式、课程评价方式等为切入点,变革或建构切实促进学生创新精神与实践能力发展的普通高中物理实验课程。

第一节 物理实验课程变革的依据

一 物理课程的标准要求

物理学是自然科学领域的一门基础学科,研究自然界物质的基本结构、相互作用和运动规律。高中物理课程是普通高中自然科学领域的一门基础课程,旨在落实立德树人的根本任务,进一步提升学生的物理学科核心素养，为学生的终身发展奠定基础，促进人类科学事业的传承与社会的发展。《普通高中物理课程标准（2017年版 2020年修订）》（下称"课程标准"）指出①："高中物理课程通过创设学生积极参与、乐于探究、善于实验、勤于思考的学习情境，培养和发展学生自主学习能力。通过多样化的教学方式，利用现代信息技术，引导学生理解物理学的本质，整体认识自然界，形成科学思维习惯，增强科学探究能力和解决实际问题的能力。"课程标准明确了物理学科核心素养的水平划分及其要求（见表5-1）。

表5-1　　物理学科核心素养的水平划分

水平	物理观念	科学思维	科学探究	科学态度与责任
水平1	能从物理学的视角观察自然现象，具有将物理知识与实际相联系的意识	能说出一些简单的物理模型；能对常见的物理现象进行简单分析；能区分观点和证据；知道质疑和创新的积极性	具有问题意识；能在他人指导下使用简单的器材收集数据；能对数据进行初步整理；具有与他人交流成果、讨论问题的意识	认识到物理学是对自然现象的描述与解释；对自然界有好奇心，知道学习物理需要实事求是，有与他人合作的意愿；知道科学·技术·社会·环境存在相互联系
水平2	形成初步的物理观念，能从物理学的视角解释一些自然现象，能应用物理知识解决实际问题	能在熟悉的问题情境中应用常见的物理模型；能对比较简单的物理现象进行分析和推理，获得结论；能使用简单和直接的证据表达自己的观点；具有质疑和创新的意识	能观察物理现象，提出物理问题；能根据已有的科学探究方案，使用基本的器材获得数据；能对数据进行整理，得出初步的结论；能撰写简单的报告，陈述科学探究过程和结果	认识到物理学是基于人类有意识的探究而形成的对自然现象的描述与解释，并需要接受实践的检验；有学习物理的兴趣，具有实事求是的态度，能与他人合作；认识到物理研究与应用会涉及道德与规范问题，理解科学·技术·社会·环境的关系

---

① 中华人民共和国教育部：《普通高中物理课程标准（2017年版 2020年修订）》，人民教育出版社2020年版，第2—3页。

续表

水平	物理观念	科学思维	科学探究	科学态度与责任
水平3	具有物理观念，能从物理学的视角描述和解释自然现象，能应用物理知识解决实际问题	能在熟悉的问题情境中根据需要选用恰当的物理模型解决简单的物理问题；能对常见的物理现象进行分析和推理，获得结论并作出解释；能恰当使用证据表达自己的观点；能对已有观点提出质疑，从不同角度思考物理问题	能分析物理现象，提出可探究的物理问题，作出初步的假设；能在他人帮助下制定科学探究方案，使用基本的器材获得数据；能分析数据，发现特点，形成结论，尝试用已有的物理知识进行解释；能撰写实验报告，用过的物理术语、图表等交流科学探究过程和结果	认识到物理研究是建立在观察和实验基础上的一项创造性工作；有较强的学习和研究物理的兴趣，能做到实事求是，在合作中尊重他人；认识到物理研究与应用应考虑道德与规范的要求，认识到人类在保护环境和促进可持续发展方面的责任
水平4	具有清晰的物理观念，能从物理学的视角正确描述和解释自然现象，能综合应用物理知识解决实际问题，能指导工作和生活实践	能将实际问题中的对象和过程转换成物理模型；能对综合性物理问题进行分析和推理，获得结论并作出解释；能恰当使用证据证明物理结论；能对已有结论提出有依据的质疑，采用不同方式分析解决物理问题	能分析相关事实或结论，提出并准确表述可探究的物理问题，作出有依据的假设；能制定科学探究方案，选用合适的器材获得数据；能分析数据，发现其中的规律，形成合理的结论，用已有的物理知识进行解释；能撰写完整的实验报告，对科学探究过程与结果进行交流和反思	认识到物理研究是一种对自然现象进行抽象的创造性工作；有学习和研究物理的内在动机，坚持实事求是，在合作中既能坚持观点又能修正错误；能依据普遍接受的道德与规范认识和评价物理研究与应用，具有保护环境、节约资源、促进可持续发展的责任感

续表

水平	物理观念	科学思维	科学探究	科学态度与责任
水平5	具有清晰、系统的物理观念，能从物理学的视角正确描述和解释自然现象，能灵活应用所学的物理知识解决实际问题，能有效指导工作和生活实践	能将较复杂的实际问题中的对象和过程转换成物理模型；能在新的情境中对综合性物理问题进行分析和推理，获得正确结论并作出解释；能考虑证据的可靠性，合理使用证据；能从多个视角审视检验结论；解决物理问题具有一定的新颖性	能面对真实情境，从不同角度提出并准确表述可探究的物理问题，作出科学假设；能制定有一定新意的科学探究方案，灵活选用合适的器材获得数据；能用多种方法分析数据，发现规律，形成合理的结论，用已有物理知识进行科学解释；能撰写完整规范的科学探究报告，交流、反思科学探究过程与结果	认识到物理学是人类认识自然的方式之一，是不断发展的，具有相对持久性及普适性，但同时也存在局限性；有较强的学习和研究物理的内在动机，能自觉抵制违反实事求是原则的行为，在合作中既能主动参与又能发挥团队作用；在进行物理研究和应用物理成果时，能自觉遵守普遍接受的道德与规范，养成保护环境、节约资源、促进可持续发展的良好习惯

资料来源：中华人民共和国教育部《普通高中物理课程标准（2017年版 2020年修订）》，人民教育出版社2020年版，第78—80页。

二 普通高中物理实验课程实施中的现实问题

目前高中物理实验的开展方式是跟随物理教学进度，进行随堂演示实验或学生分组实验。但现实中还存在着"只学不做""黑板实验""唇边实验"等，以及物理实验"可有可无"的现象，从而导致普通高中物理教学中培养学生实践能力的效果不理想。根据本书前文的调查研究得知，之所以会出现这种现象，一方面是因为课堂"时间紧"，没有时间让学生单独做实验，另一方面是因为受"根本没有做实验的必要性"的影响，导致出现这两方面问题的根本原因是"高考"的影响。

占较大比例的教师认为，任何"高考"不考的内容对学校教学来讲都是"多余"的，而物理实验正处在这种"多余"的尴尬境地。一是由于物理实验在"高考"中所占比例太小；二是"高考"中物理实验的考测以纸笔测试为主，使得机械记忆实验结论的学生在"高考"中仍然有着有利可图的机会。不得不说，根深蒂固的应试教育功利化追求必然导致各课程实施取向的失衡，培养学生创新精神与实践能力的成效被大打折扣。物理实验被认为"可有可无"，或学生在实验中"亦步亦趋"的表现，正是以牺牲学生进行真正"实践"的时间为代价，片面追求应试"效益"而产生的不良后果。

上述现象表明，现行普通高中物理实验课程嵌入物理课堂教学中，一方面受考试评价的影响巨大，另一方面缺乏常规的制度化约束与保障。物理实验课程以培养学生的物理学科核心素养、创新精神与实践能力为主要目标，物理实验的评价不应该只是选拔性、甄别性的评价，而应该有形成性和表现性评价，以诊断和促进学生能力发展为最终目的，对学生物理实验能力的单独考察评价可以分阶段、分时段进行，形成档案记录，其结果可作为高校招生录取的参考依据。如此方能逐渐消除片面追求应试效益的部分不良影响。因此，即使是在打基础教育的高中阶段，物理实验课程也应该有相对独立的课程内容、课程实施及评价机制，以切实落实学生实践能力与创新意识的培养。

三 学生实践能力培养的内在要求

本书前面部分内容对普通高中学生实践能力的构成要素，通过结构模型方式进行了理论建构，并通过调查量化数据，对学生实践能力结构模型进行了初步验证，案例研究揭示了不同类型的物理实验课程及其活动对学生实践能力不同方面、层次的发展与促进作用。

实践能力是人在完成实践任务活动中所表现出来的、顺利解决现实问题的稳定的心理特征。普通高中学生实践能力结构要素主要包含两大能力因素群：一般能力因素群和特殊能力因素群，它们是相对独立的作用域，但又是相互联系、相互作用的有机统一体，主要包含基础性实践能力、专项性实践能力和情境性实践能力三个层次，并由各层次能力拓展的子能力因素，共同构成普通高中学生实践能力的理论结构，而专业知识与经验、兴趣动机与态度、实践活动与任务、评价激励与引导、实践条件与环境等共同构成了发展普通高中学生实践能力支持系统的基本要素。案例研究表明，从普通高中学生实践能力支持系统的各要素来看，物理实验课程以学生的兴趣为基础,注重学生的主动参与和实践任务活动体验,它对学生实践能力构成要素中的专业知识获取能力、迁移应用能力、问题解决能力、交流协作能力等的促进作用是显而易见的。本书提出的"真物理·悟真理·践行动"的有机循环路径,既涵盖学生实践能力发展的关键要素与条件要素,又为物理学科核心素养培养的有效途径提供了新的方法论视角。物理实验课程及其相关的实践活动,能不断激励学生去实践、去探索,去对具体问题进行深入思考,寻找解决方法与途径,从而有效促进学生实践能力的提高和创新意识的培养。

第二节　普通高中物理实验的课程目标转向

课程目标是构成课程内涵的第一要素,是课程设计与实施的出发点与归宿,它不仅制约着课程设计的方向,而且是选择和组织课程内容的依据,也是课程评价准则的参考,在整个课程运行过程中发挥着重要的作用。

一　基于实践能力提升的物理实验课程目标分析

关于课程目标的来源或确定问题,美国著名课程专家泰勒(Ralph W. Tyler)的观点已经成为课程工作者的共识。他在《课程与教学的基本原理》一书中指出,任何单一信息的来源都不足以明智而又全面地为选择目标提供基础。每一种来源都具有某些价值,在设计任何一项课程计划时,对每一种来源都应予以一定的考虑。① 泰勒将课程目标的来源归纳为三个方面:对学生的研究、对当代社会生活的研究和学科专家的建议(见图5-1)。

对于普通高中物理实验课程而言,首先,从学生的需要来看,我国普通高中教育上承义务教育,下接高等教育,是培养学生实践能力的一个关键时期。学生在这个阶段的生理、心理水平逐渐完备,很多基础的能力素

---

① [美] R. W. 泰勒:《课程与教学的基本原理》,施良方译,人民教育出版社1994年版,第3—38页。

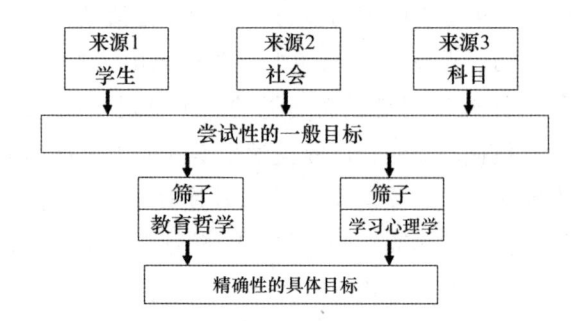

```
来源1          来源2          来源3
学生           社会           科目
              ↓
        尝试性的一般目标
        ↓              ↓
      筛子            筛子
    教育哲学        学习心理学
              ↓
        精确性的具体目标
```

图 5-1 泰勒课程目标的分析确定过程

养都是在这个阶段逐步形成的。本书第四章案例分析研究表明，物理实验真正带给学生的远远不止"会做题"这么简单，对科学精神、探究能力、实践应用能力、责任与价值观等的形成，甚至是对学生将来专业选择或职业选择，都有着深远的影响。不同形式的物理实验（如课堂演示实验、学生分组实验、低成本物理实验、课外科技实践活动等）分别对学生探究能力、应用能力的发展具有不同程度的影响，尤其是任务活动类的物理实验对学生影响更为深远。物理实验对学生发展如此重要，而在课程实施环节却"可有可无"，这反映了这样一对突出的矛盾，即学生通过物理实验课程发展实践能力的需要和当前物理实验课程不能满足学生这种需要的矛盾。

其次，从社会需要的角度来看，当前无论是国际社会综合国力竞争，还是国内经济、社会、科技与文化等的发展需求，对具有创新精神和实践能力的复合型人才的需求，都长期处于一个供不应求的状态。我国社会经济在新时期飞速发展，要实现新能源、互联网信息技术、新型制造业、航空航天、新型材料等领域的关键技术的突破，对科技创新人才的需求更是达到了前所未有的程度。基础教育阶段的普通高中教育奠定了高等教育、职业教育、学生终身发展的共同基础，西方发达国家在高中阶段设定了一些具有职业导向的选修课程，这方面也为我国普通高中物理课程设置提供了一定的参考，比如安排一些为学生将来职业发展打基础的职业实践类导向课程。注重学生创新精神和实践能力的培养，既是社会经济文化的发展之需，也是学生发展的内部动因所在。

最后，从普通高中物理学科教育专家的建议来看，《普通高中物理课程标准（2017年版 2020年修订）》是集物理科学家、物理教育专家、物理教育研究学者、物理教师等集体智慧的结晶，对普通高中物理教育的理解与建议等以教育部门文件呈现，构成了"课标"的主要内容，在一定程度上体现出普通高中物理教育的国家意志。它为普通高中物理课程的设计、课程内容的选择、课程的实施和课程评价，以及教科书的编写、考试命题等提供了重要依据。

《普通高中物理课程标准（2017年版 2020年修订）》明确规定了普通高中物理课程目标：高中物理课程应在义务教育的基础上，进一步促进学生物理学科核心素养的养成和发展。通过高中物理课程的学习，学生应达到如下目标。[①]

1. 形成物质观念，运动与相互作用观念、能量观念等，能用其解释自然现象和解决实际问题。

2. 具有建模的意识和能力；能运用科学思维方法，从定性和定量两个方面对相关问题进行科学推理、找出规律、形成结论；具有使用科学证据的意识和评估科学证据的能力，能运用证据对研究的问题进行描述、解释和预测；具有批判性思维的意识，能基于证据大胆质疑，从不同角度思考问题，追求科技创新。

3. 具有科学探究意识，能在观察和实验中发现问题、提出合理猜想与假设；具有设计探究方案和获取证据的能力，能正确实施探究方案，使用不同方法和手段分析、处理信息，描述并解释探究结果和变化趋势；具有交流的意愿与能力，能准确表述、评估和反思探究过程与结果。

4. 能正确认识科学的本质；具有学习和研究物理的好奇心与求知欲，能主动与他人合作，尊重他人，能基于证据和逻辑发表自己的见解，实事求是，不迷信权威；关心国内外科技发展现状与趋势，了解物理研究和物理成果的应用应遵循道德规范，认识科学、技术、社会、环境关系，具有保护环境、节约资源、促进可持续发展的责任感。

上述内容为基于实践能力培养的普通高中物理实验课程目标的设置与选择提供了重要参考和启示。

---

① 中华人民共和国教育部：《普通高中物理课程标准（2017年版 2020年修订）》，人民教育出版社2020年版，第5页。

二 物理实验课程变革目标的逻辑转向：由学科逻辑转向生活逻辑

现行普通高中物理实验课程设置的学科逻辑，表现在物理实验课程整体嵌于普通高中物理课程之中，物理实验课程几乎是按物理教学进度的需要而组织学生开展的。除此之外，我们似乎很难看到学生进行物理实验的机会和条件。不得不承认，我国当前普通高中阶段学生物理实验占用的生均时间相对较少，远低于发达国家同年龄段学生的生均实验时间。因此，基于"学科逻辑"设置的物理实验课程，必然会带来时间、空间、师资等条件的限制，评价导向也是限于物理学科内的相关知识技能测评，不利于全方位、全过程、全时段的学生实践能力培养。

那么如何化解基于学科逻辑设置的物理实验课程实施的难题？那就是要将普通高中物理实验课程基于生活逻辑而设置。什么是生活逻辑？简言之，就是学生的成长面临着什么样的真实环境？真实的需要是什么？物理实验课程要基于学生成长这一主线，而不是仅仅基于学科本身的发展来设置。此时，就要处理好理论和现实的关系问题。一方面要教给学生更多的间接经验和知识概念，另一方面要贴近学生的现实生活，做到有所兼顾。同时在发展学生实践能力方面，既要按照分科的思路组织课程内容，又要强调课程的综合，按照生活逻辑将知识组织起来。

基于核心素养培养目标，物理实验课程需要从注重学科逻辑到更多地关注生活逻辑。在过去很长一段时间里，我们之所以强调学科中心、知识中心，其根本是因为课程标准和教材呈现的方式、体系是基于学科逻辑，而不是打破学科逻辑从学生成长和现实生活需求的角度重组各类知识。

三 实验课程目标具体化：强化应用实践取向

现行普通高中物理实验课程在实施过程中，在学生实践能力和创新精神培养方面，尚有诸多遗憾与不足，其原因在于物理实验课程目标的实践取向薄弱，对课程实施过程的促进和反馈作用甚微。如在物理实验课程实施中学生掌握了知识，体验了过程，形成了正确的价值观，且有了一定的科学探究热情，但是学生的实践能力、创新能力太欠缺，以至于常听到"学生缺乏实践能力"之调。从上文对学生实践能力结构的理论模型及其发展的支持系统条件的研究来看，学生获取的知识与经验仅仅是学生实践能力发展的一个基础条件,它只有在实践活动任务、实践条件环境、实践兴趣动机、激励评价引导等多种因素的共同作用下,才能逐渐促进学生实践能力或其中几种构成能力的发展。因此,对学生实践能力的培养,需要物理实验课程达到更多的实践取向目标。

基于以上思考,普通高中物理实验课程的具体目标应该考虑以下几个方面。

1. 基本目标:能分析相关事实或结论,提出并准确表述可探究的物理问题,作出有依据的假设;能制定科学探究方案,选用合适的器材获得数据;能分析数据,发现其中的规律,形成合理的结论,用已有的物理知识进行解释;能撰写完整的实验报告,对科学探究过程与结果进行交流和反思。

2. 高阶目标:能面对真实情境,从不同角度提出并准确表述可探究的物理问题,作出科学假设;能制定有一定新意的科学探究方案,灵活选用合适的器材获得数据;能用多种方法分析数据,发现规律,形成合理的结论,用已有物理知识进行科学解释;能撰写完整规范的科学探究报告,交流、反思科学探究过程与结果。

除此之外,普通高中物理实验课程要体现实践育人的主旨,一是需明确实践育人的具体要求,明确实践的主题、内容、时间、评价等方面的要求;二是需加强对实验实践教学的指导,要将学与做结合起来,克服只学不做的现象,培养学生运用知识分析和解决实际问题的能力,让学生在项目实践、动手操作、经历体验中加深对知识的理解,在劳动教育中体会与感受劳动的乐趣,增进与劳动人民的感情。

第三节 物理实验课程内容的变革

课程内容是课程目标转化为教育成果的纽带,是课程实施活动顺利开展的载体。物理实验既是普通高中物理课程的重要内容,又是高中物理教学的重要途径。

一 物理实验课程变革的内容基础

自 2004 年 9 月我国普通高中物理新一轮课程改革实施以来,现行普通高中物理实验课程，均以物理学科逻辑被整合到普通高中物理课程之中，它和普通高中物理课程融于一体，被镶嵌于"必修""选择性必修""选修"模块的普通高中物理课程内容中（见图 5-2）。

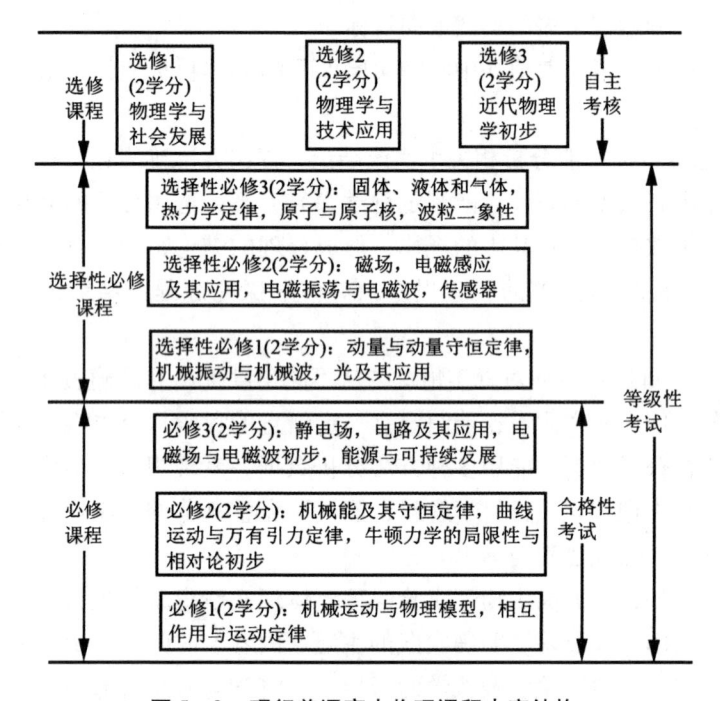

```
选修课程:
  选修1(2学分) 物理学与社会发展
  选修2(2学分) 物理学与技术应用
  选修3(2学分) 近代物理学初步
  —— 自主考核

选择性必修课程:
  选择性必修3(2学分): 固体、液体和气体，热力学定律，原子与原子核，波粒二象性
  选择性必修2(2学分): 磁场，电磁感应及其应用，电磁振荡与电磁波，传感器
  选择性必修1(2学分): 动量与动量守恒定律，机械振动与机械波，光及其应用
  —— 等级性考试

必修课程:
  必修3(2学分): 静电场，电路及其应用，电磁场与电磁波初步，能源与可持续发展
  必修2(2学分): 机械能及其守恒定律，曲线运动与万有引力定律，牛顿力学的局限性与相对论初步
  必修1(2学分): 机械运动与物理模型，相互作用与运动定律
  —— 合格性考试
```

图 5-2 现行普通高中物理课程内容结构

笔者梳理了普通高中物理课程标准所要求的学生必做实验，必修模块与选择性必修模块的学生必做实验共 21 个[①]（见表 5-2）。

表 5-2　　　　　　　普通高中物理学生必做实验

模块	序号	学生必做实验名称
必修1	1	测量做直线运动物体的瞬时速度
	2	探究弹簧弹力与形变量的关系
	3	探究两个互成角度的力的合成规律
	4	探究加速度与物体受力、物体质量的关系

---

① 中华人民共和国教育部：《普通高中物理课程标准（2017 年版 2020 年修订）》，人民教育出版社 2020 年版，第 43—44 页。

续表

模块	序号	学生必做实验名称
必修2	5	验证机械能守恒定律
	6	研究平抛运动的特点
	7	探究向心力大小与半径、角速度、质量的关系
必修3	8	观察电容器的充、放电现象
	9	长度的测量及其测量工具的选用
	10	测量金属丝的电阻率
	11	用多用电表测量电学中的物理量
	12	测定电源的电动势和内阻
选择性必修1	13	验证动量守恒定律
	14	用单摆测量重力加速度的大小
	15	测量玻璃的折射率
	16	用双缝干涉实验测量光的波长
选择性必修2	17	研究影响感应电流方向的因素
	18	探究变压器原、副线圈电压与匝数的关系
	19	利用传感器制作简单的自动控制装置
选择性必修3	20	用油膜法估测油酸分子的大小
	21	探究等温情况下一定质量气体压强与体积的关系

当然，普通高中物理实验内容主题不仅仅限于课程标准所规定的学生必做实验，除此之外，还有一系列演示实验为学生学习普通高中物理知识提供直观的感性认识，是普通高中物理教学中不可或缺的部分。以人民教育出版社出版的普通高中物理教科书为例，笔者梳理了普通高中物理教学中所涉及的演示实验（不含学生必做实验）（见表5-3）。

上述学生必做实验和演示实验构成了当前普通高中物理教学中物理实验的主要内容，也是基于学生实践能力培养的普通高中物理实验课程变革的内容基础。

表 5-3　　普通高中物理演示实验

模块	序号	演示实验名称	模块	序号	演示实验名称
必修1	1	牛顿管演示实验自由落体运动		20	静电演示实验
	2	微小形变——弹力		21	探究影响电荷间相互作用
	3	作用力与反作用力		22	模拟电场线
必修2	4	曲线运动的速度、方向		23	平行板电容器演示实验
	5	速度（运动）的合成		24	示波器的使用
	6	做曲线运动的条件		25	欧姆定律演示实验
	7	验证向心力表达式		26	探究导体电阻与其影响因素的定量关系
	8	反冲运动（水火箭、水流星）		27	探究导体电阻与材料的关系
	9	研究受迫振动的频率		28	探究路段电压
	10	共振现象演示		29	安培力演示实验
	11	水波的衍射现象		30	磁现象演示
选择性必修1	12	水波的干涉现象	必修3与选择性必修2	31	平行通电导线之间的相互作用
	13	波的叠加		32	阴极射线系列演示实验
	14	多普勒效应现象		33	洛伦兹演示仪演示实验
	15	光学系列演示实验		34	楞次定律演示实验
	16	光纤通信		35	自感现象演示实验
	17	光的起偏与检偏		36	电磁阻尼演示实验
	18	薄膜干涉现象		37	电感和电容对交变电流的影响
	19	全息成像		38	变压器线圈两端电压与匝数的关系
选择性必修3	45	分子扩散现象		39	光敏电阻演示实验
	46	分子力作用演示		40	热敏电阻演示实验
	47	晶体各项异性（导热）演示		41	双金属片演示实验/电饭锅感温铁氧体
	48	浸润与不浸润现象演示		42	用光敏电阻比较光照的强弱
	49	压缩空气引火演示		43	电磁振荡现象
	50	光电效应现象演示		44	电磁波的发射与接收
	51	氢原子光谱演示实验			

二　物理实验课程内容的分层优化

为更好地落实物理实验对物理教学中培养物理学科核心素养（主要包括物理观念、科学思维、科学探究、科学态度与责任），以及通过物理实验切实提升普通高中学生的实践能力，同时考虑到普通高中学生个体性差异,本书对普通高中物理实验课程内容进行了分层优化设计（见图5-3）。对当前普通高中物理实验内容的任一主题,可以设置为四个层次水平的实验,能力要求从低到高分别为基础型实验、探究型实验、设计型实验、综合型实验。

```
                          ┌─ 第四层次 ⊝ 综合型实验
                          │
                          ├─ 第三层次 ⊝ 设计型实验
        普通高中物理实验 ──┤
                          ├─ 第二层次 ⊝ 探究型实验
                          │
                          └─ 第一层次 ⊝ 基础型实验
```

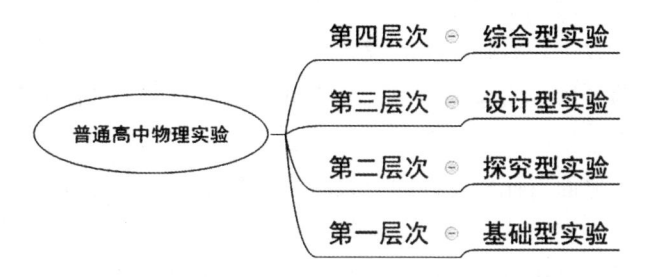

图5-3 普通高中物理实验课程内容的分层结构

对同一内容主题的物理实验,可能有基础型实验、探究型实验、设计型实验、综合型实验四个层次的实验课程内容设计。其原因在于一方面考虑到国家课程（课程标准要求的内容）在实施过程中,不同地域学校的实验硬件条件和学生能力基础水平均存在差异性,物理实验课程在实施过程中可以因地制宜；另一方面分层结构的物理实验课程设计,能满足不同学校学生对物理实验难易程度、硬件条件的不同需求,根据学生和学校的实际情况,为学生实验提供了丰富的内容,方便选择学习。

分层物理实验课程体现了以人为本的教育理念,符合学生的认知规律,重视提高学生对物理实验的兴趣,发展学生的个性特长,既注重基础知识的系统学习,又注重专业知识应用能力与技能的培养。分层设计的物理实验课程在促进学生的实践能力发展方面还有以下几方面考虑。

第一层次：基础型实验,主要包括验证型实验、测定型实验和基本仪器使用实验,旨在培养普通高中学生基础性的实践能力,如基本的实验观察能力、专业知识获取能力与应用能力、基本的实验仪器使用能力等。通过基础型实验,主要学习基本实验技能,包括常用实验仪器的使用、基本误差理论、数据处理及常用方法、基本仪器调节技术、基本物理量的测量方法、基本实验方法等。为促进实践能力的发展,绝大部分实验应为必做实验,一般在普通高中的低年级完成。

第二层次：探究型实验,通过提出问题、猜想与假设、制订计划与设计实验、进行实验与收集证据、分析与论证等环节培养学生利用实验，主动探索获取相关知识，理解相关实验现象的产生条件、背景、影响因素等，知道"是什么""为什么""如何实现"等缄默性知识，形成促进实践能力发展的重要基础。

第三层次：设计型实验，主要包括演示实验、制作类实验、课外实验等，旨在通过改进现有物理实验设备或者利用生活中熟悉的物品开发、设计新型的实验，这类实验通常结合学生的生活实际及所在地域特色资源，能极大地激发学生的学习兴趣，在培养学生专业知识的迁移应用能力、动手操作能力等方面有比较良好的效果。设计型实验培养学生综合应用所学知识、技能、方法完成科学实验的能力；增加与学生生活紧密联系的内容的实验，让学生易于学习、乐于学习；设计型实验一般与基础型、探究型实验同时开展，为学生提供学以致用的实践机会。

第四层次：综合型实验，主要包括独立设计、解决某一类问题的实验，可以是课外实践活动的形式，也可以是通过设计、应用等环节制作某一类科技作品，深度理解、掌握和灵活应用相关物理知识，培养学生在复杂的情境下解决实际问题的能力及交流协作的能力。综合型实验主要为基础知识扎实、实践动手能力强而且学有余力的学生提供，一般在中、高年级学生中开设，其内容可以是科研实验、专题实验、科技小制作等，重在培养学生的创新精神和实践能力，发展学生的个性特长。

普通高中物理实验课程的层次化设计，不同层次的物理实验课程所对应的学生能力的培养要求是不一样的。这样的设计是基于两方面的考虑：一方面是考虑到普通高中学生实践能力基础的个性差异，如性别差异、个体差异等；另一方面则考虑到普通物理实验课程实施的条件差异，如地域差异、学校类别差异等。对同一个实验主题，既设计了基础型实验、探究型实验，又设计了设计型实验和综合型实验，在物理课程实施过程中，教师可根据学生基础水平和学校物理实验仪器设备条件的实际情况选择其中一个或多个适合的实验主题。

三 生活化创新物理实验的开发与利用

生活化创新物理实验是指利用与学生生活世界联系密切的、学生熟悉的物品资源，不按固定方法或形式，人为控制条件、有目的地实施观察与探索物理原理规律的、新颖的实验教学活动。① 生活化创新物理实验中的"生活化"主要指实验"源于生活，高于生活，回归于生活"。

（一）生活化创新物理实验的内涵与特征

生活化创新物理实验有以下三方面特征与实验室装备的专门化实验形成鲜明对比。

1. 深度的可体验性

生活化创新物理实验的深度可体验特征，主要体现在其"生活化"上。生活化创新物理实验，以学生生活世界为背景，利用和生活世界紧密联系的物品、原料或自制教具来开展物理学习活动，它与学生已有的生活经验高度契合，但又不只停留在学生现有的生活经验水平层面，而是通过对生活世界的物品、素材、资源的整合和创新利用，促进对学生已有物理原理规律的认知结构的完善和经验、能力水平的提升。生活化创新物理实验所利用的生活教育资源，具有广泛性、体验性、趣味性、生活性、便捷性等特点。因此，生活化创新物理实验贯穿于课堂内外，具有浓烈的生活气息，学生时时可参与、人人可体验的"深度的可体验性"特征。

2. 低成本的可获得性

生活化创新物理实验的"低成本的可获得性"特征，是指制作、形成或使用生活化创新物理实验所花费的成本较低，即"少花钱甚至不花钱"。生活化创新物理实验的"低成本的可获得性"特征有两层含义：一是构成生活化创新物理实验的物品材料本身价格低廉，方便获取使用，如酒精、打火机压电陶瓷点火器、易拉罐、塑料瓶、一次性注射器等；二是用于生活化创新物理实验的物品本身价格可能不低，但是单次使用成本低廉。例如智能手机，它是生活中特别常见的通信工具，我们可以利用智能手机来完成诸多传统实验室不容易或不方便实现的物理实验，如弹簧劲度系数和重力加速度测量②、多普勒效应研究③等较新颖的物理实验。而且用手机完

---

① 王太军：《指向核心素养的生活化创新物理实验研究》，《物理教师》2020 年第 41 卷第 3 期。

② 赵荣俊、刘应开：《用智能手机加速度传感器分析弹簧振动现象》，《物理教师》2017 年第 38 卷第 1 期。

③ 张昉璇、程敏熙、张华：《基于智能手机的多普勒效应演示实验教学设计》，《物理教学》2018 年第 40 卷第 10 期。

成实验后丝毫不影响手机的原有功能，手机仍可继续使用，损耗极小甚至没有损耗，故称之为"单次使用成本低廉"。生活化创新物理实验的"低成本的可获得性"特征，在物理教学中通常会有以"小实验"换来"大智慧"的出奇效果。

3. 使用的"非常规性"

生活化创新物理实验"使用的'非常规性'"特征，主要体现在其不按固定方法或形式开展，不受实验的场地、时间等因素的限制方面，表现出一定的"教无定法、学无定式"的自由化和灵活性特征。这里的"非常规性"是相对"常规性"而言的，生活化创新物理实验作为"非常规性"实验，有着与"常规性"实验同样重要的作用和地位。[①] 我们知道，"常规性"实验是在学校教育中按相关标准配置的专门化实验，其实验场地、设施和实验时间等通常都较为固定。如物理课程标准中规定的学生必做实验就属于"常规性"实验。学生必做实验是课程标准明确规定的，是必须在物理教学中开展的实验内容，如《普通高中物理课程标准（2017年版2020年修订）》规定的必修模块和选择性必修模块共有21个高中物理学生必做实验。[②] "常规"的学生必做实验，是学生在中学阶段接受严格规范的物理实验训练、培养学生科学探究精神和实践能力、落实物理核心素养培育的重要基础，是中学物理教学中最为基本的实验要求。生活化创新物理实验作为"非常规性"实验，是对"常规性"实验很好的延伸和补充，尤其是为物理演示实验提供了极其丰富的内容，对学生具有较大的吸引力。

（二）生活化创新物理实验开发利用的进阶式路径

根据生活化创新物理实验的特点和开发利用途径，我们可以将生活化创新物理实验开发利用的途径归纳为"借物用物""自组物件""自制改进""创制发明"四个进阶式路径，且其创新程度依次增强。

1. 借物用物

"他山之石，可以攻玉"，是典型的"借物用物"思想。生活化创新物理实验开发利用通常也可以"借物用物"。"借物用物"中的"借"，是借

[①] 张伟、郭玉英：《论"非常规性"物理实验的教学地位》，《课程·教材·教法》2007年第12期。

[②] 中华人民共和国教育部：《普通高中物理课程标准（2017年版 2020年修订）》，人民教育出版社2020年版，第43—44页。

学生生活中已存在之物、熟悉之物，不做任何改动而直接将其用于物理教学。如上文提到的智能手机，笔者借用智能手机的各种传感元件功能，尝试开展了部分中学物理教学应用研究，学生参与积极性非常高，教学效果良好，具体内容见表 5-4 所示。

表 5-4　　　　智能手机中传感元件组适用的中学物理实验

传感元件组	功能描述	适用的中学物理实验
声音传感器	探测环境声音，用于通话、语音控制、声纹锁等功能	声现象、多普勒效应等
压力传感器	实现用触摸屏控制，如 3D-touch 功能等，实现触屏的分级控制功能	压力大小、电子天平原理等
重力传感器	手机横竖屏智能切换、拍照照片朝向、重力感应类游戏等	测量重力加速度、自由落体运动、超重与失重等
光度传感器	感应光的强弱，如实现自动调整屏幕亮度的功能	光现象、光的照度、偏振光强等
加速度传感器	能捕捉手机典型运动模式，如摇晃、甩动、翻转等，记录人行走时的步数等	匀变速直线运动、自由落体运动、超重与失重、牛顿第二定律验证、单摆运动等
陀螺仪	又称角速度传感器，可以对转动、偏转的动作作出很好的测量，可通过动作感应控制游戏，在 GPS 没有信号时（如隧道中）根据物体运动状态实现惯性导航	速度的矢量性、角速度测量
温度传感器	监测手机自身温度，实现充电过温保护	温度的测量
气压传感器	能够测量手机所处环境的大气压强，可以感知高度差引起的气压变化，也可用于海拔高度的测量	大气压强、身边的大气压值、海拔与气压的关系等
GPS 模块组	实现 GPS 定位、手机导航等	生活中的运动研究、平均速度与瞬时速度
信号模块组	实现手机信号搜索、切换，用于通信、数据传输等	电磁屏蔽现象、电磁波、电磁辐射现象等
无线充电线圈组	实现手机无线充电功能	变压器原理、原副线圈功能演示等

值得一提的是,"借物用物"中的"物",可以是学生生活中熟悉的实物,也可以是生活中的现象或事例,如借用科普电视节目内容、科学游戏、科学魔术、科学探秘和科学发明等,其所蕴含的物理学原理及其解释说明,是生活化创新物理实验很好的"借"用素材。

整体而言,"借物用物"借的通常是较为单一的物品、现象或事例,这种借用的案例虽有一定的效用,但还不足以完全满足中学物理教学的多样性与丰富性之需,还需结合其他方面开展生活化创新物理实验。

2. 自组物件

生活中资源丰富,但并不是生活中的任何一件物品或器具都可以用来完成整个物理实验,往往需要将这些物品、器具进行有机组合才能使用。生活化创新物理实验开发利用中的"自组物件",就是教师或学生选择利用身边容易得到的材料、物品,不需要加工,只借用其某种物理属性,组合起来进行物理教学活动。[①] 相比上述的"借物用物",多了一层组合的工序,但由于基本不改变各物品的原貌和原有功能,因此"自组物件"通常表现为叠加式使用。例如,我们可以用自组物件"饱和食盐水 + 鱼缸 + 密封袋内的手机"生活化创新物理实验来开展基于手机信号的电磁屏蔽现象研究。[②]

3. 自制改进

生活化创新物理实验开发利用中的"自制改进",是指通过制作、改装等方式对生活中常见的物品材料进行加工,使得构成创新实验的各组成部分尽可能融为一体,形成新的物理实验器具或实物模型,用以研究物理原理和规律。如果说"自组物件"是叠加式应用,那么"自制改进"则更多地体现为融合式应用。这里的"自制改进"既可以是对中学物理教科书中已有实验的优化和创新,[③] 也可利用生活中常见物品进行创新的"小制作"来提升教学效果。[④] 例如,通过自制改进的"水果电池",可用于高中物理"电源电动势与内阻"的课堂内外的实验探究中。我们可以将铜片和

---

① 阎金泽、郭玉英:《中学物理教学概论》,高等教育出版社2019年版,第53页。
② 毕亮:《可视化电磁屏蔽实验》,《物理实验》2017年第37卷第1期。
③ 王太军、唐忠敏:《低成本物理创新实验之简易电动机的再改进》,《物理教师》2017年第38卷第5期。
④ 王太军:《低成本物理实验之自制"微动力发电"演示装置》,《物理教师》2015年第36卷第6期。转载于人大复印报刊资料《中学物理教与学》2015年第12期。

锌片分别插入柠檬的两端作为两极，用导线将多个这样的柠檬的两极串联起来以获得较高电压，可以使 LED 小灯珠发光（见图 5-4）。

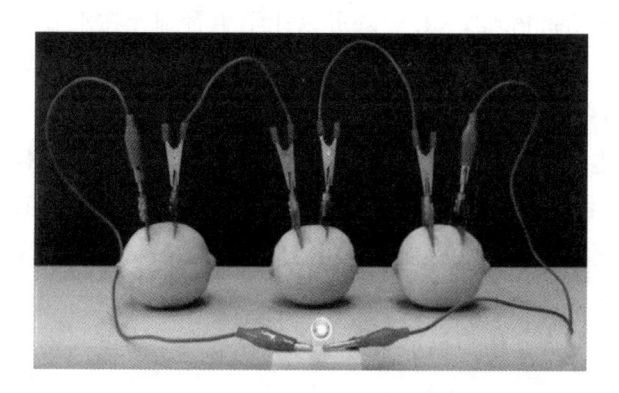

图 5-4　柠檬电池使 LED 灯珠发光

但是实验并没有到此结束，我们会发现随着串联的柠檬增多后，空载电压升高了，但无论多高的空载电压也不容易驱动玩具电动车的小马达转动，这是因为随着串联个数的增多，柠檬电池组的内阻变大了，根据闭合电路的欧姆定律，柠檬电池组的输出功率极小，不能达到小马达的额定功率要求。那么如何提高柠檬电池的输出功率呢？我们可以通过改进以减小柠檬电池组的内阻来解决，将若干个柠檬榨成柠檬汁液（其内阻较小），再在其中插入铜片和锌片作为两极，经多组串联后做成"原电池"组，这样就可以获得较大的输出功率了，不但可以驱动小马达甚至可以驱动较大的儿童电动车，从而很好地解决了上述问题。自制改进的实验，与生活联系密切，启发性和拓展性较强。

4. 创制发明

"创制发明"是生活化创新物理实验开发利用的创新程度较高的方式之一，是以创新的设计制作方式解决当前物理教学领域甚至生产生活相关领域的重要难题，通常是获得国家知识产权局专利授权的成果。生活化创新物理实验的"创制发明"，其创新程度较高，对教师和学生的要求也相对较高。例如，笔者通过创新设计制作的"多功能光通讯演示仪"，能将光的全反射原理和过程具体地展现出来，弥补了中学物理光通信演示实验中"只见光纤、不见通信"的过程性缺陷。[①] 在"光通信"相关内容的物理教学中,运用"多功能光通讯演示仪",还可以将其拓展为"水流传声"的趣味生活化创新物理实验,[②] 既可以让学生看到光在水流柱里全反射后的传导轨迹,又可以同时观察到水流柱传递的电声信号,从视觉和听觉方面同时展现了"光通信"的完整过程,教学效果良好。

综上所述,作为生活化创新物理实验开发利用的进阶式路径,"借物用物""自组物件""自制改进""创制发明"等各有侧重。我们可以根据物理教学的现实需要,以及身边可获得的实际物品材料,合理规划与统筹安排,让生活化创新物理实验在促进学生实践能力培养、形成物理观念、提升科学思维能力、增强科学探究能力、养成科学态度与责任等方面充分发挥其特色优势。

第四节 物理实验课程变革的实施策略

课程实施是把新的课程计划付诸实践的过程,课程实施研究的焦点是课程计划实际发生的情况以及影响课程实施的种种因素。[③] 课程实施主要表明课程计划的实际运作状态,强调实施的过程性与动态性。课程实施不只是教学,其涉及范围相对于教学更为广泛,但是课程实施是贯穿整个教学过程的,它是一个动态的过程。

不可否认,在当前普通高中物理实验课程实施过程中,实验教学仍是一个非常薄弱的环节,这种"薄弱"主要表现为实验教学的现状与它在物理教学中应有的地位很不相称,在升学这一功利性目的的驱使下,教师实验教学观念更为淡薄,物理实验教学时间被一再压缩,甚至达到了物理实验"可有可无"的地步。造成这种现状的原因有很多,除了考试制度的局限和不少地区的学校实验设备严重不足等客观原因外,尚有不少中学物理

---

① 王太军:《多功能光通讯演示仪》,中国专利:CN205038885U,2016 – 02 – 17。

② 唐忠敏、王太军:《基于可见光通信的"水流传声"实验》,《物理实验》2018 年第 38 卷第 1 期。

③ 施良方:《课程理论——课程的基础、原则与问题》,教育科学出版社 1996 年版,第 128 页。

教师和实验员还不能适应实验教学的要求，在实验素养、动手能力等方面都有待进一步提高。因此，要促进普通高中学生实践能力的培养，物理实验课程的实施环节担负着更重要的使命。

基于学生实践能力培养的普通高中物理实验课程，笔者在课程实施方面有以下几方面的策略思考。

一　条件性保障：构建高度协调的支持系统

在物理实验课程实施过程中，要实现普通高中学生实践能力和创新精神的培养，离不开各方面条件性资源的支持，条件性资源构成促进课程实施的支持系统，包括物质条件、政策制度和师资配置等。物质条件支持包括实验室、实验仪器、实验器材的配置等，是物理实验课程实施的物质基础。政策制度支持则是促进物理实验课程实施的制度保障，包括对实验教学的明确要求、专项经费的计划安排、课外实践活动的定期开展、评价机制等制度性要求，以促进普通高中物理实验课程实施可以"常态化"进行。

此外，作为物理实验课程实施的主体，指导实验的教师的专业素养，如教学观念、课程资源意识、实验专业技能等对高中物理实验课程实施具有举足轻重的作用，增大物理实验教学的师资力量，提升物理教师的专业素养，对物理实验课程实施有着巨大的推动作用。物理实验课程的实施，需要物质性保障、政策性保障、师资保障的多方面支持。

实验课程实施的条件性保障体系建设，需要普通高中学校在经费投入、师资配备、制度完善等方面协同推进。因此，构建具有高度协调统一的保障支持系统，是促进物理实验课程实施的必要条件基础。若没有这些条件的支持，物理实验课程实施就犹如"巧妇难为无米之炊"，普通高中学生的实践能力培养将受到严重影响。

二　多途径融合：强化实践能力培养

普通高中物理实验课程实施途径应该丰富化、多样化、融合化。基于高中物理实验课程实施的现实性与可操作性，一方面，我们可以通过分层的、有选择的物理实验课程内容，融合常规物理实验教学、课外科技活动、校本课程实施、综合实践活动课程等展开，在实施过程中由专业教师负责指导；另一方面，我们要为学生提供做物理实验的方便，打破传统物理实验的时间与空间限制。

通过开放物理实验室，设置科学实验"图书馆"，鼓励学生像在图书馆借书一样借科学实验器材，可以"借"物理实验室的实验仪器来重做实验课上因某种原因而未完成、未做好的实验，也可以"借"物理实验仪器来进行具有创意设计的实验。鼓励学生利用课余"全时段、全空间"地进行实验探究，培养学生科学探究能力和创新实践能力。

建立实验课程学习的"学分银行"[①]制度，基于终身教育（学习）理念，试行不同学科实验的学分互认、不同难易程度实验的不同赋分、学分积存"银行"、学分消费办法等，记录学生正规、非正规或非正式实验探究学习的经历与成果，并通过这种方式激发更多的个人参与实验课程的兴趣与动力。物理实验"积分"是根据学生完成物理实验的难易程度、复杂程度等因素综合设置的积分，也可以在其他学科的实验活动、科技创新实践活动中设置相应的等效积分。物理实验课程实施的"积分"机制具有激发兴趣、分层赋值、灵活完成、不限时间与空间、教师灵活指导等特点，这样学生就可以充分利用课后碎片化时间，灵活安排完成相关的物理实验，促进学生实践能力的提升。

鼓励学生自己设计、改装与制作科技实践作品；在确保学生身心安全的前提下，鼓励学生"攻坚"自己有兴趣的创意实验或实验任务，以获得相应学分存入"银行"；定期举办学生作品展览，增强学生动手制作的气氛，这样长期坚持下去，不仅可以提高学生学习物理的兴趣，促进学生学习的主动性，而且可以大幅促进学生的实验技能与实践能力的提升。

三 教学方式变革：打破"学科逻辑"，注重项目式体验教学

打破"学科逻辑"开展物理实验，通过科学大概念、大单元的实验教学与创新实践，切实提高普通高中学生科学领域的实践能力。例如，通过"能量"的科学大概念可以统筹开展物理学、化学、生物学等学科的融合性实验探究，借助实验的"学分银行"制度，鼓励学生开展具有挑战性、

[①] 李骏修：《学习型社会背景下推进社区教育的实践与探索》，《教育发展研究》2008年第17期。

综合性的创新实验，切实提高学生科学领域的创新精神与实践能力，同时促进物理、化学、生物学科核心素养的培养。

同时，注重项目式体验教学在普通高中物理实验课程实施中的应用。项目式体验教学，是指通过完成项目任务来进行教学的方式。在项目体验式教学中通过学生亲身经历与体验，增强学生相互交流与协作的机会，增加学生的直接经验知识，从而提升不同情境下分析问题、解决问题的能力。项目体验式教学最显著的特点就是"以项目任务为主线、教师为主导、学生为主体"，改变了以往"教师讲、学生听"的被动教学模式，创造了学生主动参与、自主协作、探索创新的实践机会。项目体验式教学可结合学生课外活动、研究性学习活动、综合实践活动、校本课程、普通高中通用技术课程中相关的适合学生能力基础的研究性主题项目，学生"沉浸式"地体验物理实验活动，使学生充分地、高效地自主参与，促进实践能力的提升。

当前大多数普通高中物理实验教学，主要以物理课堂教学中演示实验和在物理实验室开展的学生分组探究实验为主，通常根据物理课程的进度，在规定的时间里在教室或在实验室完成。限于实验的时间和实验室条件，以及面对学生人数众多的困境，学生在物理实验中的个性、兴趣、自主体验及实验开展的深度均无法很好地兼顾。培养全面发展的人所需要的不仅仅是科学知识，科学知识以外的那些有助于学生发展智能、形成丰富的情感和良好道德品质的社会生活经验，也是学生能力形成与发展的重要基础。因此，需要注重教学方式变革，打破学科壁垒，注重项目体验式教学作用的发挥。

四 特色物理课程资源发掘：满足多样化的学习需求

在信息化的今天，教育者要勇于打破教育的空间局限，要充分将各种资源应用于课堂教学。课程资源也不仅局限在实验室、图书馆、网络中，还存在于周围的环境和自制的物品中。同时还要让学生置身于社会的大环境中，充分、合理地运用身边的资源，尽可能地满足学生多样化的学习需求。我国地域辽阔，蕴含着丰富的自然资源和文化资源，其中有诸多极具趣味的特色物理课程资源，既可以丰富物理课堂教学，又可以激发学生的学习兴趣、增进其文化自信。例如挖掘在民族地区具有生长点的特色科学课程资源,[①] 将有利于民族地区学生科学素养的提升。

我们知道,普通高中物理课程包括必修、选择性必修、选修三大模块,其中选修课程开设的灵活性较高,为校本课程开发提供了较大的空间。《普通高中物理课程标准(2017年版 2020年修订)》指出,选修课程是学生自主选择学习的课程,学校可根据学生的兴趣爱好、学业发展、职业倾向等有选择性地开设。[②] 选修课程关注学生的兴趣和特长,关注课题探究及应用,关注物理学前沿领域对学生视野的拓展等。可因地制宜地开设物理实验创新实践类校本课程,结合信息技术、互联网多媒体数字平台等进行开放性的物理实验,打破物理实验的时间和空间限制,使物理实验课程不再局限于课堂或实验室,让学生无论是在课堂上还是在课堂之外,都能时刻进行物理实验的探究和应用实践。

此外,基于"大课程资源观",提倡学生善于利用生活中熟悉的事物,进行低成本物理实验、趣味实验、微型实验、科技创新实验制作等课程资源和教具、学具的开发与制作。笔者就利用生活中的物品开发与设计了部分中学物理实验教学用具,其成本低廉,安全性和可操作性较高,使用效果良好,满足了学生多样化学习的需求(见表5-5)。同时学生可以亲自参与设计与制作,促进学生实践能力的提升。

表5-5　　笔者自主开发与设计的部分中学物理实验教学用具

序号	开发教具名称	适用的教学内容	所用原理	优势与用途说明
1	卡片式无线输电装置	交变电流:变压器	电磁感应的自感与互感	实现电能的无线传输,显示给手机进行无线充电
2	光照自动控制调光台灯[③]	传感器:光敏电阻	光敏电阻随光强变化而引起总电阻的变化	实现外照光强自动控制灯泡亮度
3	多功能逻辑电路实验仪	传感器:测试非门逻辑电路	逻辑芯片的输入与逻辑响应	弥补高中物理逻辑电路实验仪器短缺的不足

---

① 廖伯琴、张超:《西南民族地区科技校本课程开设现状调研及反思》,《民族教育研究》2010年第21卷第6期。

② 中华人民共和国教育部:《普通高中物理课程标准(2017年版 2020年修订)》,人民教育出版社2020年版,第36页。

③ 王太军、唐忠敏:《低成本物理实验之"自动化"电路设计——光照自控调光台灯的制作》,《物理教师》2013年第10期。

续表

序号	开发教具名称	适用的教学内容	所用原理	优势与用途说明
4	微动力发电机①	电磁感应	闭合线圈切割磁感线产生感应电动势	可利用微振动发电，显示风力发电、潮汐双向发电
5	手摇发电万能手机充电器	电磁感应	电磁感应生电 机械能转为电能	手摇发电，数字显示，可为各种手机充电
6	调频无线麦克风话筒	电磁波：LC振荡电路	将话筒的声音信号调制成收音机能收到的频率	利用收音机接收自己说话的声音，其乐无穷
7	光通讯演示仪②	光：光导纤维	电流受激使LED灯发光，实现声音信息向光电信息的转化	改良"土电话"，将光作为一种电磁波进行通信，体现信息时代特色，便于操作和观察
8	水流传声实验装置③	光的全反射	将携带调制信号的光束通入水流中进行全反射后实现光通信传播	直观、形象、趣味地展示光通信过程中两个必备要素：全反射和携带信号
9	用电流表改装的磁场测量仪器④	传感器：霍尔元件	利用霍尔效应原理	简单直观，学生可体验操作与制作过程
10	自动浇水器	传感器：湿度传感器	利用传感器控制电路，根据植物的土壤湿度自动控制浇水的频度和水量	成本低、便于制作，效果明显，无须单片机编程也能实现传感自动控制
11	太阳能发电装置	光：光电效应	硅光电池将太阳能转化为电能	可直接观察太阳能发电过程，操作简便。学生可亲自体验操作与制作过程

---

① 王太军：《低成本物理实验之自制"微动力发电"演示装置》，《物理教师》2015年第6期。

② 王太军：《多功能光通讯演示仪》，中国专利：ZL201520786293.0，2016-02-17。

③ 唐忠敏、王太军：《基于可见光通信的"水流传声"实验》，《物理实验》2018年第38卷第1期。

④ 唐忠敏、王太军：《低成本霍尔效应磁感应强度演示仪的设计与应用》，《西北民族大学学报》（自然科学版）2015年第3期。

续表

序号	开发教具名称	适用的教学内容	所用原理	优势与用途说明
12	会发声的"泡面桶"扬声器	声音的产生、电磁感应	动圈扬声器原理	直观展示动圈式扬声器原理。学生可亲自体验操作与制作过程
13	内燃机做功冲程演示装置①	内燃机：汽油机工作原理	火花塞引燃油气混合物，使体积膨胀对外做功	直观形象地展示汽油机做功冲程工作原理。学生可亲自体验操作与制作过程
14	简易电动机②	电动机	通电线圈在永磁体磁场中受力而转动	简约、透明、直观地展示电动机工作原理。学生可亲自体验操作与制作过程
15	火箭升空演示实验装置③	反冲运动	反冲运动原理	克服水火箭的技术缺陷，遥控点火油气混合物实现火箭反冲升空运动，还原火箭升空真实情景。学生可亲自体验操作与制作过程
16	液压臂动力模型	液体压强、杠杆等	液体压强的传导、杠杆原理等	直观、形象地模拟液压机械臂工作原理。学生可亲自体验操作与制作过程

第五节　物理实验课程评价的建议

课程评价是对课程系统各个部分以及整体系统所进行的各种形式的价值判断，涵盖事实描述与价值判断的双重要素，涉及课程评价的标准、对象、主体、方法、价值及目的。主体取向的课程评价观认为，课程评价是

---

① 王太军：《"智造"内燃机演示实验及其教学应用》，《物理教师》2018年第39卷第9期。
② 王太军、唐忠敏：《低成本物理创新实验之简易电动机的再改进》，《物理教师》2017年第38卷第5期。
③ 王太军、尹克利：《新型火箭升空实验装置及其教学应用》，《物理教学探讨》2020年第38卷第5期。

评价者与被评价者、教师与学生共同建构意义的过程。这种评价强调"双主体性",即评价者与被评价者、教师与学生都是整个评价过程中不可或缺的主体,都是作为评价过程中重要的成员来看待的,而不是被外部评价人员所评价的对象。同时,它秉持一种"价值多元论"的立场。评价活动本身就是一个价值负载与价值判断的活动,必然引入评价主体的多元文化认同与价值观念,而这些观念在本体论上具有同等的地位、同样的价值。

《普通高中物理课程标准(2017年版 2020年修订)》指出:

> 高中物理学习评价是以学生发展为本、基于物理学科核心素养的评价,其目的主要在于促进学生学习和改进教师教学。物理学习评价应围绕物理学科核心素养的具体要求,创设真实而有价值的问题情境,采用主体多元、方法多样的评价方式,客观全面地了解学生物理学科核心素养发展状况,找出存在的问题,明确发展方向,及时有效地反馈评价结果,促进学生全面而有个性的发展。[①]

笔者物理实验课程评价的根本目的在于促进学生学科核心素养与实践能力的提升,它主要是针对教师和学生在物理实验课程实践中出现的问题提出改进建议,使教师全面了解自己的教学情况,以及使学生对自己学习情况及实践任务完成情况有深入的了解,并在此基础上选取有效的改进策略。

因此,对普通高中物理实验课程评价有以下几方面的思考与建议。

第一,在评价的目的与功能导向上,物理实验课程评价立足于尊重学生之间的差异性,促进学生在各自基础上均有所进步与发展。这样的评价不再仅仅是甄别和选拔学生,而是促进学生的发展,促使学生潜能、个性得到创造性的发挥,使每一个学生都具有自信心和持续发展的能力,其实施的关键是以发展的视角看待每一个学生,其核心是重视过程的评价,促进学生在实践活动中出色地完成任务、掌握应用与执行的环节,并在物理实验课程实施过程中进行及时调整和改进,以回归课程评价真正的导向

---

① 中华人民共和国教育部:《普通高中物理课程标准(2017年版 2020年修订)》,人民教育出版社2020年版,第56页。

功能。

第二，在评价的模式上，物理实验课程评价既注重课程目的的导向性评价，又需注重课程实施过程中的动态性与生成性。课程评价活动要在整个课程实施过程中进行，应注重观察和收集资料，它不限于检查教学结果，而是要注重描述和评判在教学活动过程中出现的各种动态现象。将物理课程实施过程前后的材料作为参照，对比学生在物理课程实施前后的各项能力表现，以确定课程实施的程度水平，从而反馈调整物理实验课程实施环节、改善保障条件等，促进物理实验课程实施持续进行下去。

第三，在评价方法上，物理实验课程评价应综合运用学分制评价和过程性评价。学分制评价，主要是从学生学业、资格或竞赛证书、物理实验的相关实践活动过程记录等方面给予学生相应学分的评价；过程性评价主要依据物理实验过程记录、成果、学生自评、学生互评及教师评价记录，对考核合格的，给予相应学分。在物理实验课程评价中应遵循"追求结果，更注重过程""着眼发展、注意激励"的原则，例如采用（电子）档案袋评价、协商研讨式评定、"学分银行"累计评定等方法，以成果展示、研究报告、答辩、演示、表演、竞赛等方式，从学生的"态度评价""行为表现评价"和"能力评价"三方面展开，注重对学生专业知识技能、问题解决能力、迁移应用能力、交流协作能力、创新意识等方面的评价考察，力图在物理实验中真正培养学生实践能力与创新精神。

因此，普通高中物理实验课程的评价，需要加强对物理实验课程系统诸因素间矛盾性与统一性的认识，把握高中物理课程改革深入推进的方向；增强物理实验课程评价判断功能的准确性，为科学决策提供可靠依据；加强物理实验课程评价研究的真实性，防止物理实验课程评价的导向性失衡。

第六章

结论与展望

一 研究结论

本书以基于学生实践能力培养的高中物理实验课程变革为研究主题,在梳理已有研究的基础上,首先构建了普通高中学生实践能力结构的理论模型,其次实证考察了普通高中物理实验课程实施过程中学生实践能力培养现状,并用结构方程模型技术进行了检验,旨在依据普通高中学生实践能力结构的理论模型,构建普通高中物理实验课程体系。现将本书总体结论归纳如下。

1. 本书在已有研究的基础上,构建了普通高中学生实践能力结构的理论模型及其发展的支持系统。普通高中学生实践能力的结构要素主要包含两大能力因素群,即一般能力因素群和特殊能力因素群,它们都有相对独立的作用域,但各种能力因素并非彼此独立和界限分明的,而是相互联系、相互作用的有机统一体。普通高中学生实践能力主要由基础性实践能力、专项性实践能力、情境性实践能力构成。基础性实践能力主要包括观察记忆能力、思维想象能力、认知学习能力、肢体活动能力、语言表达能力等;专项性实践能力包括专业知识获取能力、专业技能应用能力、专业工具使用能力;情境性实践能力主要包括问题解决能力、应用执行能力、评价反思能力等。学生的专业知识与经验、兴趣动机与态度、实践活动与任务、评价激励与引导、实践条件与环境等,是普通高中学生实践能力发展的内部动因和外部动因,它们共同构成了普通高中学生实践能力形成发展的支持系统。

2. 基于普通高中学生实践能力结构的理论模型,本书开发研制了基于学生实践能力视角考察普通高中物理课程实施现状的学生测量问卷。问卷总体信度值的克隆巴赫系数为 0.879，数据检验的 KMO 值为 0.886，Bartlett 球形检验的 c^2 值为 14952.752（自由度为 561），$P<0.05$，达到显著性水平，表明测验的信度与效度均达到良好水平。在实测的结构模型中各因子涵盖了普通高中学生实践能力结构的理论模型及其支持系统因素，实测结构模型的各项参数，如 RMR、RMSEA、GFI、AGFI、NFI、RFI、IFI、TLI、CFI、c^2/df 等值与理论模型参照值吻合良好，表明实测结构模型与理论模型拟合度较高，也说明了普通高中学生实践能力结构理论模型成立的合理性。

3. 本书通过调查发现，在普通高中物理实验课程实施过程中学生实践能力表现水平整体居于中等偏低层次，尚有较大的提升空间。而且学生实践能力表现水平存在性别和学校类别的差异。通过进一步研究，笔者发现，当前普通高中物理实验教学仍是一个非常薄弱的环节，这种"薄弱"一方面表现在实验教学的现状与它在物理教学中应有的地位很不相称上，在考试利益这一功利性目的的驱使下，教师实验教学观念十分单薄，学生物理实验的时间一再被压缩，甚至达到了物理实验"可有可无"的地步，学生实践能力的发展环境和条件受到极大的限制。另一方面表现在普通高中物理实验课程实施过程中，学生的科学探究能力、核心素养、实践能力等的培养与"物理课程标准"相关要求存在较大的差距，对普通高中学生实践能力培养的效果低于预期。而产生这些问题的主要原因在于普通高中物理实验课程实施和评价环节受"高考"的制约性影响显著，此外，不同类别学校在物理实验硬件设施、师资配置等方面存在较大差异，这也在一定程度上影响了对学生实践能力的培养。

4. 为突破和解决现有普通高中物理实验课程实施中学生实践能力培养方面存在的问题，本书在关于普通高中学生实践能力结构的理论模型及其支持系统研究的基础上，结合促进学生实践能力发展的物理实验课程案例研究发现，变革与建构基于学生实践能力培养的普通高中物理实验课程体系。在课程目标上，本书对物理实验课程的育人价值和功能进行了重新定位，在物理实验课程内容设置上由学科逻辑转向生活逻辑，着力发展与提升学生的实践能力、创新意识与探究精神；在物理实验课程内容选择上，一方面对现有普通高中物理实验课程的内容进行优化与变革，另一方面注重对"低成本""创新性""趣味化""活动化"等生活化创新物理实验的开发利用;在物理实验课程实施与组织方面,本书认为需要构建协调的支持系统以完善物理实验课程实施的条件性保障,整合实施途径以强化知识的应用与能力的培养,注重项目式体验教学以促进教学方式变革,加强物理实验课程资源开发以满足多样化的学习需求;在物理实验课程评价方面,立足于尊重学生之间的差异性,削减其评价的甄别与选拔功能,既要注重课程目的的导向性评价,又需注重课程实施过程中的动态性与生成性,坚持以人为本,采用多元化的评价方法,防止物理实验课程评价的导向性失衡所带来的负面效应,以切实促进学生实践能力与创新意识的培养。

二 研究展望

实施基础教育课程改革距今已有 20 年。我国地域宽广,经济、文化、教育事业等的发展呈现出一定的地域特征与差异性。在普通高中物理课程实施过程中,不乏一些困境或问题,随着课程改革的推进,这些矛盾或问题逐渐显露出来。作为普通高中物理课程设计、实施、评价的主要依据,近年来人们关于修订"课标"的呼声越来越高。当前,新一轮普通高中物理课程标准的修订工作正在有序进行,在课程标准的"顶层设计"中,可以考虑对物理实验课程的内容要求、课程实施的制度保障、评价的要求导向进行具体化,切实落实普通高中学生实践能力要求,向全面提升普通高中学生物理核心素养的总目标迈进。具体来讲,有以下几方面的建议与展望。

(一) 从制度上规避物理实验课程实施不到位的问题

随着课程改革的推进,各地高考开始自行命题,各地考试大纲或考试说明在某种程度上代替了"课标",近年来这种情形愈演愈烈。在高中物理实验的课程实施环节,同样也不例外。如何从制度上规避物理实验开展不力的问题,在普通高中物理实验课程中增设培养学生实践能力和创新精神的必做实验内容,将是今后一段时期学者重点关注和研究的内容。众所周知,我国《义务教育物理课程标准(2011 年版)》明确提出 20 个学生必做实验,《普通高中物理课程标准(2017 年版 2020 年修订)》列出了21 个学生必做实验,分布在必修模块和选择性必修模块中。这一方面从制度上确立了培养学生物理核心素养与实践能力的必做实验，另一方面督促各级各类普通高中学校尽量提供物理实验开展的基本保障条件，如实验室、实验设备、师资配备等。通过这样的方式，可以从制度上规避物理实验课程实施不到位的问题。

（二）高中物理实验"课程化"的可能性与可行性

目前高中物理实验是跟随物理教学进度，进行随堂演示或在实验室分组完成的。但"先讲完课再说，实验做不做都没关系，只要会做题就行"这样的现象在调查的样本学校里是较普遍存在的。

物理实验课程对学生实践能力的形成与发展十分重要，然而，为什么在课程实施中却"可有可无"？因此，有必要对普通高中物理实验的内容选取、开展、实施、评价等进行"课程化"，这种"课程化"并非将物理实验独立于高中物理课程，而是将普通高中物理实验的一些选题与校本课程、科技创新实践活动相融合，避免应试功利化取向中物理实验的"可有可无"现象，而且能给学生提供更多真正动手实践的机会，更好地服务于高中物理教育，这必将对提升学生核心素养和实践能力产生极大的促进作用。

（三）"时代性"的新选择：高中物理实验课程的多样化发展

从高中教育目的定位看，高中教育上接义务教育，下接高等教育，是实践能力形成与发展的关键时期，学生在这个时期的生理、心理水平逐渐完备，很多基础的能力素养都在这个时期形成。普通高中物理实验课程内容在注重"选择性"的同时，还需注重"时代性"要求。物理实验对学生基本科学探究能力的提升、物理学科核心素养的培养不可或缺。在信息化时代，普通高中学生通过网络可以学习了解更多的物理实验内容。笔者调查发现，在普通高中学生非常感兴趣的物理实验中，有的内容远远超越了目前高中物理实验所涉及的范围，甚至是大学本科低年级的普通物理学实验，比如霍尔效应、传感器设计、液压机械传动、高压电场干燥特性实验、静电除尘实验等。因此，为体现课程标准所要求的"时代性"特征，同时结合社会对实用型、创新型人才的需求，可从物理实验课程的内容设计与应用实践两方面进行综合考虑，大力开发可以增强普通高中学生工程实践能力的内容，丰富普通高中物理实验课程内容，满足学生实践能力和创新精神培养的多样化需求。

参考文献

一 著作类

《马克思恩格斯文集》（第1卷），人民出版社2009年版。

《马克思恩格斯全集》（第19卷），人民出版社1993年版。

《马克思恩格斯全集》（第42卷），人民出版社1972年版。

北京大学哲学系外国哲学史教研室：《西方哲学原著选读》（上卷），商务印书馆1981年版。

曹日昌：《普通心理学》，人民教育出版社1987年版。

当代汉语词典编委会编：《当代汉语词典》，中华书局2009年版。

冯契等主编：《哲学大辞典（分类修订本）》（上），上海辞书出版社2007年版。

傅敏、田慧生：《课堂教学叙事研究》，教育科学出版社2009年版。

郝德永：《课程研制方法论》，教育科学出版社2000年版。

胡德海：《教育理念的沉思与言说》，人民教育出版社2005年版。

胡德海：《教育学原理》，甘肃教育出版社1999年版。

胡玉龙、唐志强等：《普通心理学》，人民教育出版社2002年版。

黄光扬：《学生创新精神与实践能力的培养》，国家行政学院出版社2013年版。

黄勇、张景丽、金昌海主编：《新编中国大百科全书·A卷哲学宗教》，延边大学出版社2005年版。

教育部基础教育司编：《新课程与学生评价改革》，高等教育出版社2004年版。

教育大辞典编纂委员会编：《教育大辞典》（第1卷），上海教育出版社1990年版。

靳玉乐：《课程论》，人民教育出版社 2012 年版。

雷永生：《皮亚杰发生认识论述评》，人民出版社 1987 年版。

李辉等：《兴趣是最好的老师》，商务印书馆 2009 年版。

李子健、黄显华：《课程：范式、取向与设计》，香港中文大学出版社 1996 年版。

廖伯琴：《物理探究活动开发与指导》，江苏教育出版社 2012 年版。

廖伯琴、张大昌主编：《普通高中物理课程标准（实验）解读》，湖北教育出版社 2004 年版。

廖哲勋、田慧生主编：《课程新论》，教育科学出版社 2003 年版。

林崇德：《学习与发展——中小学生心理能力发展与培养》，北京师范大学出版社 2011 年版。

刘晋伦：《能力和能力培养》，山东教育出版社 2001 年版。

刘蔚华、陈远等主编：《方法大辞典》，山东人民出版社 1991 年版。

麻彦坤：《维果茨基与现代西方心理学》，黑龙江人民出版社 2005 年版。

马云鹏：《课程实施探索——小学数学课程实施的个案研究》，东北师范大学出版社 2001 年版。

美国国家研究理事会：《科学探究与国家科学教育标准：教与学的指南》，罗星凯等译，科学普及出版社 2004 年版。

美国国家研究理事会：《美国国家科学教育标准》，戢守志译，科学技术文献出版社 1999 年版。

孟昭辉：《物理教学论与中学物理课程改革》，东北师范大学出版社 2003 年版。

彭聃龄：《普通心理学》，北京师范大学出版社 2005 年版。

彭克宏、马国泉：《社会科学大词典》，中国国际广播出版社 1989 年版。

乔际平、邢红军：《物理教育心理学》，广西教育出版社 2002 年版。

施良方：《课程理论——课程的基础、原则与问题》，教育科学出版社 1996 年版。

帅晓红主编：《中学物理实验教学能力训练教程》，科学出版社 2014 年版。

王德胜、刘建和等主编：《中国中学教学百科全书》，沈阳出版社 1990 年版。

王福山：《近代物理学史研究》（一），复旦大学出版社 1983 年版。

王鉴：《课堂观察与分析技术》，甘肃教育出版社 2014 年版。
王鉴：《课堂研究概论》，人民教育出版社 2008 年版。
吴明隆：《SPSS 统计应用实务》，中国铁道出版社 2000 年版。
吴明隆：《结构方程模型——Amos 的操作与应用》，重庆大学出版社 2009 年版。
吴明隆：《问卷统计分析实务——SPSS 操作与应用》，重庆大学出版社 2010 年版。
吴庆麟：《教育心理学——献给教师的书》，华东师范大学出版社 2003 年版。
吴志华：《学生实践能力发展研究》，辽宁师范大学出版社 2010 年版。
夏征农、陈至立主编：《辞海》（第六版），上海辞书出版社 2010 年版。
向洪编：《当代科学学辞典》，成都科技大学出版社 1987 年版。
肖前等：《实践唯物主义研究》，中国人民大学出版社 1996 年版。
徐复等编：《古代汉语大词典》，上海辞书出版社 2007 年版。
许嘉璐、阎金铎主编：《中国中学教学百科全书·物理卷》，沈阳出版社 1990 年版。
许良英等编译：《爱因斯坦文集》（第三卷），商务印书馆 1979 年版。
续佩君：《物理能力测量研究》，广西教育出版社 1996 年版。
杨楹、王福民、蒋海怒：《马克思生活哲学引论：生活世界的哲学审视》，人民出版社 2008 年版。
应向东主编：《物理课程与教学论》，科学出版社 2013 年版。
于凤梅、李伟、王克强：《物理实验的美与物理实验教学》，《中山大学学报论丛》2007 年第 7 期。
袁贵仁：《人的哲学》，中国工人出版社 1988 年版。
袁振国等：《教育评价与测量》，教育科学出版社 2007 年版。
张华：《课程与教学论》，上海教育出版社 2000 年版。
张焕庭：《教育辞典》，江苏教育出版社 1989 年版。
张琼：《指向实践能力培养的知识教学变革》，华中师范大学出版社 2015 年版。
张伟胜：《实践理性论》，浙江大学出版社 2005 年版。
中国百科大辞典编委会编：《中国百科大辞典》，华夏出版社 1990 年版。

中国教育科学研究院"中学生实践能力研究"课题组：《初中生实践能力报告》，教育科学出版社 2014 年版。

中国社会科学院语言研究所词典编辑室编：《现代汉语词典》，商务印书馆 2005 年版。

中华人民共和国国务院：《国家中长期教育改革和发展规划纲要（2010—2020 年）》，人民出版社 2010 年版。

中华人民共和国教育部：《普通高中课程方案（实验）》，人民教育出版社 2003 年版。

中华人民共和国教育部：《普通高中物理课程标准（实验）》，人民教育出版社 2003 年版。

朱智贤、林崇德：《思维发展心理学》，北京师范大学出版社 1986 年版。

［德］康德：《判断力批判》，邓晓芒译，人民出版社 2002 年版。

［古希腊］亚里士多德：《尼各马科伦理学》，苗力田译，中国人民大学出版社 2003 年版。

［美］A. 麦金泰尔：《德性之后》，龚群等译，中国社会科学出版社 1995 年版。

［美］R. J. 斯腾伯格：《成功智力》，吴国宏、钱文译，华东师范大学出版社 1999 年版。

［美］R. J. 斯腾伯格：《教授成功智力》，吴国宏译，台北：五南图书出版公司 2003 年版。

［美］R. W. 泰勒：《课程与教学的基本原理》，施良方译，人民教育出版社 1994 年版。

［美］霍华德·加德纳：《智能的结构》，沈致隆译，浙江人民出版社 2013 年版。

［美］卡林·诺尔—塞蒂纳：《制造知识——建构主义与科学的与境性》，王善博等译，东方出版社 2001 年版。

［美］托马斯·库恩：《科学革命的结构》，金吾伦、胡新和译，北京大学出版社 2003 年版。

［日］小川芳男：《实用英语词源辞典》，孟传良等译，高等教育出版社 1994 年版。

［苏］克鲁捷茨基：《心理学》，赵璧如译，人民教育出版社 1985 年版。

［英］罗伯逊：《问题解决心理学》，张奇等译，中国轻工业出版社 2004 年版。

［英］尼古拉斯·布宁编：《西方哲学英汉对照辞典》，王柯平等译，人民出版社 2001 年版。

Anderson, G., & Arsenault, N. *Fundamentals of Educational Research*, Philadelphia: The Falmer Press, Taylor & Francis Group, 2000.

Doll, R. C. Curriculum Improvement: Decision Making and Process. Allyn and Bacon, 1978.

Jackson, P. W. (ed.). *Handbook of Research on Curriculum*. New York: Macmillan Publishing Company, 1992.

Lewy, A. *The International Encyclopedia of Curriculum*. Oxford: Pergamon Press, 1991.

Margaret Hilton, Rapporteur. *Exploring the Intersection of Science Education and 21st Century Skills: A Workshop Summary*. Washington DC: The National Academic Press, 2010.

National Research Council. *National Science Education Standards*. Washington, DC: The National Academic Press, 1996.

Oliva, P. F. *Developing the Curriculum* (3 Ed.). New York: Harper Collins Publishers Inc., 1992.

Oliver, A. I. *Curriculum Improvement*, New York: Harper & Row, 1977.

Ornstein, A. C., Hunkins, F. P. *Curriculum: Foundations, Principles, and Issues*. Hong Kong: Pearson Education Asia LTD, 2009.

Spencer, L. M., Spencer, S. M. *Competence at Work: Models for Superior Performance*. Wiley, 1993.

Taft, T. M. *Curriculum Integration in Senior High School Physics Courses*. Victoria in Canada: University of Victoria, 2008.

Terwel, J., Volman, M., Wardekker, W. *Substantive Trends in Curriculum Design and Implementation: An Analysis of Innovations in the Netherlands*. Springer Netherlands, 2003.

二　期刊类

陈运保、路庆凤等：《河南省高中物理实验教学状况的调查研究》，《教育学报》2003 年第 8 期。

崔允漷、汪贤泽：《基础教育课程改革的意义、进展及问题》，《全球教育展望》2006 年第 1 期。

傅敏：《课程本体论：概念、意义与构建》，《西北师大学报》（社会科学版）2004 年第 3 期。

傅敏、刘燚：《论现代数学教师的能力结构》，《课程·教材·教法》2005 年第 4 期。

傅敏、田慧生：《教育叙事研究：本质、特征与方法》，《教育研究》2008 年第 5 期。

傅维利、陈静静：《国外高校学生实践能力培养模式研究》，《教育科学》2005 年第 1 期。

傅维利、刘磊：《个体实践能力要素构成的质性研究及其教育启示》，《华东师范大学学报》（教育科学版）2012 年第 1 期。

高峡：《国内外应用能力框架之比较及其启示》，《全球教育展望》2012 年第 11 期。

韩志伟：《生产与技术：马克思实践哲学的嬗变》，《学术研究》2006 年第 11 期。

何万国：《中小学生实践能力培养研究》，《中国教育学刊》2012 年第 7 期。

胡象岭、杨昭宁、高光珍：《曲阜市高中学生物理学习兴趣调查》，《课程·教材·教法》2010 年第 4 期。

黄甫全：《大课程论初探——兼论课程论与教学论的关系》，《课程·教材·教法》2000 年第 5 期。

黄刚：《国外的物理实验教学综述》，《中国科技信息》2006 年第 20 期。

黄日强、黄勇明：《核心技能——英国职业教育的新热点》，《比较教育研究》2004 年第 2 期。

黄文前：《现代视域中的实践概念——实践概念发展综述》，《马克思主义与现实》2004 年第 5 期。

黄小寒：《系统哲学的开端样式：贝塔朗菲关于系统哲学的建构》，《自然辩证法研究》1999 年第 7 期。

郎和、吴宏伟、王太军：《利用 Tracker 软件验证机械能守恒定律》，《物理通报》2018 年第 2 期。

乐逸鸥：《科学批判的硕果——读〈实用主义大师杜威〉》，《哲学研究》1991 年第 6 期。

李高峰、刘恩山：《美国〈国家科学教育标准〉倡导的科学探究》，《教育科学》2009 年第 5 期。

李国俊：《科学实验的价值实现》，《自然辩证法研究》2003 年第 9 期。

李子建、尹弘飚：《反思课程与教学的关系：从理论到实践》，《全球教育展望》2005 年第 1 期。

李子建、尹弘飚：《研究性学习实施论纲》，《课程·教材·教法》2004 年第 3 期。

刘放桐：《杜威哲学的现代意义》，《复旦学报》（社会科学版）2005 年第 5 期。

刘磊、傅维利：《实践能力：含义、结构及培养对策》，《教育科学》2005 年第 2 期。

潘国青：《台湾"九年一贯课程"展望与分析》，《教育发展研究》2002 年第 2 期。

潘洪建：《活动教学基本理论探讨》，《宁夏大学学报》（人文社会科学版）2003 年第 25 期。

沈俊妮、周延怀：《美国高中物理教材的学生实验分析与借鉴》，《教育学报》2004 年第 12 期。

沈元华：《美国大学物理实验教学考察报告》，《实验室研究与探索》2001 年第 1 期。

孙小玲：《德性论与精英主义——从麦金泰尔的"实践"概念谈起》，《复旦学报》（社会科学版）2009 年第 1 期。

孙智昌：《论学生的实践能力及其培养》，《教育研究》2016 年第 2 期。

唐忠敏、王太军：《低成本霍尔效应磁感应强度演示仪的设计与应用》，《西北民族大学学报》（自然科学版）2015 年第 3 期。

唐忠敏、王太军：《基于可见光通信的"水流传声"实验》，《物理实验》2018 年第 38 卷第 1 期。

陶秀璈：《黑格尔对实践概念的变革》，《求是学刊》1995 年第 4 期。

王东：《构建我国学校培养学生实践能力的基本模式》，《教育科学》2005

年第 1 期。

王嘉毅：《农村中小学实施素质教育的困难与对策》，《教育研究》2006 年第 11 期。

王嘉毅、赵志纯：《我国农村基础教育课程改革：问题与对策》，《教育研究》2010 年第 11 期。

王嘉毅、赵志纯：《西北农村地区新课程适应性的纵向研究——基于 2003 年与 2011 年调查的实证分析》，《课程·教材·教法》2012 年第 1 期。

王鉴：《课程资源开发与利用的多元化模式》，《教育评论》2003 年第 2 期。

王鉴：《课堂研究引论》，《教育研究》2003 年第 6 期。

王鉴：《课堂志：回归教学生活的研究》，《教育研究》2004 年第 1 期。

王太军：《低成本物理实验之自制"微动力发电"演示装置》，《物理教师》2015 年第 6 期。

王太军：《多功能光通讯演示仪》，中国专利：ZL201520786293.0，2016 - 02 - 17。

王太军：《科学实践及其教学策略（笔谈）》，《教育与教学研究》2020 年第 34 卷第 2 期。

王太军、唐忠敏：《低成本物理创新实验之简易电动机的再改进》，《物理教师》2017 年第 38 卷第 5 期。

王太军、唐忠敏：《低成本物理实验之"自动化"电路设计》，《物理教师》2013 年第 10 期。

王太军、尹克利：《新型火箭升空实验装置及其教学应用》，《物理教学探讨》2020 年第 38 卷第 5 期。

王太军：《用 Tracker 分析物体运动视频的误区与对策建议》，《物理教学探讨》2017 年第 35 卷第 11 期。

王太军、赵梓丞等：《中学物理教学研究 40 年：核心主题与演进趋势》，《物理教师》2020 年第 41 卷第 11 期。

王太军：《指向核心素养的生活化创新物理实验研究》，《物理教师》2020 年第 41 卷第 3 期。

王太军：《"智造"低成本光通信演示实验及其教学应用》，《物理教学探讨》2018 年第 36 卷第 6 期。

王太军：《"智造"内燃机演示实验及其教学应用》，《物理教师》2018年第39卷第9期。

吴志华：《"问题解决"的实践活动模式思考》，《中国教育学刊》2007年第9期。

吴志华、杨晨、戴晓莹：《基于校本课程实施的中学生实践能力发展状况的调查》，《教育科学》2008年第6期。

肖玲、林德宏：《人工自然的建构与科学认识——从科学实验的本质谈起》，《哲学研究》2008年第12期。

谢翌、马云鹏：《关于课程实施几个问题的思考》，《全球教育展望》2004年第4期。

杨宝山：《实践能力评价的现状、问题与方法》，《教育研究》2012年第10期。

杨道宇：《学生实践能力的三维内涵》，《现代大学教育》2012年第4期。

尹弘飚、李子建：《基础教育新课程实施的影响因素分析》，《南京师大学报》（社会科学版）2004年第2期。

尹弘飚、李子建：《论学生参与课程实施及其研究》，《课程·教材·教法》2005年第1期。

尹弘飚、李子建：《再论课程实施取向》，《高等教育研究》2005年第1期。

于春玲、闫丛海：《技术实践：哲学的观照及嬗变》，《东北大学学报》（社会科学版）2013年第5期。

俞吾金：《一个被遮蔽了的"康德问题"——康德对"两种实践"的区分及其当代意义》，《复旦学报》（社会科学版）2003年第1期。

张秉伦、胡化凯：《中国古代"物理"一词的由来与词义演变》，《自然科学史研究》1998年第1期。

张能为：《伽达默尔的解释学与实践哲学》，《安徽大学学报》（哲学社会科学版）2011年第5期。

张汝伦：《作为第一哲学的实践哲学及其实践概念》，《复旦学报》（社会科学版）2005年第5期。

钟启泉：《日本综合课程的实验案例及其启示》，《上海教育》2001年第1期。

American Association of Colleges and Universities. College Learning for the New Global Century, Washington, DC: AACU, 2007.

Basista, B., Mathews, S. "Integrated Science and Mathematics Professional Development Programs." *School Science & Mathematics*, 2002 (102).

Breckler, J. L., Christensen, T., Sun, W. "Using a Physics Experiment in a Lecture Setting to Engage Biology Students with the Concepts of Poiseuille's Law." *CBE Life Sciences Education*, 2013, 12 (2).

Buabeng, I., Ampiah, J. G., Quarcoo-Nelson, R. "Senior High School Female Students' Interest in Physics as A Course of Study at the University Level in Ghana." *IFE Psychologia*, 2012, 20 (1).

Cockerill, T., Hunt, J., Schroder, H. "Managerial Competencies: Fact or Fiction?" *Business Strategy Review*, 1995, 6 (3).

Collier, G. "Learning Moral Judgment in Higher Education." *Studies in Higher Education*, 1993, 18 (3).

Etkina, E. "Physics Teacher Preparation: Dreams and Reality." *Journal of Physics Teacher Education Online*, 2005.

Evans, J. "Reconstructing Teacher Education." *European Physical Education Review*, 1995.

George, S. "Optics and Spectroscopy—An Upper-Division Course in Physics." *American Journal of Physics*, 1967, 35 (2).

Gina Burkhardt & Cheryl Lemke et al. Engage 21st Century Skills: Literacy in the Digital Age, North Central Regional Educational Laboratory, 2003, 8.

Hardman, K., Marshall, J. "The State and Status of Physical Education in Schools in International Context." *European Physical Education Review*, 2000, 6 (6).

Hubisz, J. L. "Surrounded by Science: Learning Science in Informal Environments." *Physics Teacher*, 2014, 52 (4).

Johnson, M. "Definitions and Models in Curriculum Theory." *Educational Theory*, 2007, 17 (2).

Kirk, D. "Physical Education, Youth Sport and Lifelong Participation: The Importance of Early Learning Experiences." *European Physical Education Review, 2005, 11 (3).

Koshigiri, K. Coordination of Physics and Information Study at High School: Modeling and Simulation of Natural Phenomena, Memoirs of Osaka Kyoiku University, 2005, 54.

Ledford, G. E. "Paying for the Skills, Knowledge, and Competencies of Knowledge Workers." *Compensation & Benefits Review*, 1995, 27.

Lin Chongde, Li Tsingan. "Multiple Intelligence and the Structure of Thinking." *Theory & Psychology*, 2003, 13.

Lin, Y. B., Guo, N. F., Shi, D. F. "Exploring-oriented Physics Experiment Teaching Based on the New Course Standard in Senior High School." *Physics Experimentation*, 2008.

Muthersbaugh, G. C. "Objectives of A Proposed Course of Study in Physics for Senior High Schools." *School Science & Mathematics*, 2010, 29 (9).

N. D. Finkelstein, W. K. Adams, C. J. Keller, P. B. Kohl, K. K. Perkins, N. S. Podolefsky, and S. Reid. When Learning about the Real World is Better Done Virtually: A Study of Substituting Computer Simulations for Laboratory Equipment, Physical Review Special Topics—Physics Education, 2005, 1 (1).

Onizuka, S. "Significance and Situation of Physics in Senior High School Curriculum—A Proposal for Compulsory Subject." *Physics Education*, 1988, 36.

Preston, B., Kennedy, K. J. "The National Competency Framework for Beginning Teaching: A Radical Approach to Initial Teacher Education." *Australian Educational Researcher*, 1995, 22 (2).

Rebecca M. Slayton and Keith A. Nelson. "Opening Lab Doors to High School Students: Key to a Successful Engagement." *Physics Education*, 2005, 40 (4).

Reynolds, J. M. "An Individualized Apparatus Course for High School Teachers." *American Journal of Physics*, 1978, 46 (2).

Sato, M., Hirano, S. "Training Program for Students Intending to Be Science Teachers Who Make Multi-media Textbooks for Junior High School Science

Classes." *Media & Education*, 2001, 7.

Schulz, R. W. E. "The Course in Physics." *Nassp Bulletin*, 1960, 44.

Shio, H., Kuwabara, M. "On Teaching Material of Imitation Experiment for Physics Education in Senior High School by Using Computer." *Journal of Hokkaido University of Education*, 1996, 47.

Sternberg, R. J., Wagner, R. K., Williams, W. M., & Horvath, J. A. (1995). "Testing Common Sense." *American Psychologists*, 50.

Suzuki, K., Kuba, Y., Okazaki, A., et al. "Dynamics Experiment Using a Vehicle Type Robot Material in a Senior High School Laboratory Class and the Effect of Its Use (Department of Systems and Information Engineering)." *Research Reports*, 2008, 42.

The European Parliament and the Council. Recommendation of the European Parliament and of the Council of 18 December 2006 on Key Competences for Lifelong Learning. *Official Journal of the European Union*, 2006 (L394).

The Organization for Economic Cooperation and Development (OECD). The Definition and Selection of Key Competencies: Executive Summary, Paris, France: Centre for Educational Research and Innovation (CERI), 2005.

Theyßen, H., Schumacher, D., Aufschnaiter, S. V. "Development and Evaluation of a Laboratory Course in Physics for Medical Students." *Science & Technology Education Library*, 2002, 16.

Thompson, J. R., Christensen, W. M., Wittmann, M. C. Preparing Future Teachers to Anticipate Student Difficulties in Physics in a Graduate-Level Course in Physics, Pedagogy, and Education Research, Physical Review Special Topics – Physics Education Research, 2011, 7 (1).

Thorburn, M., Collins, D. "The Effects of an Integrated Curriculum Model on Student Learning and Attainment." *European Physical Education Review*, 2006, 12 (1).

Vazirani, N. Competencies and Competency Model—A Brief Overview of Its Development and Application, *SIES Journal of Management*, 2010.

Vogt, P., Kuhn, J. "Analyzing Radial Acceleration with a Smartphone Acceleration Sensor." *Physics Teacher*, 2013, 51 (51).

White, S. "The 2013 Nationwide Survey of High School Physics Teachers." *Physics Teacher*, 2013, 51 (1).

Wittmann, M. C., Thompson, J. R. "Integrated Approaches in Physics Education: A Graduate Level Course in Physics, Pedagogy, and Education Research." *American Journal of Physics*, 2008, 76 (7).

Xiao, X. F., Cheng, M. X. "Questionnaire Survey of Students' Physics Experiment Learning in Senior High School." *Physics Experimentation*, 2010.

Yang, B. "On Measures of Improving the Quality of Physics Experiment Teaching in Senior High Schools." *Science Education Article Collects*, 2014.

三 学位论文类

陈芳桂：《中学生物理实验能力的调查与研究》，四川师范大学，2007年。

陈洁：《中学物理实验内容选入的比较研究》，西南师范大学，2004年。

陈庆朋：《高中物理实验教学条件和实施过程的调查研究》，西南大学，2009年。

董盈盈：《关于我国大学生实践能力及其培养的研究》，华东师范大学，2007年。

金京泽：《韩国科学教育》，华东师范大学，2004年。

李洪俊：《山东省高中物理实验仪器配备及使用情况调查研究》，西南大学，2006年。

刘磊：《培养学生实践能力论纲》，辽宁师范大学，2007年。

刘永钢：《包头市高中物理实验教学现状调查研究》，内蒙古师范大学，2007年。

刘震飞：《中国香港、新加坡和美国的中学物理教材研究》，华东师范大学，2008年。

卢仕斌：《高中物理新课程探究型实验实施状况之调查研究》，广西师范大学，2007年。

孙天林：《南阳市物理实验教学现状调查》，西南大学，2006年。

吴志华：《论学生实践能力发展》，东北师范大学，2006年。

徐建平：《教师胜任力模型与测评研究》，北京师范大学，2004年。

许逢梅：《中学物理实验课程资源利用与开发的研究》，苏州大学，

2008年。

薛猛:《高中物理实验教学现状调查与改革探析》,山东师范大学,2007年。

杨同华:《云南省怒江州中学物理实验教学现状调查研究》,西南大学,2008年。

张敬贤:《当代中国中学物理实验教学落后原因探析》,河北大学,2006年。

四 电子公告类

Board of Studies NSW. Science: Years 7 - 10 Syllabus, http://www.boardofstudies.nsw.edu.au/syIlabus_sc/science.html, 2010 - 06 - 06.

Department of Education and Science. Junior Certificate Science Syllabus, http://www.curriculumonline.ie/uploadedriles/JC/SciencesyIlabusJC.pdf, 2010 - 06 - 06.

Ministry of Education. Science in the New Zealand Curriculum, http://www.minedu.govt.nz/NZEducation/EducationPolicies/SchooIs/CurricuIumAndNCEA/NationalCurriculum/Science.aspx, 2008 - 06 - 30.

Ministry of Education, Singapore. Science Syllabus; Lower Secondary Express/Normal (Academic), hltp://www.moe.gov.sg/cducation/syllabuscs/sciences/files/science - lower - secondary - 2008.pdf, 2008 - 06 - 06.

Ontario Ministry of Education. Science: The Ontario Curriculum Grade 9 and Grade 10EB/OL]. http://www.edu.gov.on.ca/eng/cuiTiculum/secondary/grade9.html, 2010 - 09 - 06.

Partnership for 21st Century Skills's Publication. Framenwok for 21st Century Learning, http://www.p21.org/our - work/p21 - framework, 2010 - 07 - 08.

香港特别行政区教育局:《学会学习——课程发展路向》, http://www.edb.gov.hk/sc/curriculum - development/cs - curriculum - doc - report/wf - in - cur/index.html, 2012 - 03 - 13/2014 - 11 - 23.

后　　记

本书是在我博士学位论文的基础上修改、充实而成的。从选题、结构安排、写作直至最后定稿，我的导师傅敏教授都给予了悉心的指导。书稿凝结着傅老师的心血与睿智，学生谨向导师致以真诚的谢意！

本书得到了西北师范大学教育学院专著出版计划的资助，西南大学廖伯琴教授给予我宝贵的建议并热心为书作序，在此一并郑重致谢。

在书稿修改的这段时间里，接到最多的电话是家人的"连环 call"，让我回家吃饭，却总是迟迟不见归，连淘气的小女儿都十分看不惯，她不再冲我笑，不再让我抱，在她那小小的脑袋瓜里或许只装着那个概念："爸爸"就只是回家吃饭的那个人……我十分惭愧错过了女儿成长的太多精彩瞬间。

感谢我的父母，为我付出无数的艰辛和汗水，这些年白发多过于皱纹，让我特别愧疚！感谢我的妻子，在繁忙的工作之余还任劳任怨地操持着家务，总是默默地优先支持我的学习与工作，让我无比感动，在此要郑重地道一声：谢谢！

由于才学所限，本书还存在着相当多的疏漏与遗憾，这也将鞭策我在今后的工作和学习中加倍努力弥补！

柳绿花红再一次装扮如意湖畔，我在西北师范大学校园里学习、工作已十年有余。老核桃树哺育了一代又一代西北师大人钟灵毓秀的才思，激励着我时刻践行黎锦熙先生的教诲："知术欲圆，行旨须直"！不负众望，砥砺前行！

王太军
2021 年 4 月于西北师大特教楼